本书受到云南省哲学社会科学学术著作出版专项经费资助

生态翻译学视域下
彝族文化的外宣翻译研究

张杏玲◎著

Studies on the C-E International
Publicity Translation of the Yi People's
Cultures from the Perspective of
Eco-translatology

中国社会科学出版社

图书在版编目(CIP)数据

生态翻译学视域下彝族文化的外宣翻译研究/张杏玲著.—北京：中国社会
科学出版社，2018.9
ISBN 978-7-5203-1959-1

Ⅰ.①生… Ⅱ.①张… Ⅲ.①彝族-民族文化-宣传工作-语言翻译-研究
Ⅳ.①K281.7②H059

中国版本图书馆CIP数据核字(2018)第004773号

出 版 人　赵剑英
责任编辑　任　明
特约编辑　乔继堂
责任校对　闫　萃
责任印制　李寡寡

出　　版　中国社会科学出版社
社　　址　北京鼓楼西大街甲158号
邮　　编　100720
网　　址　http://www.csspw.cn
发 行 部　010-84083685
门 市 部　010-84029450
经　　销　新华书店及其他书店

印刷装订　北京君升印刷有限公司
版　　次　2018年9月第1版
印　　次　2018年9月第1次印刷

开　　本　710×1000　1/16
印　　张　13.5
插　　页　2
字　　数　260千字
定　　价　75.00元

序

随着文化全球传播时代的到来，世界多元文化充满着激烈的竞争，国际文化交流日益频繁，少数民族文化作为博大精深的中华文化元素之一要走向世界，被全球各国认同，就必须加强对外宣传。民族文化的国际推介与传播的重要性愈显突出。

在彝族文化对外传播与交流的过程中，对外宣传翻译活动起着至关重要的媒介作用。彝族人口在中国少数民族中居第六位，主要聚居在中国西南的云南、四川和贵州。彝族文化历史悠久，在全球化时代中保持着自己固有的文化身份。近年来，彝学研究亦可谓少数民族文化研究中的显学。然而，由于彝族文化具有非凡的独特性和地域性，与西方语言文化存在较大差异，这在一定程度上增加了彝族文化翻译策略选择与质量保证的难度，因此翻译策略选择与译文质量高低在很大程度上决定着彝族文化推介与传播的效果。

外宣翻译研究实质上是一种文化交流的研究。我国学界关于外宣翻译理论的研究，著述颇丰，其中多数是从宣传手段、宣传策略、宣传途径、宣传效果等范式加以研究。张杏玲博士的这本专著以生态翻译学"译者中心"为核心思想、以翻译适应选择论等为框架，从外宣翻译的生态环境角度，通过对译者的"适应"和"选择"详细阐述和分析，结合外宣翻译的特点，研究彝族文化的外宣翻译，借助彝族文化中的精华《阿诗玛》《小河淌水》等具体译例，梳理和揭示了民族文化外宣翻译过程中的重点和难点，指点译者迷津，具有一定的开创性和前瞻性，具有理论意义和实践应用价值。

本书将彝族文化与外宣翻译研究相结合，确立翻译活动在彝族文化国际推介与传播过程中的角色与策略。这是一个值得研究的话题，拓宽了生态翻译学和外宣翻译的应用性研究领域，对彝族文化向外传播、实现中国少数民族文化在国际上的身份认同、提升我国整体文化软实力具有实际意义。

首先，作者通过系统梳理和整合生态翻译学的相关理论，如译者中心论、适应与选择理论、三维转换理论、语言生态系统和谐统一理论，等等。基于这些理论，作者认为在跨文化交际中处理民族文化外宣翻译的内容时，译者的首要任务是要先适应民族文化外宣翻译的翻译生态环境，再以翻译生态环境适应者的身份进行翻译策略的选择。作者通过梳理大量文献，详细阐述了彝族文化译者该如何来"适应"，以及适应了彝族文化外宣翻译生态环境的译者应该在哪些方面做出"选择"，如何"选择"等问题。其次，在阐述外宣翻译和生态翻译学理论的基础上，作者从生态翻译学的视角出发，以译者和翻译生态环境为中心，提出彝族文化外宣翻译的过程、原则、策略及其质量评估等，并从语言、文化、交际等多个维度对彝族文化外宣翻译进行案例分析。最后，作者在生态翻译理论框架下解读彝族民间口传叙事长诗《阿诗玛》和彝族民歌《小河淌水》外宣译本的三维转换原则和具体的翻译策略，旨在说明和论证生态翻译学理论运用于彝族文化外宣翻译研究的有效性和可行性，进而分析设计出最优的彝族文化外宣翻译策略，以期得到"整合适应选择度"较高的译文，这是本书的特色之处。

本书的创新之处在于：一是以生态翻译学的新视角和新理论为指导，将生态翻译学、外宣翻译与彝族文化结合起来，研究彝族文化的外宣翻译；二是通过案例分析，选取彝族文化中的典型材料，以实例证明生态翻译学运用于彝族文化外宣翻译的可行性和必要性；三是在总结前人经验的基础上，提出了如何评估彝族文化外宣翻译的质量、如何维护其生态平衡并促进其可持续发展的具体对策和建议。

本书作者参阅了大量的文献资料，结构合理，逻辑层次分明，对生态翻译学、传播学、跨文化研究做了综合性应用研究，是一次大有裨益的学术探究。书中的许多观点和见解可圈可点，可供同人参考借鉴，值得褒奖和鼓励。通读全书，颇感作者有着扎实的专业理论素养，具有孜孜以求的学术探索精神，具有勇于开拓的进取精神，理应得到鼓励与推广。

乐为之序。

张健

2018 年 6 月

于上海外国语大学

目　　录

第一章 绪论

第一节 研究动机和目的

一 研究动机

随着世界多极化和经济全球化进程的加快，经济和文化的交流日益增多。外宣翻译对于促进国家发展起到越来越显著的作用，并且在促进中外文化交流中扮演着十分重要的角色。中国改革开放以后，发展外宣翻译，尤其是发展我国的民族文化的外宣翻译是十分必要和迫切的。当民族地区的经济、政治、文化发展越来越快，文化软实力就日益凸显。1990 年，约瑟夫·奈提出了与文化硬实力相对的文化软实力的定义（约瑟夫，1991）。文化软实力可以通过国家文化、政治价值观和对外政策的吸引力而非恐吓或诱惑力达到目的。文化软实力还是争取话语权和国际文化身份或地位的核心要素。一旦民族文化走出国门，并进入了世界，民族文化的发展就能提高国家的文化软实力。那么，少数民族文化的外宣翻译可以帮助外国人了解中国民族文化。然而，在跨文化交流的过程中可能会出现许多文化误读和文化冲突，因此，外宣译者准确把握好译者与翻译生态环境、译者的适应与选择的关系至关重要。基于翻译学和跨文化交际理论，生态翻译学拓宽了跨文化交际的研究领域。因此，本研究以生态翻译学为理论基础，以彝族文化作为研究对象，并使用彝族文化外宣翻译进行案例分析，目的不仅是宣传彝族文化，也是宣传整个中国民族文化。

民族凝聚力和民族团结是中国持续稳定发展的根基，中国 56 个民族齐心协力促成了国家的繁荣和富强。然而，在各民族文化发展的历史进程中，因其发展环境处于一种相对封闭的状态，从而形成了风格迥异的各民族精神，思维方式、文化传统也各具特色。彝族是一个具有悠久历史文化的民族。彝族文化博大精深，是绚丽多彩的中国文化的重要组成部分。2000 多年前，彝族的祖先便繁衍于云南滇池、安宁河流域、金沙江等地区。其人口约 700 万，活动范围主要分布于四川、广西、云南、贵州等广大地区。彝族人民和其他民族共同建设与开发了大西南这片富饶的土地，在长期的发展过程中，创造了丰富多彩的本民族文化。

本人是彝族，来自彩云之南——云南，对本民族的文化外宣翻译研究有着特殊兴趣，并自觉肩负责任。对彝族文化作外宣翻译研究，也是我对本民族的一份贡献和热爱。同时，本研究对彰显地域文化、弘扬民族精神、传承和保护彝族文化具有深远意义和现实意义。鉴于此，笔者对彝族文化外宣英译文本进行了搜集和分析，作为对少数民族文化外宣翻译研究的尝试。

外宣翻译的目的是使外界了解中国，改善中国形象。将生态翻译学与彝族文化外宣翻译结合，原因在于生态翻译学不仅限于语言层面，更能突出文化层面。外宣翻译本身就是为了宣传本国文化，强调外国读者能正确理解并达到有效沟通。近年来，随着经济和社会的发展，彝族文化研究吸引了许多中外学者，他们从不同角度对其进行了不同层次的研究。越来越多的人期待了解彝族生活和其独特的民族文化，但彝族文化外宣翻译英文宣传材料非常欠缺，滞后于该领域的发展需求。再者，长久以来英语和汉语之间存在关于少数民族文化翻译的鸿沟，因此很多领域里的独特表现形式被错译，使受众不能很好地理解它们。

二　研究目的

本书结合外宣翻译和生态翻译学，运用翻译策略解决彝族文化在文化传播和交流中的问题。外宣翻译是文化交流的基本形式，对外宣文化的研究也就是对文化互动的研究。实际上，外宣翻译有时是特殊语言的传播活动，甚至是两种不同文化的传播和多元文化的交流，它反映了两种文化的异质性和融合性。

彝族文化外宣翻译不仅是两种语言字面意思的交流，更是两种语言包含的深层次文化内涵的交流。关于如何处理彝族文化译本中的特殊语言形式和词汇等问题，译者可以采用翻译策略和技术来解决交流和沟通中的问题。从跨文化观点来看，彝族文化信息可以用其他语言来表达。因此，彝族文化跨文化交流、传承和传播与不同种族之间的文化交流一样成为可能。

　　我国少数民族文化对外译本在数量少的同时，也存在质量参差不齐的现象，然而这种现象却没有得到翻译界和外语界应有的重视。彝族地区独特的地域环境、风土人情、宗教信仰、历史、语言等反映出彝族人民不同的生活态度、思维方式以及审美观念，从而构成了彝族文化的深层内容。因此，彝族文化的外宣翻译不仅会影响西方读者对彝族的认知，而且还会影响到中外文化的沟通与交流。

　　本书基于生态翻译学分析彝族文化的外宣翻译，旨在找到适当和有效的翻译策略来解决民族跨文化沟通中的问题，让外国人了解中国彝族文化，以达到跨文化交流和宣传彝族文化的目的，并让彝族文化能够被传承和发扬。

第二节　研究问题和内容

一　研究问题

　　当今时代，全球化势头愈加猛烈，中国和世界彼此容纳并相互了解，外宣工作已成为中国与世界交流和沟通的桥梁，中国全面进入公共外交时代。此时，摆在我们面前亟待解决的首要问题就是如何提升我国形象和构建我国在世界上的话语权。只有维护好我国友善、热爱和平以及负责任大国的形象，营造出有利的国际舆论环境，才能凸显我国在国际上的重要地位。因此，外宣翻译在对外宣传工作中占有重要地位。然而，在外宣翻译过程中，翻译水平的高低不仅影响着国家的文化走向，还制约着国家的国际政治表达。换言之，翻译质量影响着外宣效果，外宣翻译效果又直接影响着国家的对外交流水平。

　　就目前而言，我国在开展对外交流时，外宣翻译人员的数量和翻译作品的质量还远远滞后于我国对外宣传工作的实际需求。黄友义曾指出，外宣中译外工作所面临的最大挑战就是人才极度短缺与对外宣高端人才的需求之间的矛盾；另外一个矛盾就是外宣译文的质量还达不到其实际需求（黄友义，2011：5）。全国的外宣翻译状况尚且如此，彝族文化的外宣状况就更令人担忧。鉴于此，本研究将围绕以下问题进行展开：

　　1. 彝族文化外宣翻译所面临的问题是什么？

2. 从生态学翻译视角去研究彝族文化外宣翻译是否具有可行性和必要性？

3. 生态学翻译视角与彝族文化外宣翻译是否具有契合之处？

4. 生态翻译学理论中存在着哪些具体的应用理论？这些应用理论对彝族文化的外宣翻译实践有何启示？

5. 基于生态学翻译理论视角，如何评估彝族文化外宣翻译的质量并促进其可持续发展？

二 研究内容

目前只有少数与彝族文化翻译有关的印刷制品民族语言多样的西南地区充分保留了语言学层面的民族语言的"富矿"，大多数彝族能使用两种以上的语言。在外宣翻译实践中，原语和译语之间的翻译为文化交流和进步提供了可能，同时还促进了翻译的发展。文化翻译不仅是一种技能，而且还是一种艺术，甚至是一种科学。它要求译者熟悉相关的语言和文化，同时也要了解由于译语和原语之间存在着文化冲突，以及文化差异可能会导致不可避免的翻译困境。根据这种情况，译者可以利用外宣翻译策略和技术解决跨文化交流中的问题。本书将在阐述生态翻译学等理论的基础上，从生态翻译学的翻译观，以译者和翻译生态环境为中心提出彝族文化外宣翻译的策略，并从语言、文化、交际等多个维度对彝族文化外宣翻译进行案例分析。

本书将重点围绕以下几方面内容展开：

1. 梳理和整合生态翻译学的相关理论，如译者为中心、适应与选择、三维转换、生态系统和谐统一等理论。

2. 系统综述有关外宣翻译研究的理论成果，并加以梳理。总结外宣翻译的概念、特点等，并在此基础上评述外宣翻译研究尚存在的不足与局限，进而为本书引入生态翻译学视角研究做铺垫。

3. 在生态翻译学视角下重新审视外宣翻译的本质，进而探讨将生态翻译学研究视角引入外宣翻译研究的理论依据及契合之处。接着，基于生态翻译学视角并结合彝族文化外宣翻译的英译实例，探讨彝族文化外宣翻译的过程、原则、策略及质量评估等问题。

4. 在生态翻译学理论框架下解读彝族文化外宣翻译，以期构建可持续性发展的彝族文化外宣翻译"生态系统"，为解读更多少数民族文化外宣翻译提供有效的范本。

全书分为六章：

第一章"绪论"综述本书写作动机、目的、问题、内容和研究方法及创新之处；第二章"文献评述"首先阐述生态翻译学的理论基础、核心概念、主要特征、理论性和应用性研究，接着对外宣翻译的相关概念进行梳理，指出外宣翻译目前存在的问题、成因、研究的发展方向与思路，以及前人的研究视角，最后综述生态翻译学视域下的外宣翻译研究；第三章"彝族文化外宣翻译研究"分别阐述彝族起源、彝族文化及其外宣翻译的研究意义、现状与问题以及将生态翻译学理论引入彝族文化外宣翻译的理据和二者的契合点；第四章"生态翻译学视域下彝族文化外宣翻译的过程、原则及策略分析"，首先阐述基于生态翻译学理论的彝族文化外宣翻译过程和原则，然后从多方面分析彝族文化外宣翻译的策略；第五章"生态翻译学视域下彝族文化外宣翻译译例分析及质量评估"在生态翻译学理论框架下解读彝族文化外宣翻译的三维转换原则和具体采取的翻译策略，同时结合大量的实例分析，以此说明和论证生态翻译学理论的运用有利于彝族文化外宣翻译目的的实现，是有效的和可行的；第六章"研究结论"对全文进行总结并得出启示，指出本研究的不足及有待进一步研究的问题。

第三节　研究方法与创新之处

一　研究方法

本书梳理生态翻译学理论的概念和内涵，把握生态翻译学的核心思想，阐述外宣翻译的概念和特点，明确彝族文化外宣翻译的现状和问题，运用生态翻译学理论对彝族文化外宣翻译进行理论指导，再通过对彝族文化外宣翻译案例进行描述和比较分析来研究生态翻译学指导下的彝族文化外宣翻译策略。

译者应该在适应翻译生态环境以后选择合适的策略进行翻译。本书把彝族文化作为研究对象，使用彝族文化外宣翻译案例进行分析。跨文化翻译的研究可以作为翻译学和跨文化研究的结合，该实践和民族文化的外宣翻译研究需要民族区域文化和跨文化翻译相结合，它可以变成一个民族文化翻译的新的分支。然而，由于民族文化建设的多元化，广泛的民族文化翻译不能真正满足某种少数民族或某些地区的少数民族文化的外宣翻译需求。因此，这种外宣翻译的应用型研究目标在于特定的少数民族，寻找有效的研究途径，扭转文化传播逆差状态，实现民族文化的建设和发展。翻译是一种有效的媒介，因此对彝族文化外宣翻译的研究可以为跨文化翻译活动提供原文化的有效信息，同时避免在文化传播过程中损失当地的文化信息。

其中的主要困难，一是要有逻辑性、详细地梳理生态翻译学理论，而生态翻译学理论作为一种新兴理论，其所能参考的资料较少；二是在翻译过程中，彝族的独特文化信息应该包含其中；三是要选择有效的翻译策略，并将民族文化研究与一般跨文化研究相结合。因此根据彝族文化建设和外宣翻译的目的，我们应该充分挖掘和分析彝族文化的内涵信息，在结合民俗和翻译研究的基础上，选择彝族文化外宣翻译系统研究的翻译策略。

彝族文化的研究与跨文化翻译的研究进行对接，由此扩大了文化翻译的新领域。本著作的研究方法包括：

1. 文献研究法：梳理生态翻译学、外宣翻译等领域的相关文献，解读和思考生态翻译学与彝族文化外宣翻译理论的交叉点。

2. 跨学科解读法：借鉴生态翻译学研究著述的有关观点，将彝族文化外宣翻译定位于跨文化言语交际的范畴下，并利用生态翻译学的翻译观，从译者和翻译生态环境的角度研究彝族文化外宣翻译的策略。

3. 案例分析法：比较、分析和提炼相关理论，并在彝族文化外宣翻译实践中运用这些理论，进而运用实例对其在英译策略的选择和效果评估等方面做进一步的研究。

本著作基于生态翻译学，通过对彝族地区的地理环境、历史发展、风俗习惯、宗教信仰和思维模式等方面来分析其独特的彝族文化，并采用案例分析来阐述基于外宣翻译的彝族文化特征。

二 创新之处

到目前为止，一些研究人员分别解读了外宣翻译、民族文化和生态翻译学，但把它们结合起来的研究非常少，本研究着眼于彝族文化，分析和比较了彝族文化外宣案例，目的在于有效地分析民族文化宣传、传播和交流，使不同种族的文化交流成为可能。

　　本研究的创新之处在于：一是以生态翻译学的新视角和新理论为指导，将生态翻译学、外宣翻译与彝族文化结合起来，研究彝族文化外宣翻译；二是通过案例分析，选取彝族文化中的典型材料，以实例证明生态翻译学运用于彝族文化外宣翻译的可行性和必要性；三是在总结前人经验的基础上，提出了如何评估彝族文化外宣翻译的质量、如何维护其生态平衡并促进其可持续发展的具体对策和建议。本研究不仅拓宽了生态翻译学和外宣翻译的应用性研究领域，而且对我国其他少数民族文化的翻译研究和宣传将产生积极的指导作用。

第二章　文献评述

第一节　外宣翻译研究综述

一　外宣翻译相关概念梳理

（一）外宣翻译的内涵

外宣，顾名思义就是对外宣传。对于外宣翻译的定义，大多数学者认同张健教授的观点。在全球化背景下，作为翻译的一种特殊形式，外宣翻译其实就是以汉语作为信息源，以英语等外语作为信息载体，利用各种媒体进行宣传，把外国民众当作宣传对象的一种信息交流活动（张健，2010）。

广义的外宣翻译包含的范围较广，涉及各个行业和部门所需要的与对外宣传有关的翻译活动，也就是所谓的"大外宣"。外宣翻译面向国际，向外国人宣传一些有关中国的实际情况，在对外开放这项基本国策的实施过程中起着先导与桥梁作用，以服务经济、促进开放、宣传中国、树立国家形象为目标。而对于诸如政府的文件公告、企事业单位及政府的基本信息的介绍、各种外文媒体的报道等这些实用性文体的翻译，则属于较为具体的狭义上的外宣翻译。本书探讨的重点内容就是狭义的外宣翻译。

张健教授认为，如果从广义角度理解，"外宣翻译"可以翻译为 translation for global communication 或者是 translation for international communication；而如果从中国的角度出发，"外宣翻译"则可以翻译为 C-E translation for international/global communication 或者 translation for China's international/global communication（张健，2010）。以上译法均体现了"外宣翻译"的内涵，都有利于国外受众的接受。对于外宣翻译的基本原则，笔者认同黄友义先生所提的"三贴近"原则，即首先是要"贴近"中国发展的实际，其次是要"贴近"国外读者对译本的信息需求，最后是要"贴近"国外读者的思维和习惯（黄友义，2004：27；王守宏，2012）。

翻译不仅仅是语言之间的转换，更是一种文化传播与交流的行为。从本质上来说，翻译与大众传媒和文化传播紧密相关，之间有着复杂的包含关系。事实上，翻译几乎构成了人类文化活动的总体特征，我们在以不同的方式进行跨文化传播和交流时，每时每刻都在进行着翻译活动。因此，在跨文化传播与交流活动中，对外宣译者的要求是，不仅要通过翻译来达到交流的目的，更要让世界更加真实、具体、客观地了解中国。

鉴于译语受众所使用语言的差异性，对外宣传首先要进行翻译的工作，从而决定了外宣翻译在我国的对外宣传中的重要地位。外宣翻译的效果取决于外宣翻译，外宣翻译也在一定程度上体现了国家的对外交流水平（黄友义，2005：31）。因此，外宣翻译人员必须以严谨的态度进行翻译，避免出现错误。因为在对外宣传中，小错误也将会被成倍地放大（黄友义，2005：31）。在翻译策略选择上，袁晓宁（2005）认为翻译需要达到的效果是使译文受众对译者所要传递的信息进行准确无误的把握和解读。因此，外宣翻译需做到内外有别，也就是在文化背景、翻译风格等方面需要考虑中外之间差异的同时也要考虑到受众的需求。黄友义概括的外宣翻译的"三贴近"原则之一，即要"贴近国外译文受众的思维习惯"，是在外宣翻译的过程中最需要译者牢记的。在外宣翻译过程中，译者需要做到：第一，为避免落入文字陷阱需要熟知外国语言习俗；第二，努力跨越文化环境差异所造成的文化鸿沟。总而言之，外宣译者必须熟悉译语受众所习惯的表达方式以及思维方式，才能达到事半功倍的效果。

（二）外宣翻译的本质

外宣翻译具有一般翻译的基本特点，是翻译在对外宣传中的一种具体表现形式，也是我国对外宣传的主要形式。从本质上说，外宣翻译不仅是跨文化、跨地域，更是跨语言的一种交流活动，它可以有效地交换信息和传播思想。

翻译其实就是利用一种语言文字去表达另一种语言文字所蕴含的意义，让使用不同语言的人们能相互理解，从而进行有效交流沟通的方法（张健，2012：80）。因此，翻译不仅仅是一门科学，还可以说是一门技巧，更是一门极富创造力的艺术。无论是科学还是艺术，外宣翻译始终都与实践活动紧密相连的。外宣翻译活动只有依靠政府部门的具体实践来实现，外宣翻译理论也只有回归实践并且经得住实践检验才是正确且实用的理论。简单来说，外宣翻译就是利用外国的语言工具，介绍我国信息的一种交流活动，这是一种意识形态的弘扬，一种历史文化的传播和一种思想情感的交流。它不仅仅具有一般翻译的共性，更具有突出实际效果，更重视受众反馈的特性。从这个角度说，外宣翻译与一般的翻译又不相同，它是一种"再创造"的跨文化传播实践活动，因此，外宣翻译在一定程度上属于传播学研究的一个重要领域。

当今世界政治、经济以及文化之间的联系日益密切，越来越多的国家对全球化文化表示认同。而对于这个创造了全球化文化的国家而言，会被认为是为全球化的发展做出了重要贡献，一旦世界上所有国家都认同并接受了这个国家的文化，那么文化的国别性也就消失了（韦正翔，2006：70）。换言之，中国文化只有通过外宣翻译与对外传播才能取得国际上的广泛认可和接受，因而外宣翻译对于中国来说尤为重要。由此，这不仅给外宣翻译这一学科的发展带来了机遇，也给外宣译者提出了更多的挑战。正如胡庚申教授所说，"对于译者，适者生存、发展；对于译文，适者生存、发展"（胡庚申，2004：67）。此话表明，在外宣翻译的过程中，无论是译者还是译品，要想在全球化趋势下生存下来，只有去适应这样的翻译生态环境。换句话说，外宣翻译的过程就是译者去适应全球化这一翻译生态环境并作出适应性选择的过程，以及译品对整个翻译生态环境的适应和被选择的过程。

由于外宣译者水平的限制，我国只有少数的材料能够直接用外语写成，因此外宣工作也就变成了外宣翻译，即把中文外宣材料通过翻译或编译的手段来进行宣传，因此外宣翻译对于我国的对外宣传和国家形象的构建极为重要。对于中国文化来说，能否走出去以及能够走多远，在一定的程度上都跟外宣翻译有关（黄友义，2008：9）。由此可见，翻译即是外宣翻译的最根本属性。换言之，外宣翻译首先应该是一种翻译，是一种将汉语转换为外语的文字交流活动。在特定的政治文化以及特定的语境下，主要是针对国外外语受众。从整体来说，外宣翻译其实就是一种跨文化、跨地域以及跨语言的思想传播活动。

不同于一般翻译，外宣翻译中因为"外宣"一词的定性修饰与界定决定了其独特的翻译特点，同时它还具备共享信息和交流传播的社会功能，所以说外宣翻译兼具翻译与传播的双重特征。借用黄友义先生的观点，在外宣翻译的过程中，译者的主要工作就是，在把中文准确地翻译成外文的基本要求下，通过电视、广播、图书和互联网等媒体，以及各种国际会议等传播媒介来传达我国的言论观点。换言之，从国家政治及国家形象角度出发，外宣翻译承担着中国走向全世界，让全世界了解中国的任务。外宣翻译能够提高我国的国际影响力以及文化软实力，从而创造我国经济持续发展的良好气氛，同时创造一个良好的国际环境，避免国际争端，赢得国际支持（黄友义，2004：27；2005：31）。

鉴于此，外宣翻译从本质上说就是一种跨文化、地域以及语言的思想交流以及信息共享的活动。简言之，外宣翻译就是中国内容—国际传播，中国事务—外语表达，中国形象—国际建构。

（三）外宣翻译的特点

外宣翻译是一种以交际为主要手段，以外语受众为中心，把原语翻译成译语的实践活动。外宣翻译所涉及的内容比较广泛，包括文化、社会、经济以及政治等方方面面。外宣翻译除了具有严谨性、科学性、正确性以及灵活性等特点外，还具有在一定程度上能够影响受众的文化意识形态这样的特点。因外宣译语受众是普通外国人，一般来说，译文读者的国情背景、语言环境、价值观念和文化传统都与原文作者不同，所以外宣译者既不能低估译语受众的理解能力，也不能高估部分译语受众对我国文化的了解程度。让普通外国人了解中国特定信息是外宣翻译的使命所在，所以外宣译者要根据不同的文化、社会和交际环境选择特定的且与之相适应的翻译策略和技巧（段连城，1990）。

外宣翻译的首要目的是传递原文信息，因此其译语语言的使用应以简洁、连贯、准确、规范、朴实为准则。汉语和英语是两种不同的语系，都具有不同的格式要求以及语言规范，这两种语系不管是在句法、词法还是修辞等方面都存在很大的不同之处。从句法的角度上来说，汉语注重意合（parataxis），英语则比较注重形合（hypotaxis）。汉语虽然在表面上看起来比较松散，但其讲究的是形散而神不散，而英语的句式则以主谓结构为基础。从词法的角度上讲，汉语的表达方式比较偏文雅，英语则比较直白，英语不平则觉不够理性客观，而汉语若不雅则不能溢于言表。汉语在思维表达方式上，倾向于迭进式，如成语或者习语中的"心甘情愿""冰天雪地""狼吞虎咽""独一无二"等，都存在一种进一步加强的意思，所以说汉语和英语之间在表达风格上存在着很大差异。在汉语表达中，华丽的辞藻一般都没有很大的实际意义，只是考虑到修辞对仗、声律押韵、气氛烘托或者顺应行文习惯等，因此在外宣翻译过程中，如果遇到这样的情况，则应删除不必要的语言表达，从而能够保持译文的简洁直观。

因原语作者和译语受众在文化背景和社会环境方面存在着巨大差异，因此，在外宣翻译过程中，译者应以译语受众为出发点，尽可能为其提供文化背景介绍。为使译语受众能够更加准确地了解、欣赏、感受并且接受所译内容，外宣翻译者在最大限度地消除两种语言间的文化差异的同时，也要满足译语受众的独特性需求。只有进行变通性的翻译，才能使对外宣传上升到文化认同的层次。

外宣翻译的重点不仅体现在对外宣文本的翻译上，还体现在译语受众的接受度上。因此，外宣译者在翻译过程中必须深入研究原文，了解作者想要表达的真实意图，在此基础上，用译语受众能够理解和接受的表达方式进行表达，具体体现在揭示原文所隐含的信息、纠正原文错误以及消除歧义等，从而达到"忠实"或者"信"的翻译要求。当外宣材料中涉及术语、流行语、风俗习惯、民族文化、历史典故等词汇时，外宣译者应根据译语受众的具体情况进行合理、灵活、恰当的解释。

从译语受众的接受度方面考虑，外宣翻译的宣传效果可根据外宣材料时效性强的特点分为三个层次：第一个层次是了解，即通过信息传递，使译语受众了解事实，掌握译文所表达出来的真实信息；第二个层次是认同，译语受众在第一层次了解的基础上，认同译文所传达的文化和心理；第三个层次是诱动，译语受众在第二层次认同的基础上，对译文产生兴趣，希望继续深入阅读。外宣翻译宣传效果的这三个层次紧密相连，缺一不可，并且三者是层层递进的关系，这是每位外宣译者在对外宣材料进行翻译时应同时考虑并努力达到的宣传效果。

从文本类型上看，外宣翻译材料属于非文学文本类型，涉及范围甚广，包括如期刊、报纸、电视和广播等媒体的新闻报道类的新闻文体翻译，党和国家领导人讲话等的政治文献翻译，成语词典、经典读物、中华字典、文学名著等的汉语典籍翻译，科技和旅游基本信息介绍等的信息资料翻译，政治口号或宣传标语等的公示语翻译等。

外宣翻译的中心问题是翻译方法的选择。英国理论家彼得·纽马克（1976）认为，"直译"和"意译"是翻译的两种基本方法；"直译"也被称为"语义翻译"，"意译"则被称为"交际翻译"；文学文本的翻译应采用"语义翻译"的方法，非文学文本的翻译则更适合采用"交际翻译"的方法。所谓"交际翻译"就是译者必须从译语读者的角度出发，着重关注翻译材料的信息内容得以准确传递，必要时应对翻译原文进行适当的删减、替换或添加等。纽马克强调，对于非文学文本如信息类文本或呼唤性文本的翻译，应该以交际翻译为主，其重点应是对事实真相的揭示，准确揭示原文所表达或所隐藏的客观事实或真相。然而，在外宣材料的翻译上没有固定的、统一的翻译准则。在全球化背景下，中国国际地位以及国际形象的日益提高对外宣翻译的要求也越来越高。为达到较好的翻译效果，外宣翻译人员经常会同时使用直译和意译两种方法。

总而言之，外宣翻译主要是针对那些对中国文化和语言不了解的外国受众，通过运用一定的翻译方法来传递中国的信息和中国对国际事务所持有的观点、态度以及认识。因此，就外宣翻译如此高的地位而言，外宣译者在翻译过程中不仅需要按照一定的翻译标准进行翻译，外宣译文也要符合外宣翻译的以下特点。

1. 真实性

为了让国外受众更清楚地了解中国现状，外宣翻译就要真实、客观地把有关中国的政治、经济、文化等信息内容传达给世界。所以，外宣译者务必要做到将所译译文内容真实、确切地传递给译语受众。外宣翻译从文本类型上看属于非文学翻译。李长栓曾做过关于文学翻译和非文学翻译的特点比较，认为文学翻译内容包罗万象，不仅有真实存在的事物，更多的是作者本人对于事物、自然甚至不存在的事物的主观想象，所以文学翻译强调的是作者个人的价值和风格；而非文学翻译则涉及信息、知识、思想和客观现实等，所强调的是事实和信息传递的清晰性与准确性。从以上论述不难看出，外宣翻译的首要特点就是务必真实、准确、客观。

2. 创造性

著名翻译家郭沫若先生认为，翻译工作具有创造性，好的翻译应该是一种基于译者的再创作，甚至有可能超过创作；翻译工作是一项可能比创作更艰难的工作，因为创作只需要作者有相关的生活体验，但翻译则需要译者抛开自己的生活体验，去体验别人的生活（陈福康，2005：263）。纽马克认为，当译者面临的选择越多、选择面越广的时候，翻译也就要求译者有更多的创造力。由于两种语言和文化存在差异，翻译就变成了一种具有创造性的实践活动，去创造一种能消除这两种语言和文化差异的方法。随着我国经济不断发展，社会不断进步，社会新生事物也随之不断出现，在这种局面下，为了让中国更快地走出去，让世界更好地认识了解中国，外宣翻译就会要求外宣译者不断地将新词新语传递给国外受众，这就是一个要求外宣译者不断创新创造的过程。由于新词新语的翻译无前例可循，难寻可借鉴的材料和规律，因此新词新语的翻译本身就非常具有创造性。然而外宣翻译的创造性不是天马行空的，它必须是在忠实于原文、服务于译语受众、围绕实现翻译目的的前提下进行的再创作。

3. 文化性

一般意义上而言，文化是人类所创造的物质财富和精神财富的总和。对于语言来说，每种语言都有其特定的历史背景和文化内涵，语言产生于人类的实践，是一个国家或民族的历史产物和精神财富。文化与语言密切相关，它们之间的关系可以简单地表述为：语言是文化的载体，也是文化的重要组成部分；文化需要通过语言作为载体进行传播。随着经济全球化的发展，不同国家、不同民族的文化都在进行着不断的交流和渗透，因此全球文化多元化将会成为必然。从世界的角度来看，现如今各个国家的文化已经变得更加开放和相互包容，一种文化多元化的新格局已逐步形成。在文化全球化浪潮风起云涌的大时代背景下，翻译虽然从形式上说是一种简单的语言字符之间的转换，但从其内容上说却是国家和民族文化之间的传递和交流。简单来说，翻译不单是语言文字上的转换，更是一种国家之间文化的交流和沟通。因此，这给外宣翻译提出了更高的要求，外宣译者不仅需要掌握好原语和译语的语言特点和规律，还需要吃透原语所要表达的文化内涵。在外宣翻译过程中，外宣译者不仅要珍视我国传统文化的精神和价值，也要用平等的态度去处理文化与语言之间所存在的差异，从而尽量避开文化交流中的障碍，以提高外宣翻译的质量。

4. 严谨性

外宣翻译的本质决定了外宣翻译的内容是面向世界，面向外国受众的。为了维护我国的国际形象，外宣译者必须以严谨的工作态度认真对待所翻译的内容，在工作中应稳扎稳打。外宣翻译的材料大致有三种类型，即科技类、文学类和政治类。对于政治词语的翻译，如果翻译不严谨，则会导致政治事故（张健，2001：108）。因此，为了防止政治事故的发生，在进行外宣翻译时，译者必须以实事求是的态度以及辩证思维的科学方法，立足于正确的政治立场、运用正确的方法深入理解原文内容，正确把握好形式与内容二者之间的关系。在准确无误地表达出原作语言信息的同时，还要深入了解其意境和思想表达。在用词准确的同时，还要使译文表述精准，从而使读者获取到原文作者所要表达的真正信息内涵。

5. 政治性

由于外宣涉及对外宣传以提高国家软实力，外宣翻译材料政治敏感性高，政治性极强，所以外宣翻译并非儿戏，切不可草草敷衍了事。外宣材料的中文稿件一般都是经过深思熟虑、反复推敲才写出来的，尤其是政治性方面的外宣材料所涉及的内容主要是国家经济、政治、安全等，宣传国家的大政方针，维护国家形象和主权利益，也包括国际形势以及国家与国家之间、国家与国际之间的关系等重大问题，所以，外宣译者能否准确地对其中暗含的深意与态度进行准确无误地翻译在外宣事务中至关重要。由于社会主义国家与西方资本主义国家在意识形态上存在着较大差异，因此为减少对外交流中可能遇到的障碍，外宣译者在翻译时一定要高度谨慎，减少政治方面的对抗；为提升国家的国际形象及国际影响力，外宣译者对我国的政治思想以及文化意识形态必须选择性、策略性地进行宣传。

二　外宣翻译研究视角综述

外宣翻译是一门新兴学科，它起始于 2001 年，从此呈逐步上升趋势，截至 2016 年 4 月 27 日，在学术期刊中国知网上以关键词"外宣翻译"检索到的结果共 947 条（不包括博硕论文）。笔者根据所检索到的文献，分析归纳出外宣翻译研究的理论依托视角主要呈以下趋势：从 2001 年起，所发表的论文涉及的理论 20 余种，多数论文都选取某一理论为依托，进而对外宣翻译中的某一问题进行论证。通过模糊搜索，笔者发现所发论文中最常被选用的理论是德国功能派翻译理论（153 篇），特别是该派别下的目的论（60 篇）引述最多，接下来被引述理论的数量排名依次是传播学理论（123 篇）、语用学理论（72 篇，其中关联理论 33 篇）、译者主体性理论（39 篇）、生态翻译理论（36 篇）和修辞学视角（32 篇）等。当然，需要说明的是，以上统计结果没有包括论文中探讨了外宣翻译而在关键词中没有体现出来的论文，因此统计结果做不到准确无误。下面笔者就当前译界在外宣翻译研究方面应用较多的理论简单阐释如下。

（一）功能对等翻译理论视角

曾任美国语言学会主席的著名翻译家、语言学家尤金·奈达博士曾师从过几位著名的结构主义语言大师，在《圣经》的翻译过程中，他以纽马克的"交际翻译理论"为理论基础，发展出一套自己的翻译理论——功能对等翻译理论（Functional Equivalence），该理论最终成了翻译研究的经典之一。他提出翻译的本质就是促使译语读者和原语读者产生接近或极为相似的反应，认为翻译要兼顾意义的传递和功能上的对等。奈达的功能对等翻译理论及其研究模式使翻译研究的学术性和系统性地位得到了提高，在此之前，翻译被普遍认为只是一项技能，而奈却认为翻译也是一门科学。1969 年，奈达与泰伯合著的《翻译理论和实践》一书最能体现其翻译理论的精髓。由于此书具有极高的学术价值，许多西方国家和中国许多大学都把这本书作为翻译教材。

功能对等理论的核心概念就是"功能对等"，它要求翻译时要在原语和译语之间实现功能上的对等，不能只关注文字上的一一对应。为了构建原语和译语之间的转换标准，奈达基于语言学理论，从翻译的本质出发进一步提出了"动态对等"翻译理论，认为用最恰当、最自然和最对等的语言来表达原语信息才是最好的翻译；翻译不应该只是关注词汇意义上的对等，更应该关注原语文本中的风格、语义和文体的对等；翻译不仅要传达表意，还应该传达深层次的文化信息；翻译实践中的翻译策略选择应由译文的预期目的来决定等。"动态对等"理论也是我们通常说的"功能对等"理论，要求译文要做到四个方面的对等，即词汇对等、句法对等、篇章对等和文体对等。奈达认为其中意义对等最为重要，形式对等是其次。功能对等理论还首次引入了用读者反应这一标准来衡量译本的好坏，使翻译学的研究深度得到了拓宽，不再局限于语言学的领域。该理论纠正了译文偏死的倾向，促进了翻译研究进一步发展，为学者对于直译与意译之间的争论提供了一个令人信服的答案。

奈达的翻译理论在我国产生了巨大影响，很多学者采用奈达的功能对等理论观点来解决翻译研究中遇到的各种问题。首先，在外宣翻译理论研究领域，王雪玲（2009）论述了奈达的功能对等理论在外宣翻译中的重要性，认为外宣翻译工作的关键就是译者要能在有限的时间和空间内最大限度地传达出原文内涵并找到与原文最自然、最切近的对等语。

相比之下，在外宣翻译应用研究领域的成果相对较多。在政治方面，李美涵、段成（2015）以习近平主席的发言及海洋外交演讲的口译为例，提出了"政治等效"原则指导下的中国政治语言翻译必须注重信息的准确性和政治性。在文化方面，张钧伟（2012）从完全或近似完全动态对等、部分动态对等、功能相似这三种对等情况角度出发，分析了文化翻译适合采用的翻译方法，凸显出动态对等理论的指导性。黄艳春（2014）论述了文化特色新词的翻译应以异化为主，不得已时才偶尔采用归化，此为我国外宣翻译之正道。姚嘉盈（2014）以功能对等理论关照广西少数民族特色词汇的翻译，指出在传递词汇信息的同时还应展现广西特有的少数民族文化。赵石楠（2014）基于功能对等理论探讨了外宣翻译中中国特色词汇的翻译策略。赵攀（2013）认为太极拳武术文化的外译目的主要是传播其本身所蕴含的中华传统文化，应以功能派翻译理论为指导来提高其翻译质量。席慧等（2016）以功能对等理论和读者反应理论等视角对中医典籍的名称从内容含义和所含特殊标志两方面进行了探讨，进而提出了中医典籍翻译的具体方法和策略建议。在法律方面，曹志建（2012）的博士论文以我国的软性法律文本翻译为研究对象，指出了法律外译中存在着语用、文化和语言翻译方面三类问题，提出了法律外宣译者应采用"自上而下"的功能主义途径来满足译语受众在这方面的语言、文化及信息方面的需求，从而提高法律外宣效果。谭福民、向红（2012）指出法律文本翻译不仅要求语言功能上达到对等，在法律功能上也要达到对等，即原语和译语所起的法律作用和效果要相同；作者还认为奈达的功能对等理论虽屡遭争议，但其总方向是正确的，为翻译研究拓宽了视野，且完全可以用来指导法律英语术语翻译等各种翻译活动。在企业外宣方面，刘世力（2014）的硕士论文从功能对等理论视角探讨了企业外宣资料英译的具体方法。刘江伟（2015）认为要解决企业网站资料翻译中存在的问题应该采用功能对等理论的翻译方法。在旅游外宣方面，周弘（2012）从语用功能对等理论来探讨旅游外宣品汉英翻译的策略。赖文斌、邢明等（2009）论证了奈达"动态对等"理论指导城市外宣资料英译的可行性，并提出了城市外宣的英译方法。向程（2015）以巴中市旅游文本为例探讨了文化、功能对等理论指导下的旅游文本中文化负载词的翻译及其补偿策略。此外，功能对等理论也广泛应用于口译活动中的跨文化语用失误的分析等。

　　在文学翻译领域，韩丽、高云（2008）探讨了功能对等理论对诗歌翻译的指导作用，认为只要运用奈达的功能对等理论，就能灵活有效地解决翻译过程中遇到的文化难题。当然，笔者认为此说法太过绝对，因为功能对等理论在跨文化翻译中还是有一定的局限性的。方璞（2013）认为因汉、英两种语言在形式、意义和文化方面都有较大差异，在文学翻译中译者可通过直译、意译、增译、脚注和找同义词的方式达到对等，尤其要注意蕴含在不同形式中的美学内涵和文化差异，避免造成不必要的文化误解。

虽然功能对等翻译理论视角下的译者被充分赋权可以操控原语文本的权利，对外宣翻译具有现实的指导意义，但是随着时间的推移，人们对翻译活动的认知也更为深入和科学，功能对等理论随着研究的深入也逐渐显现出了其局限性。功能对等翻译理论虽然也提到了读者反应的重要性，但在如何使译文为译语读者所接受并产生认同进而达到原文预期目的等方面没有作进一步的探究，因此，该理论在中国文化外宣翻译实践中缺乏一定的现实指导意义。另外，该理论更多只关注对原文的理解，以原文和译文为中心，几乎不涉及政治、文化、社会形态等翻译的外部因素，然而翻译的本质不仅仅只是在语言层次上的转换，而是不同文化之间的对话和交流。于是新的翻译理论应运而生，胡庚申教授在 21 世纪初提出了生态翻译理论，以达尔文的生物进化论为理论基础，把翻译的环境和生态环境进行类比，深入研究了翻译活动。生态翻译理论克服了功能对等理论的以上缺陷，是对功能对等理论的重大突破和补充。

（二）目的论翻译理论视角

同属功能派理论的目的论翻译理论虽然是从功能对等理论发展而来的，但又有别于功能对等理论。目的论翻译理论（Skopos Theory）于 20 世纪 70 年代兴起于德国。凯瑟琳娜·莱斯（K. Reiss）首先将功能范畴引入翻译批评，奠定了功能派翻译理论思想的基础，在此基础上，汉斯·弗米尔（Vermeer）结合了贾斯塔·霍茨·曼塔里的翻译行为理论正式提出了真正意义上的目的论翻译理论，将翻译研究从原文中心论的束缚中摆脱出来，该理论后经克里斯汀娜·诺德（Nord）全面梳理、总结并得到了完善。目的论翻译理论的主要观点是：翻译是一种以原语文本为基础的有目的的、有人际关系的、跨文化的交际行为，而行为的结果导致译文的产生；译者在翻译的过程中应遵循三原则，即目的原则（Skopos Rule）（此原则居于核心地位）、连贯原则（Coherence Rule）和忠实原则（Fidelity Rule）；主张译本的预期目的决定翻译的方法和策略等。目的论的出现标志着翻译的研究角度从语言学和形式翻译理论转向更加倾向于功能化和社会文化的方向，因而成为功能主义翻译理论最核心的理论。它摆脱了传统的对等、转换等语言学的研究方法，运用功能交际方法来分析、研究翻译。

目的论的引入给我国的翻译界注入了一股新鲜的活力，我国译界对其观点给予了极大关注。然而，在外宣翻译方面，由于我国外宣翻译研究起步较晚，目的论理论运用于外宣翻译研究也于 2004 年才有发文，从此，相关论著发文量呈逐年上升趋势。当前目的论理论运用于旅游外宣、企业外宣和高校网站外宣等英译策略研究领域较多。笔者在查阅相关资料时发现，近年来引用目的论理论所做的学位论文多于期刊论文。其中硕士论文占绝大多数，如张艳（2007）的硕士论文比较了多种翻译理论，提出"目的论"对外宣翻译实践更具可操作性，更有指导意义。但大多硕士论文所涉及的理论探讨不够深，多以实例来证明目的论理论运用于外宣资料翻译的可行性；相关的博士论文仅有乐萍（2014）在《目的论视角下贵州地区少数民族文化的外宣翻译研究》中将目的论理论的三原则（目的原则、连贯原则和忠实原则）运用于贵州少数民族文化外宣翻译的分析中，这是对目的论的一种新的解读，拓展了目的论的应用研究领域，但在理论探讨方面还不尽如人意。而一些期刊文章更能引领前沿，如王继慧（2010）以目的论为理论框架，从外宣翻译的基本元素如译者主体性、翻译材料的文化语言处理、译者培养等入手，探讨了外宣翻译的理论和实践中存在的问题和具体解决办法。翟云超、王显志（2015）以政府工作报告中英翻译为例，以目的论为依据探讨了政治文本外宣翻译的策略与方法。彭小燕（2013）以《政府工作报告》为例，以功能目的论探讨政论文翻译的策略和方法。孙雪瑛、冯庆华（2014）从目的论视角探讨了企业外宣翻译过程中应遵循的原则和采取的翻译策略，进而指出译者应针对企业外宣之目的灵活采用多种翻译策略和方法，以达到翻译的预期目标。庞宝坤、杨茜（2015）以 China Daily 为例阐述了提高外宣翻译质量的阻碍性因素之一就是中国特色词汇的翻译，译者可根据翻译目的采用多种译法，进而促进中国对外文化交流。柳菁（2014）认为我国茶名外宣翻译中存在着一茶多译等诸多误译问题，提出中国茶文化的外宣翻译应以目的论为指导统一规范相关术语。郑亚琴、张健等（2012）以黄石城市标识语英译中存在的问题为例，从目的论视角提出了标识语英译应采取的基本策略。胡淑华（2012）以河南安阳博物馆资料英译为例，从目的论视角探讨了中国旅游外宣材料英译的现状、特征以及策略选择等。

　　然而，与生态翻译学理论相比，目的论翻译理论的局限性显而易见。认为"翻译是一种有目的行动、译本的预期目的决定翻译的方法和策略等"的目的论只是一种易于被学者所接受且具有一定理论价值的翻译思想，而该理论没能提供一个像生态翻译学理论那样对翻译的过程、方法、翻译本体研究等翻译研究理论系统的描述。

　　（三）传播学视角

　　传播学（Communication Sciences）于19世纪40年代诞生于美国，是一门专门研究信息传播规律的学科，也是一门涉及诸多学科如社会学、新闻学、语言学和信息论等跨学科的科学。从学科涵盖关系上讲，传播学包含了翻译学，翻译学是传播学的一部分，所以说，传播学与翻译学密切相关。从跨文化传播学视角看，翻译的本质是一种跨文化的交际传播，翻译质量直接影响着传播效果，因此，跨文化传播学视角下的翻译应该尤其重视受众反应和译文的传播方式。

　　传播学为翻译研究打开了一扇方便之门，影响了很多国内外学者的研究。在我国，从跨文化传播学视角来研究外宣翻译的学者近年来越来越多，相关理论成果呈逐年上升趋势。吕俊教授（1997）从翻译的本质对外宣翻译进行了研究，他认为外宣翻译就是一种文化信息的交流与传播活动，外宣翻译理论属于传播学理论范畴。张健教授（2001）是从传播学视角对外宣翻译进行研究的先驱学者之一，其研究主要基于 Harold Lassewell 所提出的"传播五要素"理论，该理论认为传播行为包括这样一种模式：Who Says What in Which Channel to Whom With What Effects（谁通过什么渠道对谁说了什么以取得什么效果），提出了外宣翻译不应该是逐字英译的观点；张健教授指出，要想实现外宣翻译效果，就必须对文本进行诸如重组、增删、编辑、加工等的"译前处理"。王银泉等（2007）以跨文化传播理论为基础研究了电视新闻导语的译写策略问题，指出外宣翻译人员必须对译语受众的文化背景进行深入研究，根据其需求采取相应的翻译策略，这样才能实现外宣翻译的目的。李崇月、张健（2009）基于传播学理论探讨了"外宣翻译"一词的英译，认为该词英译宜为 International Publicity Translation。葛校琴教授（2009）以国际传播学理论为基础，提出为更好地传播和输出中医文化，译者应在推进"原型翻译法"的基础上，重视采用"边缘翻译法"。仇贤根（2010）的博士论文基于传播学理论从中国国家形象塑造与传播视角探讨了我国外宣翻译的改进策略以便提升我国在国际社会中的话语权，提高国家软实力和国际竞争力。杨雪莲（2010）的博士论文以《今日中国》的英译为例从传播学视角深入研究了外宣翻译的实践问题，认为外宣翻译必须忠实于原文，遵循"信""效"这两个原则，在对原文进行准确和充分表达的基础上，还应该重视译文的可读性和可接受性。叶岚（2011）以上海世博会材料英译得失为例从传播学角度分析了外宣翻译过程和原则。李茜和刘冰泉（2011）基于传播行为模式，分析了2010年温家宝总理答中外记者问的现场回答及其翻译译例，认为外宣翻译不仅要遵循译语受众的语言表达习惯和思维模式，更重要的是要把影响传播效果的诸要素互相结合，翻译过程中要同时把握文化差异、思维习惯和情感内涵等，以便取得较好的外宣效果。刘宓庆教授（2012）提出翻译传播行为模式和交流操控权的转移模式，许峰等（2012）学者基于该研究成果研究了古诗词的翻译。张枝新、陈光明（2012）从传播学视角解析了晚清时期辜鸿铭所译的《论语》《中庸》等儒家经典。杨阳（2012）以"中国政府网"为例从传播学角度探究了政府门户网站外宣翻译的策略。李敬科（2012）认为有必要从传播学视角重新审视旅游外宣文本的英译以促进旅游外宣的顺利推进。胡庆洪、文军（2016）以福建非物质文化遗产英译为例从传播学视角提出了非物质文化遗产英译必须遵循效果为先和目标受众中心原则等。

　　从传播学的角度来说，外宣翻译的中心思想是必须重视其传播效果，不要囿于"忠实"原则，翻译过程中不能只顾一味地忠实于原文，而是译者应该从以"原文为中心"的理念中跳出来，转向以译文和译语受众为中心，满足译语受众的需求，充分发挥译者的主体性和创造性。传播学理论还提出了译前处理，翻译中的"增、删、编辑、改写"等这些翻译处理策略。该理论为研究外宣翻译的交际效果和翻译策略提供了一个新的视角，对外宣翻译的实践具有一定的现实指导意义。虽然传播视角下的外宣翻译十分重视译语受众的文化观念、认知心理、思维习惯和译者在翻译过程中翻译策略选择等问题，然而该理论把更多的关注点集中到了译语受众的接受度上，在对一国的文化输出以及如何塑造国家形象和民族形象方面却没有给出具体的指导意见，因此说，在一定程度上说，传播学理论在指导我国外宣翻译的实践中也具有一定的局限性。

（四）语用学视角

20世纪70年代，语言学界兴起了一门新的学科——语用学（Pragmatics）。该学科最早起源于20世纪30年代莫瑞斯（Morris，1938）提出的符号学（Semiotics）理论。语用学是语言学的一个分支，其主要任务就是动态地分析和研究以话语结构、言语行为、前提、会话含意、指示语等言语构成成分。语用学理论的主要研究对象是符号与符号解释者之间的关系。

近年来，语用学研究进一步拓展，越来越多的学者对该理论给予了更多的关注，其研究内容也发生了转移，学者们以前对于语用学的研究主要是探讨如何使用语言，现在却逐渐转向了如何使用语言以提高语言交际效果，一些新的语用学观念和理论也随之诞生，如维索尔伦（1999）的"语言顺应理论"，斯珀伯和威尔逊（1986，1995）的"关联理论"，格赖斯（Grice，1989）的"会话含意理论"以及"语言模因理论"等。在国内，段涛（2011）从语用学的角度探讨了公示语的翻译原则和策略。王守宏（2012）的博士论文基于跨文化语用学为理论框架探讨了外宣翻译中该如何消解文化障碍的策略，以实现有效、成功的外宣翻译。罗丽莉（2015）以浙江省旅游外宣材料英译为实例，从跨文化语用学视角出发探讨了外宣翻译中减少"文化流失"的翻译策略。从目前的研究成果来看，基于语用学视角的外宣翻译研究主要集中在关联理论和语言顺应理论这两个研究领域。

关联理论（Relevance Theory）脱胎于语用学，1986年，法国学者斯珀伯（Dan Sperber）和英国学者威尔逊（Deirdre Wilson）一起提出了关联理论。该理论认为，语言交际其实是一种认知的过程，在认知一件事物的时候人们会寻求某种关联，遵循关联原则。关联理论的研究就是探索最佳的关联原则，也就是人类的交际行为都会产生一个最佳相关性的期待。换句话说，在交际双方共知的语境中，如果读者希望了解原作者的交际意图，就需要找到对方话语和语境的最佳关联，获取语境效果，从而推断原语所包含的深层次含义，最后达到有效交际的目的。读者只有找出最佳关联性，才能理解作者的交际目的。因此，在翻译过程中，要想实现交际意图，译者必须考虑并根据读者的认知语境，对翻译方法进行合理的选择，促使读者对译文的预期理解与作者的写作目的相一致。

关联理论在我国翻译界产生了很大的影响。在引入关联理论的研究方面，林克难（1994）所发《翻译与关联》的书评给国内外的关联翻译理论研究提供了新的思路，也引起了众多学者对关联翻译理论主要观点的深入研究。赵彦春（1999）的文章《关联翻译理论对于翻译的解释力》引起了众多学者对该理论的关注，从此学者们从不同的角度如文学、教学、文化、科技、网络新闻、广告等方面对该理论进行了深度研究，从而推动了这一理论的研究和发展。

在外宣翻译方面，文虹（2006）基于关联理论探讨了在经贸外宣翻译中运用经济简明和信息关联原则的可行性。李占喜等（2006）提出了"关联域"的概念，并对在典籍英译过程中文化意象传递时出现的文化亏损现象进行了深入研究。魏海波、刘全福（2007）运用关联理论、语用翻译等理论探讨了汉英公示语翻译中的语用规律、对策及方法。陈芳蓉（2008）基于关联理论提出了外宣翻译中的"再创造"（即使用直接或间接翻译方法对标题、行话和政治术语等进行灵活处理）问题。王青（2012）基于关联理论提出外宣翻译过程中应该对文化缺省进行重构，在翻译方法上应该灵活处理，寻找最佳关联以便传达原文作者的意图。李晓红、张玉丹（2015）以关联理论视角对外宣文本的翻译活动进行研究，提出了外宣翻译应由"意合"向"形合"转变，力求做到语言简洁、平实且具有解释性等。王立松、张静敏（2015）从关联理论视角重新审视了外宣翻译中的文化缺省现象，并对其进行重构，以寻求最佳关联，提高交际效果。

语言顺应理论（Linguistic Adaptation Theory）是由比利时著名语言学家、国际语用学会秘书长维索尔伦（Jef Verschueren）于1987年提出的一种语言学理论，是语用纵观论的核心。该理论认为语言使用是语言发挥功能的过程，是一种社会行为，因此，对语言使用的考察必须从认知、社会、文化的综合角度去纵观。换句话说，语言顺应理论认为，语言使用是使用者根据交际语境的需要不断选择语言使用策略，以达交际意图的过程。语言顺应理论的重要概念包括语言选择、变异性、协商性和顺应性四个研究角度，它们构成了语言顺应论的基本理论框架，同时也反映了该理论关于语用问题的理论视角。

在语言顺应理论的研究方面，杨司桂、冉隆森（2007）和姚光金（2014）都以语言顺应理论视角探讨了旅游景点或资料的外宣英译策略的灵活变通性，以使译语文本能被外国游客理解和接受。彭劲松（2010）

基于顺应论理论论证了变译手段在外宣翻译中的可行性，以及在选择翻译策略时，译者不仅要顺应语言交际环境，还要考虑译语受众的需求和变化。张莹（2011）从顺应论的角度探讨了外宣翻译中文化的空缺现象，阐述了处理这种现象时必须进行动态的顺应补偿。庞宝坤（2011）以顺应理论为指导探讨了外宣翻译中的人名翻译策略等。田霞（2012）以苗族的非物质文化遗产汉英翻译为例，详细阐述了在具体语境下动态顺应的外宣策略选择问题等。

总之，语用学领域的关联理论和顺应理论对于外宣翻译研究具有现实的指导意义。基于这两种理论，学者也提出了相关的外宣翻译策略和方法。在外宣翻译的过程中，译者可以依据语用学理论选择相应的翻译策略。与此同时，外宣翻译研究在很多方面都得益于语用学理论，在语境因素的研究上语用学视角更是为外宣翻译研究提供了理论支持。语用学理论视角和传播学视角一样，在外宣翻译过程中重点关注的是信息的有效传递，但是对于外宣翻译只是为外宣服务的这一特性和民族文化外宣资料具有独特性问题还是缺乏足够的重视。

（五）译者主体性理论视角

17 世纪，西方哲学界里诞生了主客二元论，翻译研究在很长一段时期内受该理论影响，一直局限于以原作者和原文本为中心，这种传统的翻译观忽视翻译研究中的主体——译者的研究。20 世纪 90 年代西方译学研究发生了"文化转向"，译学研究视野也从一元跨越到了多元，译者主体性（Translator's Subjectivity）研究逐渐成为中西翻译研究的热点。

西方最具代表性的文化学派人物安德烈·勒菲弗尔（Lefevere，1992b：14）曾写道："翻译不是在真空中进行的。译者作用于特定时期的特定文化之中。他们对自己和自己文化的理解，是影响他们翻译方法的诸多因素之一。"随着翻译研究不断发展，我国当代译学研究者基于西方译学研究成果的基础上，从阐释学、接受理论、多元系统理论、女性主义、解构主义、后殖民主义、生态翻译学等视角来研究译者的主体性问题，拓展了翻译研究的视野。近年来译者主体性问题一直都是国内翻译研究的热点之一。《中国译学大词典》将"译者主体性"定义为："亦称翻译主体性，指译者在翻译活动中表现出来的本质特性，即翻译主体能动地操纵原本（客体）、转换原本，使其本质力量在翻译行为中外化的特征。译者主体性亦即译者的主观能动性。主观能动性在克服客观制约性中得到表现。客观制约性包括双语差异、不同文化语境和政治语境等。"（方梦之，2011：91）查建明、田雨（2003）认为，译者主体性指作为翻译主体的译者在尊重翻译对象的前提下，为实现翻译目的而在翻译活动中表现出的主观能动性，其基本特征是翻译主体自觉的文化意识、人文品格和文化、审美创造性。胡庚申教授提出的生态翻译学理论强调译者在翻译中的主体地位，其核心概念之一——"翻译生态系统"构建了"原文—译者—译文"的三元关系，其中，译者起着主导作用，协调着翻译生态环境中的其他要素之间的关系。

译者主体性是一种宏观的翻译研究视角，包括在翻译过程中译者的主动性、能动性、创造性、受动性和为我性等。其在翻译研究的各层面上的表现也各不相同，通常会体现在翻译的过程、译者的译语文化意识和读者意识、译作与原作的关系、译者与原作者的关系等方面。随着大量相关著作和论文的发表，对于译者主体性的研究已不再局限于文学翻译领域，在其他非文学翻译领域也相继出现。在外宣翻译方面，陈敏（2006）、毕文成（2012）、邹建玲（2015）等都分别阐释了外宣翻译中译者主体性发挥的重要性，认为译者主体性应在外宣翻译原则上有所体现，如目的性原则、内外有别原则等，并在具体的翻译策略上给出了如何发挥译者主体性的建议，如对外宣原文要进行增补、重组、改写及删减等。刘雅峰（2008）的《译有所为，译者何为？——文化全球化背景下外宣翻译及其译者研究》以生态翻译学的适应选择论为视角，指出外宣翻译中的译者必须增强主体意识、全球意识、文化自觉意识、翻译的功能目的意识、正确的读者意识等才能做到最佳适应和优化选择，实现外宣翻译的"译有所为"。张顺生（2008）在《信：译者主体性的底线——也从 Times Square 的译法谈起》一文中通过实例说明，信是翻译的灵魂，也是译者主体性的底线。肖妹（2011）在《译者主体性与对外传播中标语、口号翻译》中从目的论及文化转向视角探讨了译者在译前和译中发挥主体性作用的重要性，最终才能实现译文被译语读者所接受。张晓静、王治江（2011）在《企业外宣翻译中的译者主体性》一文中讨论了企业外宣文本的特点，译者需要发挥主体性才能在翻译策略上做出好的选择，进而提高企业外宣翻译的质量。李春光（2012），在《论外宣翻译中受众中心化与译者主体性的和谐统一》中提出外宣翻译是受众中心化与译者主体性和谐统一的交际合作行为，指出外宣翻译中的关键所在就是要达到受众中心化与译者主体性的和谐统一。韦忠生（2012）的《主体间性视域下译者的主体性与翻译策略》一文运用主体间性理论探讨了译者主体与原文、译语读者、翻译发起者等主体在外宣翻译活动中的互动关系与翻译策略。徐建国（2014）的《外宣翻译译者主体性的限度研究》指出译者主体性虽具有不可替代的价值，但也必须有一定的限度。他认为外宣翻译是国内信息的对外传播行为，外宣译者不能无视外宣翻译的性质，过度强调译者主体性，否则不利于国家竞争国际话语权。吴聪聪、张华东（2016）在《博弈论视角下外宣翻译主体性刍议》一文中指出外宣翻译其实是译者的理性活动，这一活动受到许多因素制约，作者还进一步将译者在外宣翻译过程中通过权衡各方因素做出选择比作是一场博弈，这个过程中的每一步都是译者主体性的发挥。此外，叶颖和张传彪（2008）、曾小珊（2012）、王青（2013）也都从关联理论视角下探讨了外宣翻译中译者主体性发挥的重要性以及译者主体性在翻译材料的选择和翻译过程中的体现，进一步指出我国外宣翻译中译者主体性体现不足的问题所在。

对译者主体性的研究肯定了译者作为翻译主体之一的地位和作用，加深了人们对翻译本质的认识，拓宽了翻译研究的视野。译者是翻译的主体，翻译自始至终都离不开译者在整个翻译过程中的主体性作用，当然，译者主体性的发挥也不是天马行空的，它应该受到翻译各要素组成的翻译生态环境的限制。然而，与生态翻译学理论相比，对译者主体性研究只是翻译主体研究的一部分，翻译主体的研究内容还应包括对其他翻译各要素的研究，如对原文作者、译语文本、译文读者、翻译活动发起人等诸多要素的研究，因此译者主体性理论并不全面。另外，翻译研究不能一味地只强调译者的主体作用而忽略其他翻译要素在翻译过程中的作用，以免造成译者对文本过度操控而导致译文太过主观。

（六）修辞学理论视角

修辞学理论（Rhetoric Theory）起源于古希腊罗马时期亚里士多德的修辞学，它是一门利用语言学、文学、人类学、交流学、心理学、哲学、政治学等学科来研究人类口头传播规律的交叉性学科。修辞学，顾名思义，修为修改或修饰，辞为语言，意为重复修改语言，目的是使语言更加精练、准确、形象、生动，以更好地表达文本的一切内容。在西方，修辞学首先是一种劝说性演说的艺术，它同演讲术、辩论术和作文法密切相关。修辞学重视对受众的研究，明确地把注意力从作者转向读者。随着时代的发展，古典修辞学逐渐发展成了西方现代修辞学理论，其研究范围得到了不断拓展，其研究对象也扩展到了所有的话语形式上。作为一门学科，修辞学的研究中心是"劝说"，研究的主要内容是：修辞的理论与技巧和修辞的实践与应用。修辞学理论对外宣翻译研究具有现实的指导意义。从修辞学视角出发，外宣翻译的译者需要根据双语的修辞差异合理利用编译策略去顺应译语读者的需求，最大限度地获得读者的修辞认同。

陈小慰教授（2007）最先引进肯尼斯·伯克的"认同"理论，她在学术论文《外宣翻译中"认同"的建立》中具体阐述了"认同"的基础、"认同"的必要性以及建立"认同"的方式，认为要实现对外宣传的目的，就必须建立"认同"。后来，陈小慰教授（2011）在其博士论文《翻译研究的"新修辞"视角》中利用当代西方修辞理论"新修辞"（New Rhetoric）中的"戏剧五元模式"理论，重新审视了译者与受众的互动关系，提出在译者与受众之间建立合作伙伴关系的必要性。张雯等（2012）在论文《中西方修辞传统与外宣翻译的传播效果》中探讨了在外宣翻译中运用修辞理论可提高传播效果。袁晓宁教授（2010）提出了为实现外宣翻译的目的，译语必须在表达方式、语篇结构、语体风格、句法结构等方面符合译语受众的表达习惯。袁卓喜（2013、2014）在其所发文章和博士论文中，结合西方修辞劝说视角和受众中心等理论对外宣翻译的策略选择问题进行了探讨，认为外宣翻译应该借鉴西方现代劝说机制理论，从实践和理论两方面说明了提高修辞意识的重要性。宋平锋（2013）从西方修辞学视角探讨了旅游外宣英译中的修辞劝说策略。龚颖芬（2015）以中西方修辞差异为切入点，探讨了如何最大限度地获得译语读者的修辞认同，以实现跨文化交际的目的。

总而言之，修辞理论和外宣翻译在"受众中心"这一观点上达成了共识，都认为译语受众是对外宣传交流的归宿。在这种情况下，修辞理论的"受众中心"方面的研究成果能够为外宣翻译的翻译效果和译语受众的接受度研究提供一定的借鉴和参考。但是，该理论视角过多地关注对外宣翻译的个性特点，对于外宣翻译的诸如真实性、严谨性、政治性等共性问题却关注较少。

纵观上述各外宣翻译研究视角，笔者认为，大多数研究视角都有其优点和说服力，但各自都有各自的局限性。所以说，不存在揽括一切的翻译理论。随着对外宣翻译研究的深入，其研究广度和深度在不断延伸，学者们所能依托的翻译研究视角也逐渐发生了变化。新的研究视角开始进入学者的眼帘，如生态翻译学理论及其适应选择论视角正出现上升趋势。这是新理论、新视角与新兴学科相结合的尝试，或许这会成为今后一段时间内外宣翻译研究的新热点。

三　外宣翻译中存在的问题和成因

段连城（1990：27）对外宣翻译所存在的问题进行了分类，第一类是"甲型病状"，第二类则是"乙型病状"。第一类问题主要表现在错字连篇、用词不当以及语法错误；第二类问题主要表现在译文虽无语法、拼写错误，但会让外国读者感到晦涩难懂。随着外宣翻译人员的翻译水平不断提高，外宣译文中所出现的语法、拼写错误也越来越少，然而随着新词新语的不断出现，"乙型病状"所占的比例逐渐增大。产生这类问题的主要原因是我国外宣翻译发展较晚且没有得到足够重视、中外文化差异巨大、外宣翻译人员的翻译素养不高以及国外对中国认识的陈旧印象等几个方面。

中国在历史、经济、文化等发展方面与国外资本主义国家有着较大的差别，正是这些差别造成了我国外宣翻译发展的最大障碍。由于一些西方国家在某些方面对我国一直存在着误解，从而导致了我国在国际上的形象扭曲，进而造成了对我国实际国情的错误认识。因此，我国在外宣翻译活动中，如果稍有大意，就会错过扭转中国国际形象的机会，这对我国外宣翻译人员来说是一个巨大的挑战。

我国外宣翻译的专业人才不多，大部分翻译人员只从事普通翻译。由于对外宣翻译的重要性理解得不到位，或因其自身水平问题，导致了我国外宣翻译水平良莠不齐。我国的外宣翻译研究起步也比较晚，大多数学者只注重文学翻译的研究，对外宣翻译没有给予足够重视，因此也就没能形成一个良好而强大的体系来支持外宣翻译的研究和发展。

经过十多年的实践和探索，我国在外宣翻译研究领域已取得较大进展，但在具体的外宣翻译实践中还存在着许多问题。翟树耀（2005：109—110）指出，我国外宣工作中存在的一个主要问题就是忽视"内外有别"，以为对外宣传是对内宣传的简单延伸。钱慰曾（2005：226）

认为，最好的宣传是要让人看不出是宣传。他指出，中国过去的对外宣传会给国外受众一种"propaganda"（宣传、鼓动）的感觉，会让他们觉得这是一种目的性很强、片面的主观宣传行为，对此他们难以接受。陈小慰（2007：60）指出，外宣翻译是一种跨文化、跨语言的交流，是一种说服行为。在这种特殊的活动中，必须考虑受众，这种说服行为能否成功取决于受众的认同感。然而，我们目前的外宣翻译缺乏内外有别的意识，没有考虑受众的信息需求、心理习惯、思维共性等因素，从而也造成了国外受众缺乏认同，导致宣传失败。造成这些现象的原因，在一定程度上与我国的公信力不强、不注意外宣内容的选择、对外宣传影响力小、不注重西方受众心理等因素有关。衡祈（2005：25）指出，要想在国际上树立良好的国际形象，中国就必须充分考虑外国的文化因素，如果我国政府还是像以前那样使用一些外国受众难以理解的词语和语言，那么谈树立国际形象就是空话。

通过以上综述，对于我国外宣工作存在的不足可作总结如下：第一，在外宣翻译实践中，对地方特色没有进行深入研究，翻译共性的内容多，翻译个性的内容少，比如缺乏对我国少数民族文化翻译宣传的内容；第二，宣传具有片面性，夸大事实或者隐含一些问题，这样就达不到想要的宣传效果，甚至还引起受众的反感；第三，缺乏对国外受众特点的研究，大多数外宣材料只是照搬内宣模式进行翻译，如此一来外宣效果必定大打折扣。

总而言之，作为对外宣传的主要渠道之一，外宣翻译为树立我国形象提供了良好的机遇。随着全球一体化不断推进，中国的开放程度日渐深入和扩大，中国有迫切传播自身文化与世界进行交流的需求，外宣工作已日益得到重视和加强，广度也不断得到拓展。中国要走向国际，让世界了解中国，就必须利用好外宣翻译这一对外宣传活动的媒介。因此，如果要想提高我国对外外宣的效果，就必须解决好外宣翻译中存在的各种问题，找出其原因，并提高其质量。

四 外宣翻译研究的发展方向与思路

对于外宣工作而言，外宣翻译中出现错误或者研究上存在缺陷都不利于我国外宣工作的进行，也阻碍了我国国际形象的树立以及文化软实力的提升，因此，我们必须加强外宣翻译理论的研究及其学科建设。然而，当前外宣翻译理论的研究成果还远远满足不了外宣翻译实践的需求。无论是政府层面的外宣翻译还是个体行业实践的外宣翻译，大多只是注重对原文信息和思想的传达。因此，如何摆脱外宣实践工作中的不足来提升我国外宣翻译的质量与效果，如何加强外宣翻译研究的科学性与系统性来促进外宣翻译的学科建设与人才培养，如何以国外受众习惯的思维方式来宣传我国历史悠久的灿烂文化，如何以国外普通受众能理解和接受的方式报道我国社会主义现代化建设的丰硕成果，推动我国良好国际形象的建立和稳固，向世界发出中国的声音，这都是我国传播学、翻译学和外宣翻译工作所要重点关注的问题，是具有重大理论价值与实践意义的研究课题。

我国目前的外宣现状要求我们的外宣翻译研究和外宣工作首先是要解决实际性的问题，外宣翻译的研究和工作都应该具有实际针对性，以使外宣翻译的目的能有效达成。然而，这种强烈的目的性和实操性也弱化了对外宣翻译的理论性探索和学科建设方面的研究，反而助长了对外宣翻译研究的急功近利倾向，即大多数外宣翻译研究只是探讨和解决外宣传播中遇到的具体翻译问题或技巧，而缺乏一定的宏观理论视野、微观剖析论证和系统理论的可证性。由于外宣翻译这门学科具有整合性，是一门交叉性学科，因此系统性研究外宣翻译还有待进一步深化、补充和更新，这也为本书借鉴生态翻译学观点来探索彝族文化外宣翻译提供了可能与空间。

生态翻译学以其全面而又高度统领的视角而著称，正如胡庚申教授 [2011a（2）：5—9] 所说："生态翻译学是依据整体、关联、动态、平衡、和谐的生态学原理和机制，用整体、关联、动态、平衡、和谐的眼光看待翻译行为。"生态翻译学关注翻译生态环境"关系"的问题，它强调翻译中各元素关联、知识交集和多元思维的整体性，这为外宣翻译的进一步纵深发展提供了一个新的出口。

本著作旨在以生态翻译学理论为基础，运用其理论成果分析彝族文化外宣翻研究的现状和问题，以期进一步推进彝族文化外宣翻译研究，并改善我国少数民族文化外宣翻译研究的理论视角各行其是的混乱状况，对其建立一个更为理性的认识，以达成宣传我国少数民族文化尤其是彝族文化的目的，实现中华民族文化在国际上的身份认同。

第二节　生态翻译学研究综述

一　生态翻译学相关概念梳理

（一）基础理论

胡庚申教授在 2001—2004 年基于西方达尔文的生物进化论原理，围绕翻译过程中的"适应"和"选择"而展开，提出了"翻译适应选择论"，认为翻译如同生物进化一样，是一个适应和选择的过程，该过程以译者为中心，是一个译者对翻译生态环境进行选择性的适应，再以适应者的身份对译文进行适应性选择的过程（转引自朱义华，2013）。翻译适应选择论的核心理念是，译者根据翻译生态环境的不同或者变化选取与之相适应的翻译策略，在翻译过程中译者首先要适应翻译生态环境，然后对翻译策略做出选择，并且该过程是不断交互重叠的。从译者角度看，适应了译境的译者才能生存和发展，从译文角度看，只有适应性好的译文才能生存和生效。翻译的"适应选择论"是一种以生态学为基础的翻译研究途径，它同时也是翻译研究思维上的一种创新。

生态翻译学（eco-translatology）是以"翻译适应选择论"为理论基础，不断发展和延伸而来的。生态翻译学，顾名思义即以生态学作为哲学依据，以翻译学为理论依托，是一种整合性的交叉学科。生态翻译学是利用生态理性特征、从生态学视角对翻译学进行纵观的生态翻译研究范式（胡庚申，2013：11）。从广义上说，生态翻译学是从生态学视角对翻译进行综观整合性研究；从狭义上说，生态翻译学是一种基于生态学视角的翻译研究方向。2006 年 8 月，胡庚申教授在翻译全球文化国际研讨会上宣读了题为《生态翻译学诠释》的研究论文，对生态翻译学研究的基础、内容和方向进行了诠释。生态翻译学的主要内容是研究译者、翻译生态环境以及翻译过程三者之间的关系，它把翻译生态比作自然生态，把研究重点放在翻译生态环境和译者之间的相互关系上，研究译者在不同翻译生态环境中的生存境遇和发展能力；在翻译方法上侧重语言维、文化维和交际维等的适应性选择转换。概括地说，生态翻译学从翻译生态系统的整体性着眼，从翻译学角度出发，以生态翻译学的叙事方式，对翻译的本质、过程、标准、原则和方法以及翻译现象等做出新的描述和解释（胡庚申，

2008；孙迎春，2009）。

　　生态翻译学依据翻译"生态"、取向文本"生命"、关注译者"生存"（杨乐，2014），是一个由译者、译境和译本共同构成的复合的、有机的生态整体。如上所说，生态翻译学是利用生态系统的理性特征对翻译进行的综观整合性研究。胡庚申教授对翻译生态系统的理性特征做了归纳，即生态翻译研究要注重"整体/关联"、讲求动态/平衡、体现生态美学、观照"翻译群落"、昭示翻译伦理和倡导多样/统一。详细地说：（1）翻译生态系统中的各相关利益者之间都存在着内在的双向关联，即翻译生态系统是一个复杂的、交替重叠的系统；（2）翻译生态环境中的主体、客体与生态环境之间相互作用形成了翻译生态的动态平衡；（3）翻译应该体现一定的生态美感，追求"信""达""雅"；（4）翻译生态系统关注翻译生态环境中的各相关利益者的关系，强调译者必须对内部环境所造成的差异进行不同程度的选择和适应，必要时需做出动态的调整，才能适应翻译生态环境；（5）昭示翻译伦理是指类比生态伦理，涉及"文本生态"原则、"译者责任"原则、"多维整合"原则和"多元共生"原则；（6）多样性是指个体之间存在差异性，统一性则体现了事物的共性或者整体关联（胡庚申，2013；杨乐，2014）。

　　总而言之，生态翻译学是在翻译适应选择论的基础上发展起来的，"译者中心""翻译生态环境""适应与选择""三维转换"和"生态系统和谐统一""译者责任"是其主要核心观点。其中，该理论所提出的"译者责任"原则，也就是指要以译者为中心，这颠覆了传统翻译理念的"文本中心"理念，确立了"译者中心"的翻译理念；"翻译生态环境"概念的提出，提升了翻译学研究的深度和广度；"适应与选择"系统地描述了翻译的整个过程，生态翻译学也将翻译的本质定义为"适应与选择"；"三维转换"的基本翻译方法指明了译文评判的标准；"生态系统和谐统一"的理念体现且适用于翻译活动的各环节之中。

　　为了对生态翻译学有更好的理解，笔者就上述核心概念和观点阐释如下。

　　1. 译者中心

　　生态翻译学认为，翻译是一种译者的创造性活动，也就是说翻译不再是以前的以文本为中心，而是转向了以译者为中心。正所谓"成也译者，败也译者"。这一翻译观表明，译品的优劣、生存或长存与译者素质紧密相关。

胡庚申教授（2004）认为，不论从"原文、译者、译文"这一翻译的终极三元关系来看，还是从读者、作者、评议者、委托者、译文使用者等诸"者"关系视角来看，"译者"都应该在翻译活动中处于中心位置。仅从译者的角度出发，译者既是原文的"读者"，同时又是译文的"作者"，对原文的理解和对译文的表达都起到至关重要的作用。因此，译者在很大程度上是译品的主导者，在翻译过程中，译者一直都是中心，主导着翻译的全过程。

坚持以译者为中心的翻译观，是对译者在翻译活动中的地位和功能在一定程度上的彰显，对译者的自律和自重起到了一定的督促作用，也给"译有所为"提供了一定的理论支持。"以译者为中心"的翻译理念认为，译者对翻译生态环境做出不同的选择和适应就会产生不同的译品；也就是说，翻译人员对环境的反应不同，适应和选择也就不同，从而所产生的译品也就不同。换言之，译者决定译品，译者对翻译环境不同的适应性和选择不同的翻译策略会催生不同的译品。因此，译者的主观性使译者处于"中心的""主导的""主动的""核心的""颠覆的""反制的"的决定性地位，在任何情况下都一样。生态翻译学以译者为中心，确立了译者在翻译过程中的主导地位，真正地主导整个翻译过程，使翻译作品具有创新性，从而可以实现影响译语社会和文化的外宣目标。在这里，生态翻译学倡导的"译者中心"理念与外宣翻译理论所提倡的"译者主体性"理念不谋而合，这也正是笔者选择以生态翻译学理论来研究外宣翻译的主要原因之一。

值得注意的是，与"人类中心主义"不同，"译者中心"的主要观点是强调译者的核心和主导地位，也就是译者首先要适应所处的翻译生态环境，适应和了解翻译环境后再进行对翻译方法和策略的"选择"，"选择性适应"和"适应性选择"都是译者根据不同的翻译生态环境所做的判断和决定。

之前的翻译研究主要是以"译文"或"原文"为中心，如今生态翻译学提出的"译者中心"的观点着重强调以下几点：第一，符合实际需求；第二，"译者中心"相对于其他两种观点来说是一种"解构"，一种"平衡"，也是一种"反拨"，从"原文—译者—译文"这个终极三元关系中，我们可知"译者"处于中心位置，是平衡"原文"和"译文"的最佳传输媒介（胡庚申，2011）。"译者中心"观点的提出，不仅突破了翻译研究以译文或原文为中心的观点的限制，而且还实现了从"多中心"向"无中心"的过渡，从而促进了翻译研究生态的整体平衡。在首届国际生态翻译学研讨会上，清华大学王宁教授提出生态翻译学是一种创新，平衡和解构了传统的翻译理论，也就是说生态翻译学的"译者中心"理念解构和再平衡了传统翻译理论的"译文中心"主义和"原文中心"主义（王宁，2011）。而且生态翻译学提出的"译者中心"理念是可以依靠"事后追惩"（after-event penalty）的机制来实现自我完善的。到目前为止这个机制在其他的翻译理论中尚未涉及（胡功泽，2006）。在翻译过程中，虽然说译者起到核心和主导的地位，但译者也会受到翻译生态环境的制约，也就是所谓的"restricted subjectivity"或称之为"suobjectivity"①（胡庚申，2011）。

2. 适应与选择

就翻译的本质而言，生态翻译学将其定义为"一个译者适应与译者选择的不断交替循环的过程"；"适应"是指译者对翻译生态环境的适应；"选择"是指译者以翻译生态环境适应者的"身份"对译文进行的选择；"翻译生态环境"是指原文、原语和译语所共同组成的世界（胡庚申，2008）。在翻译生态环境中，语言、文化、交际和社会相互联系，作者、译者、读者、委托者也相互联系，前述二者又有不可分割的联系，它们构成了翻译生态环境这个统一的整体。对于整个翻译过程，胡庚申教授将其描述为：翻译过程=译者对翻译生态环境的"适应"+译者对适应翻译生态环境程度的"选择"+译者对译本最终行文的"选择"，简言之，翻译=译者的适应+译者的选择（韩竹林等，2013）。

在翻译的"原文、译者、译文"终极三元关系中，译者是主体，原文和译文是客体。达尔文生物进化论中的"适应/选择"理论同样也适用于翻译过程，也就是译者作为一个"生命体"（动物和植物）具有适应环境的能力，而原文和译文是非生命体，其本身没有适应环境的能力。对于译者来说，"适应"与"选择"是本能，是翻译的根本所在。适应就是译者适应翻译生态环境，选择就是译者作为翻译生态环境的适应者的身份对译文进行的选择。译者在适应的同时，又要进行选择，即适应性选择和选

————————

① suobjectivity：该词由孟凡君所创，意为"受约束的主体性"。

择性适应是在不断交替循环的，翻译的这一循环交替过程的内部关系可以描述为：译者对翻译生态环境的适应目的是使译文生效、长存；译者的适应手段是对翻译策略和译文的整合适应选择度进行的优化选择；而译者做出"选择"的依据是"汰弱留强""适者生存"原则（王维平，2015）。适应与不适应，或者强与弱都是一个相对概念，并非绝对。比如说，在进行翻译工作时，如果选中、采用和保留了一些适应度高的词语、句式、篇章或者风格，那么相比于那些被淘汰的内容，它们就是具有适应性的内容，就是"强"者，而被淘汰的内容就是不具有适应性的内容，是"弱"者，反之亦然。总之，借用达尔文进化论中的"适应/选择"说的基本原理和思想来系统描述和解释翻译过程的探索，不论在国内还是国外，均是一个尚待开发但又值得深入探索的研究课题（胡庚申，2008）。

　　具体来说，生态翻译学中的"适应"和"选择"，就是译者主动适应翻译生态环境，主动接受翻译生态环境的支配。在翻译过程中，先是有译者适应翻译生态环境，然后才有译者以翻译生态环境适应者的"身份"选择译文。在译者适应翻译生态环境阶段，译者需要了解并适应环境，并且翻译生态环境也会对译者进行选择，这种翻译生态环境以原文为典型要件。接下来，在翻译生态环境的"选择"阶段，重点是翻译生态环境对译文的选择，此时的翻译生态环境则以译者为典型要件；换言之，此时就是译者在适应了翻译生态环境后，以代表翻译生态环境的身份选择译文，产生了最终的译文（胡庚申，2008；李亚舒，2005；王敏玲，2015）（见图2-1）。

　　如图2-1所示，虚线框内部是翻译生态环境，其中包括了原文、译者和译文三者。简单描述图2-1所示内容：翻译是以译者为中心的；译者不断"适应"以原文为要件的翻译生态环境，然后以译者为典型要件的翻译生态环境对译文做出"选择"，这就是所谓的生态翻译学视角的翻译过程。

　　图2-1中，左边虚线框内代表的是"原文"，以达尔文的自然选择原理为依据，"原文"指向"译者"的细箭头表示以原文为典型要件的翻译生态环境对译者进行选择，即翻译生态环境选择译者。之所以用细线来表示这个过程是为了衬托上方的粗线，强调译者适应其所在的翻译生态环境。右边的虚线框内代表的是"译文"，用粗箭头表示以译者为典型要件的翻译生态环境选择译文的操作阶段，即译者选择译文。

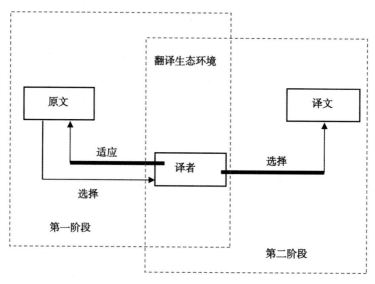

图 2-1　　"适应"与"选择"的翻译过程

　　原文、译者和译文三者共同处于同一个翻译生态环境,三者共同组成一个有机的统一整体。而这其中暗含了翻译过程的两个阶段,即第一阶段是译者"适应"以原文为典型要件的翻译生态环境,在这一阶段,翻译生态环境和原文共同选择译者;第二阶段是以译者为典型要件的翻译生态环境"选择"译文的阶段。在第一阶段中,译者接受了翻译生态环境和原文的选择,适应了翻译生态环境,已经不再是单纯的个体,而是代表着整个翻译生态环境,是适应了翻译生态环境和原文的制约的特定译者。所以,当译者处于这个阶段时,他不仅是一个产生译文的普通译者,而是翻译生态环境和原文的体现,代表着它们对译文进行适应性选择。因此,译者有动态的"双重身份",既接受翻译生态环境和原文的选择和制约,同时又是翻译生态环境和原文的适应者,以此二者的身份为代表来选择和控制译文。

　　生态翻译学认为,最佳翻译是"整合适应选择度"最高的翻译;对于译品来说,"适者生存""适者长存"。译者适应了翻译生态环境,接受了翻译生态环境和原文的选择和制约,又代表翻译生态环境选择了译文,此时翻译过程并没有结束,整个翻译生态环境还要考验和选择译文。语言、文化、交际、社会、原文、作者、读者、委托者和译文等都是构成整个翻译生态环境的成员,只有那些在最大程度上适应并满足了翻译生态环境整体要求的译文才被称得上是"整合适应选择度"最高的最佳译文，才能经受住整个翻译生态环境的考验并最终"生存"乃至"长存"下来。总而言之，译文的自身整合度最高，它最为适应整个翻译生态环境，也就能够在最大范围内最大程度上受到作者、读者、委托者等多方的承认和推崇，因此才能长久地流传下去。对于译文来说，此为所谓的"适者生存""强者长存"。

3. 三维转换

生态翻译学的基础理论将翻译方法总结为"三维转换"，即在"多维度适应与适应性选择"的原则之下，相对地集中在"三维"上进行适应性选择转换；"三维转换"中的"三维"指的是语言维、文化维和交际维（胡庚申，2006：50）。所谓"语言维的适应性选择转换"，即译者在翻译过程中，从不同方面、不同层次对语言形式进行的适应性选择转换。"文化维的适应性选择转换"是指译者在翻译过程中不仅要进行原语与译语语言之间的转换，还要关注双语文化的差异，力图清除文化交流上的障碍，最终达到双语文化内涵的传递。文化维的适应性转换要求译者对原语文化中的特色语言等进行相应的处理，避免那些容易引起读者产生误解或使读者用译语文化的视角曲解原文想要传递的文化内涵的表达。"交际维的适应性选择转换"是指，在翻译过程中译者还需把关注重点放在双语交际意图上，交际维的适应性转换要求译者的翻译要体现原文的交际意图（李帅，2015）。

根据"三维"转换理论，译者应该从不同方面、不同层次上对翻译生态环境进行多维度适应并作出适应性选择，最终体现在"整合适应选择度"上。译文越能进行多维度的适应，在适应性选择上做得越好，那么它的"整合适应选择度"也就越高。选择性适应和适应性选择是最佳的适应和选择，而"整合适应选择度"最高的翻译就是最佳的翻译。

胡庚申教授提出的生态翻译学理论，展示了一种生态伦理的"多维整合"。该理论认为评判译文的标准不单纯只看译文是否忠实于原文和迎合读者，还需要考察译文在新的文化、语言、交际中是否得以生存和延续，这就要求译者在翻译过程中必须追求整合适应选择度最高的译文。这种适应度要求译者必须在语言、文化、交际生态等多维度进行整合，必须协调委托者、读者和原作者之间的关系，达到最佳的适应，做出最佳的选择，使译文能更好地被读者接受。

（1）语言生态的适应与选择

翻译的具体操作流程包括了理解、转换和表达三个环节。译者的任务不是要将原文一字不落地进行翻译，而是要从整体上透彻理解并把握原文，准确、清晰地传达原文的主要信息内容，所以说，翻译也是一种思维活动，而不同的民族文化特性势必会形成不同的语言思维习惯。

（2）文化生态的适应与选择

翻译其实就是两种文化之间的一种交流活动。相对于语言信息转换而言，文化信息的转换对于成功的翻译来说更为重要，因为一个词语必须在其文化背景和情境中才能体现出它的真正意义。在新闻报道翻译中我们就能明显地感受到文化差异的影响。人们在跨文化交际时接受别人传递来的社会信息，话语包含的信息非常多并且杂乱，所以译者在翻译时会遇到译语缺失文化内涵和背景的问题，此时，译者调整文化信息就迫在眉睫了。

（3）交际生态的适应与选择

由于汉英两种语言承载的文化有巨大差异，东西方人们的意识形态、社会制度、思维习惯和宗教文化等也有很大不同，因此有时译文读者的文化系统或认知结构中找不到与原语文化相同的表达，这就给跨文化交际造成了很大的障碍（张丽红、刘祥清，2014）。有鉴于此，译者在翻译时应该在关注语言形式的适应性转换的同时，更加关注双语文化内涵的阐释和交际意图的传递，运用灵活多样的翻译方法去更好地适应原文交际意图、选择符合译语语境的译文。

4. 生态系统和谐统一

生态翻译学是结合生态学与翻译学两大学科体系综合而成的交叉理念，是用生态学的理念来统一和指导翻译学的过程的学科。自然界中的生物都是和其生存环境相互联系、作用和适应的，它们共同组成一个统一的自然整体。英国植物群落学家坦斯利（Tansley, A. G.）1935 年提出"生态系统"（ecosystem）概念，认为生态系统包括生物以及其生存环境。这两个部分通过一定的运动进行物质和能量的交换和循环，是缺一不可的有机统一整体，同时也是一个不断在变化的整体。后来学者们在其研究的基础上进行了相关总结。范国睿（2000：21）对"生态系统"的定义做出过相应表述，认为生态系统是指在一定地域（或空间）内生存的所有生物及其生存的环境相互作用而形成的具有转换能量、循环代谢物质和传递信息等功能的一个统一体。孙儒泳（2002：190）也认为"生态系统是在一定空间中共同栖居着的所有生物（即生物群落）与其环境之间由于不断地进行物质循环和能量流动过程而形成的统一整体"。在宇宙中存在着许许多多大小不一的生态系统，每一个生态系统都不是孤立的，它都可以和周围的环境组成更大的系统，各个生态系统相互交错、相互循环，各子系统之间及子系统与母系统之间不断地进行着物质和能量的交换（任丽，2013）。

对于生态学来说，生态系统是其主要的结构，其"和谐统一"主要体现在：首先，对于一个开放的系统来说，系统的稳定需要能量之间的不断流动和物质之间的不断循环；其次，物质和能量之间的不断输入和输出，从简单到复杂的演变以及从不成熟到成熟的演变都说明了这是一个动态的可持续发展的系统；最后，整体性是生态系统的一大特征，并且具有自我调节的功能，结构越复杂，物种种类和数量越多，其自我调节能力就越强。正如王佑镁指出，生态系统具有达到内部平衡的能力或趋势，这是一个重要的现象（王佑镁等，2009：59）。生物多样性（biodiversity）的存在使整个系统越来越复杂。生物多样性是指微生物、动植物等物种的多样性，以及物种的遗传与变异及生态系统的多样性。多样性使生态系统得以循环发展，也实现从低级向高级的不断演变。

类比自然的生态系统，翻译生态系统"和谐统一"的理念体现并且适用于翻译活动的各个环节之中。所谓"整合一体"，指的是翻译活动和自然（生态）界的活动是关联互通的，由于翻译活动与自然（生态）界有着紧密的联系，完全可以把作为人类活动的翻译研究置于自然（生态）界的整体研究中去进行，这正是胡庚申教授一直强调的"关联序链"（见图2-2），也是一条揭示"翻译"到"自然界"内在逻辑联系的认知视野延展的链条（胡庚申，2009、2011）。

图2-2　翻译活动与自然界之间的关系

文化是人类在社会交际活动中形成的产物。文化只有通过语言的传播才能进行交流，一旦语言不通的话，则必须进行翻译。法国著名科学家拉普拉斯（P. C. Laplace）指出，"万事万物都有关联，自然界里的普遍规律好像一条长链，将貌似无关的现象联系在一起"（Laplace，1835；李珩等译，1978：305）；也可以说，"各种现象都是相互联系的，是规律所交织的整体"（李光、任定成，1989：19）；生态整体观自古就有"万物归一"之说（王诺，2005：88）；美国生态学家巴里·康芒纳（Barry Commoner）提出，翻译活动跟自然生态界的活动是关联且共通的，那么，"这种关联性和共通性就为适合于自然界的基本规律也同样适用于翻译活动提供了一种可能"（胡庚申，2004、2009）。

　　为避免学者们将从翻译到自然界的联系看成线性的、单向的互动过程，胡庚申教授在现有研究的基础上将上述"关联序链"的平面图进一步总结转变为多维交叉涵盖、关联互动、递进衍展的相互关系的立体示意图（见图 2-3）［胡庚申，2014（6）：86—89］。

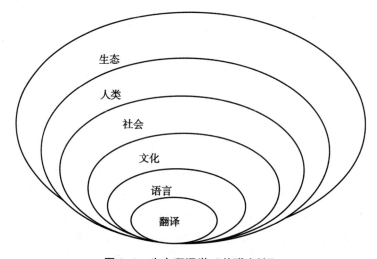

图 2-3　生态翻译学"关联序链"

　　"从这样的一个关联链中，我们可以看到翻译活动与生物自然界之间的互联关系及其基本特征，这种互联、共通、互动、涵盖、递进的相互关系与特征，不仅能揭示翻译活动与自然界之间存在的关联性，还能使两者之间存在相互联系的中介或某种程度的类似成为可能。"［胡庚申，2014（6）：86—89］

　　总之，生态翻译学中所讲的"和谐统一"是指翻译活动与其所处的大环境——自然（生态）界之间的各个维度如语言维、文化维、交际维是互联互动、相互依托、相辅相成的。一方面，翻译活动能影响自然（生态）环境的运行；另一方面，自然（生态）环境又可以反过来制约翻译活动的开展。而且翻译活动内部的各个环节：原作与译者、译者与译文、译文与读者甚至读者与译者之间都是相互制约、相互影响的，所以从以上层面的因素来讲，整个翻译生态系统应该是"和谐统一"的。

5. 生态翻译学与翻译生态学

生态翻译学作为一种相对独立的翻译学说，它是在生态整体主义思想指导下，引导人们普遍接受并认同（自然）生态学说中的"适者生存""优胜劣汰"的基本原理。不但在上述交叉点上极显其学科特点，而且以中国古代哲学中的"天人合一""道法自然"等经典智慧为依托，构建整体的翻译生态体系，解释翻译生态理性，提出生态翻译理念。同时，生态翻译学又有其自己的一整套术语来表述其研究对象、目的、内容和方法等基本概念。

翻译生态学的研究对象则是生态环境和翻译本身之间的相互关系。它基于达尔文生物进化论的自然选择学说，在翻译研究中引入了生态学的优秀成果，把翻译和生态环境进行类比，将二者联系起来，研究它们之间的相互作用的机理和规律，以生态学的视角重新看待和研究翻译，力图更深入地阐释和剖析翻译中的各种现象。

生态翻译学与翻译生态学既相互联系又有一定的区别。生态翻译学是指从生态学的角度对翻译进行与之相关的研究。胡庚申教授提出的"生态翻译学"理念，其主要关注"适应""自然选择"和"适者生存"这三个重要的生态学理念，它强调译者应该适应其外部翻译生态环境，并且进行相应的选择，为翻译学研究提供一个系统的以译者为中心的研究视角。翻译生态学则充分结合了生态学和翻译学，将二者的精华融合在一起，创建了另一新的交叉学科。翻译生态学的内容涉及很广，包括生态环境、生态行为、生态功能、生态结构以及翻译生态的基本规律、交替和演化、检测与评估，以及翻译生态学的基本原理、生态翻译与可持续发展等。目前来看，生态翻译学研究模式和翻译生态学研究模式都只是从某些切入点进行研究，对它们的研究深度和广度还有待发掘，如果能进一步研究翻译生态，那么它也可能会在世界翻译研究中占据重要位置。

（二）生态翻译学的主要特征

第一，从理论研究本身的角度来说，生态翻译学属于横跨"自然"

与"人文"科学的交叉研究学科，因此其理论起点较高，为其他领域研究的引入提供了范例，可见该领域研究有着广阔的发展空间。

第二，从理论研究的内容上看，生态翻译学整个理论体系中最鲜明的特点就是其综合性、整体性、系统性和关联互动性。不管是从"翻译生态环境"还是从描述翻译到自然界的内在逻辑联系的认知链条，这些概念都表明生态翻译学将翻译活动视为人类整个生态系统内的一个环节，不论是翻译过程的各个环节，还是翻译活动涉及的各种要素，都与它们所处的生态环境之间有着紧密的联系，这些联系所发挥的作用又都是双向的，这使生态翻译学理论体现出了综合性、整体性、系统性和关联互动性。

第三，从理论研究方法和发展的思路上看，生态翻译学采用了"综合论证与分析例证相结合的方法"（胡庚申，2009），也就是说，生态翻译学梳理了各分项的研究，更关注整体性，注重各分项研究之间的整体关联和互动。在各分项专题研究中，它重视跨学科的结合，涉及跨文化交际学、社会学、语言学、符号学、文化人类学、认知科学、翻译学等学科领域，综合各学科的理论和成果，进行综合分析论证归纳出科学合理的结论。从发展思路来看，生态翻译学发展研究的总体思路是：在生态学理念的统领和控制下，从与翻译活动密切相关的语言、文化、人类交际等角度出发展开讨论与研究，最后回归于翻译学的本体研究（胡庚申，2009）。

第四，鲜明地提出了"译者中心论"问题。译者研究应是译论研究的重要领域之一。生态翻译学明确提出了"译者中心论"的翻译观点，对译者在翻译活动中的主导地位给予了充分肯定。同时，该理论还对译者作了有效裁定和制约——"译者责任""事后追惩""适者生存""优胜劣汰"；如此，运用这些法则制约"译者中心论"的翻译行为，是实施"译者中心论"操作的有效保证；若无这些法则，"译者中心论"的主观性就会"失控"，这一理论的可行性就会大打折扣，这一点正是生态翻译论的优势所在（李亚舒、黄忠廉，2005）。

二 生态翻译学研究综述

（一）理论性研究综述

2003 年，爱尔兰都柏林城市大学的 Michael Cronin 首次提出了"翻译生态学"（Translation Ecology）的概念，我国清华大学胡庚申教授基于进化论与生态学理论，构建了生态翻译学的理论框架。胡教授的《翻译适

应选择论》（湖北教育出版社，2004 年）和天津理工大学许建忠教授的
《翻译生态学》（三峡出版社，2009 年）对生态翻译学的理论进行了较为
全面的研究。

　　胡庚申教授于 2010 年 11 月在首届国际生态翻译学研讨会上总结了生
态翻译理论的发展历程，即从翻译适应选择论到生态翻译学的发展历程，
重点提出从宏观生态译学研究、中观本体理论研究、微观文本干涉研究，
即从译学、译论、译本三个层次构建生态翻译学的话语体系（蒋骁华、
宋志平、孟凡君，2011）。王宁基于建构主义的认知角度，提出了生态翻
译学具有解构和建构的重要意义。胡庚申教授在国际生态翻译学研究会主
办的第二届研讨会上提出了生态翻译学的研究本质，即探讨文本生态、翻
译生态和"翻译群落"生态及其相互作用、相互关系的"跨学科研究"
（胡庚申，2014）。该理论以生态整体主义为指导，以"适应/选择"理论
为基石，以人类生态智慧为依归，致力于从生态视角来综观和描述翻译
活动。

　　（二）应用性研究综述

　　在文学翻译研究方面，翟红梅（2005）对林语堂对《浮生六记》的
译文进行了研究，认为该书的翻译和译者所采取的翻译策略都是对翻译生
态环境适应和选择的结果。边立红和姚志奋（2008）对《翻译适应选择
论观照下的辜鸿铭〈论语〉翻译》进行了探讨。吴远庆和李洁平（2006）
阐述和例证了海明威的作品《雨中的猫》中译者的主导作用。藤月
（2006）对《哈利·波特》第一册的两个中文译本（大陆和台湾地区）
进行了对比，比较得出了翻译是"以译者为中心"的转换活动。丁晓超
（2009）在《生态翻译学视角下〈泊秦淮〉的几种译本》一文中从生态
翻译学理论入手，对《泊秦淮》一诗的几种译本进行了对比分析，得出
了整合选择适应度较高的译本。张锦（2009）在《从"翻译适应选择论"
看林纾与魏易对 Uncle Tom's Cabin 的翻译》一文中，通过对两位译者翻译
的全过程展开描述与分析，说明了两位译者对原语文本、翻译策略及方法
的选择是其对"需要""能力"及"翻译生态环境"适应与选择的结果。

　　在哲学社科翻译研究方面，焦卫红（2007）基于翻译适应选择论重
新解读了严复的翻译及其"信、达、雅"的翻译标准。焦飏（2006）在
《从"翻译适应选择论"看严复〈天演论〉的翻译》一文中，研究了
《天演论》的翻译。西班牙马德里大学刘莉美（2006）对适应策略在 16

世纪和 17 世纪中译作的影响进行了探讨。宋慧娟（2010）用生态翻译学理论对以上海世博会主体标语为例的公示语翻译做了探讨。郭鹏（2010）从生态翻译学视角对电影《杜拉拉升职记》的片名翻译做了评述。另外，生态翻译学思想被运用到了对翻译大家思想的评论上来，如胡庚申（2009）的《傅雷翻译思想的生态翻译学诠释》等。

在商务法律翻译研究方面，上海交通大学王雪梅（2006）基于适应选择理论对广告和外宣翻译的问题进行了探讨。栗长江（2005）指出，译者应该对涉外公证书翻译的特点表示尊重，从而提高其译文和原文的最佳"整合适应选择度"。澳门理工学院林巍（2007）完成了《适应与选择：中英法律文本翻译中的语言问题》研究。贾立平、李小霞（2010）也做了《生态翻译学视角下的广告妙语翻译探析》等。

在口译研究方面，清华大学黄梅花（2007）等人对"口译生态环境与译员的多维适应/选择"进行了课题研究。胡庚申（2006）对口译人员在交传中的适应问题进行了研究，相关的研究还有《口译的翻译生态环境》（2006）、《口译过程新解：译员的适应与选择》（2004）、《口译过程中的译员"适应生存"》（2002）等。

上述学者对生态翻译学多方面的研究，在一定程度上增扩了其研究人员，也丰富了其研究内容，从而也促进了其研究的可持续发展。

三　生态翻译学发展趋势

生态翻译学起步于 2001 年，到现在已有十几个年头。作为一种全新的翻译研究范式，生态翻译学引领着诸多学者了解这一方面的基本理论，其理论体系日趋完备，研究队伍不断扩大，越来越显示出强大的生命力。随着研究的不断深入，译界对生态翻译学的关注也不断加大，领略到了它的强大解释力。许多高校也开始利用该学科的基础理论作为指导学生硕士及博士学位论文的理论框架。纵观国内近几年的研究发现，生态翻译学发展的整体状况体现出了如下几个趋势：

第一，生态翻译学理论构建雏形已经显现。从早期"翻译适应选择论"的提出到将更明确的生态学术语引入该理论从而形成"生态翻译学"理论，可以看出该领域的理论基础在进一步夯实。

第二，生态翻译学的影响力正日益增强。从早期单纯的理论探索到后来实践应用性研究的百家争鸣，可以看出生态翻译学研究已得到译学界的普遍关注。生态翻译学从提出至今仅十余年时间，虽说是一种年轻的理论，但近年来运用该理论解决翻译问题的研究越来越多，且发起者也呈现出年轻化趋势，可以说该理论是朝气蓬勃、欣欣向荣且具有无限潜力，经得起实践和历史的考验的。

第三，应用性研究发展迅猛，远远超过了基础理论的探讨。生态翻译学的实践应用性研究不仅从数量上大幅增多，而且从范围和领域上也正逐步拓宽。与此相比，基础理论的探讨力度稍显不足。

第三节 生态翻译学视域下的外宣翻译研究综述

胡庚申教授所创建的生态翻译学的三个核心理念分别是："译者为中心""翻译即适应与选择"和"翻译的生态环境"，此三理念能较好地解决外宣翻译中的问题。胡教授提出的以"译者为中心"的原则是翻译研究视角上的一个重大转变，即从传统的以文本为中心转到了以译者为中心。"翻译即适应与选择"，完成了翻译研究从静态到动态的一个突破性转变。"翻译的生态环境"概念的提出，提升了翻译研究的广度和深度。在外宣翻译的过程中，生态翻译学通过要求译者适应翻译的生态环境，进而选择相应的翻译策略来解决外宣翻译中译文无法使外国受众理解并接受的问题。

生态翻译学理论认为，外宣翻译的实质就是在外宣翻译生态环境中以译者为代表的"翻译群落"之间相互协调、动态适应与选择的一系列过程，译者在翻译过程中占主导地位，统领大局。生态关系和思想的和谐统一是生态翻译学理论中生态伦理的反映，生态翻译学更重视的是"生态群落"和"文本"之间的整体性和相互之间的关联关系。由于中英两种语言有着语言生态、文化生态和交际生态方面的巨大差异，因此在外宣翻译的过程中，译者必须综合考虑外宣材料所处的多维生态语境，进一步协调"翻译群落"各主体之间的关系，最后做出最佳的适应性选择，从而更好地传递原作者的文化信息及交际意图，使读者更加清晰易懂，从而促进民族文化交流与认同的有效传播。

一 理论方面

刘雅峰（2010）在其专著《译者的适应与选择：外宣翻译过程研究》

中以胡庚申教授创建的生态翻译学视角着手，通过对政治色彩浓厚和具有
中国特色的词语与新语新词等外宣翻译过程的仔细分析与研究，详细论述
了译者该如何适应外宣翻译生态环境的过程，"适应"的结果与"不适
应"的结果以及适应了外宣翻译生态环境的译者应该在哪些方面做出
"选择"、如何"选择"等问题。王丽甜（2012）探讨了外宣翻译的性质
及其重要性，详细论述了生态翻译的定义及其核心理论翻译适应选择论，
并在此基础上提出外宣翻译应遵循的相应标准，认为外宣翻译应遵循
"内外有别"的原则。雷娜（2012）基于生态翻译学"三维"转换翻译
方法来分析和理解外宣翻译，提出用理性、科学的应用翻译理论来指导外
宣翻译。郜万伟（2011）从语言霸权及文化霸权入手，分析讨论了语言
生态失衡对弱势语言及弱势文化的影响，指出全球化（或者说是英美文
化全球化）导致的语言生态失衡需要在翻译时做出抵制。

二　应用方面

旅游文化外宣英译方面。高莉莉和刘宝强（2015）以介绍拉萨布达
拉宫的旅游外宣文本为研究对象，从语言维、文化维和交际维等多维角度
出发探讨其英译策略，认为在三维转换方法的指导下，译文流畅自然，能
够顺利实现旅游外宣翻译跨语言、跨文化交际的目的。赖德富（2015）
认为翻译是一种跨文化的交际行为，酒店外宣翻译应充分揣摩目标受众的
语言文化心理和审美期待，有目的地摘选信息，采取编译等翻译方法，实
现酒店外宣文本信息交际和宣传促销的双重目的；他还在生态翻译学视域
下探讨酒店外宣翻译的译有所为，分析为何"为""为"什么以及怎么
"为"，不仅有助于科学评价酒店外宣翻译质量，也为酒店外宣翻译实践
提供有益的指导。

公示语外宣翻译方面。果笑非、韩竹林（2014）认为生态翻译学理
论为外宣公示语翻译研究提供了新的视域，译者应该在语言维、文化维和
交际维"三维"中进行适应性选择。肖乐（2014）在其论文《生态翻译
学视阈下的外宣英译策略——以公示语翻译为例》中认为：公示语翻译
要注意不同国家文化的历史背景。译者只有在了解不同国家语言历史和习
俗的基础上，方能运用适应性原则进行翻译。

地方外宣翻译方面。华中师范大学万杰（2014）的博士论文以2006
年出版的《全景中国》系列之《湖北：凤舞楚天》的译文为研究对象，

认为该译文是基于适应选择理论以及生态翻译学，对语言、文化以及交际这三个维度做出了适应性选择，从而给翻译质量的提高提供了理论帮助。该研究认为，在外宣翻译中影响译者适应性选择的三个因素有：文化特色和中英文的差异、原文的语言特点、翻译的目的以及受众的期待和接受能力。外宣翻译人员必须对语言、文化、交际以及这三方面进行适应性选择。在篇章和语言上面主要还是依靠译语的生态环境，只有考虑到读者的习惯，才能够增加译文的可读性。在如何处理文化之间的差异时，则可以采取"补建"的方式，也就是对其进行解释加注，不仅能够对地方文化特色进行保留，还能够弥补文化空缺。因此，适当的改写更加有利于宣传的目的和效果。

政治外宣翻译方面。郭肃清和孙敏（2014）认为，随着经济的迅速崛起，中国正在成为世界关注的焦点，在国际上的政治地位日益凸显。为了让世界更多地了解中国，外宣资料的英译就显得格外重要。从生态翻译视角来解读外宣实例的英译，展现适应选择论下"译者中心"在政治外宣资料英译过程中的重要作用，可以提高译者的生态翻译观，动态地适应翻译的生态环境，译出符合交际语境的译文。刘潜（2012）认为在经济全球化和政治多极化的世界潮流中，中国政治文献的外宣翻译因为涵盖了中国的发展现状、党的主要任务、基本政策和方针而显得尤为重要；借助生态翻译学理论展开对政治外宣英译的研究，可以对政治外宣进行积极的指导，并提出了政治外宣的指导原则和评价标准。

三　少数民族文化外宣翻译方面

周亚莉和王婷（2014）在其论文《从图腾文化看生态翻译学的适应与选择》中研究了图腾文化的外宣翻译，认为图腾文化是形成民族文化心理结构的原始积淀层；其"天人合一"的思想指导着现代生活，并彰显着图腾信仰的回归；而生态翻译学的客观存在也可以从"天人合一""适者生存""优胜劣汰"等理念中找到合理的依据；在生态翻译学的理论框架下，从语言、文化、交际三个维度进行翻译能有效地把蒙古族独特的宗教神秘性图腾文化介绍给西方读者。王文铃和楚瑛（2011）在论文《生态翻译视角下的中国传统民俗器物英译》中结合实例，从生态翻译学视角将翻译从语言层面扩展到社会、文化、交际等层面，对安徽省博物馆所展民俗器物的英译提供了新的译法，尽可能形神兼备地将民俗器物的民族文化内涵展现在读者面前，以期在跨文化交际活动中，尽可能地消除因翻译引起的对中国民族文化的误读。刘小玲和古丽斯坦·阿不都热依木（2015）在论文《生态翻译学视域下的中国少数民族地区地名英译——以新疆行政区划名称英译为例》中立足于生态翻译学理论，以新疆行政区划名称英译为例，从"文化维"与"交际维"层面探讨中国少数民族地区地名英译的原则及策略，以此降低因错译、误译带来的不良国际影响，以维护和提升中国少数民族地区的文化形象和品位。孙洁菡（2014）在论文《翻译生态环境与少数民族文化特色词的翻译》中认为，在翻译少数民族文化特色词时，为传达这些词特有的文化内涵，译者至少需要从生态翻译理论的三个维度上进行适应、选择与转换，才能产生恰当的译文。郭旭明和邓楠（2011）在论文《全球化语境下汉语文化负载词的生态翻译》中认为，文化负载词的生态翻译在全球化语境下是一种可行的、有效的翻译方法；汉语文化负载词的生态翻译主要从两方面着手：一方面是要改善翻译生态环境，另一方面是提高译者素质，二者缺一不可；全球化语境下汉语文化负载词的生态翻译有助于中国传统文化的对外传输，对于维护汉语及其所负载的文化在世界语言文化生态系统中的身份地位也极为有益，还能增进中国与世界其他国家或地区之间的相互理解，促进世界语言文化的多元共存和全球语言文化生态系统的整体平衡。李明（2015）在其论文《论少数民族典籍外译的伦理原则》中以生态翻译学为理论基础，利用其相关理论研究国外汉学界对中国少数民族典籍的译介情况和翻译活动，认为"平衡和谐"和"译者责任"是译者应该恪守的翻译伦理原则；译者不仅要确保译本能原汁原味地呈现少数民族生态文化因子，而且还要顺应译语生态环境和翻译群落，使少数民族典籍译本既能保持本民族生态文化，又能在异族生态文化中得以传扬。

由此可见，经过十几年的发展，生态翻译学已经走过了建构拓展的基础阶段，逐步走向完善。以往的生态翻译学的应用研究学术论文仅简单地将"适应选择理论"或"三维转换学说"与几个译例结合分析，范围也仅限于翻译教学、现场口译、典籍外译等研究领域。如今，生态翻译学在外宣翻译领域的应用已愈加广泛，已涉及外宣翻译的诸多领域，为促进中华文化的传播与交流，完善和巩固生态翻译学理论体系作出了巨大的贡献。笔者从生态翻译学视角出发，以译者和翻译生态环境之间的紧密联系的理念来分析彝族文化外宣翻译，不仅能改善彝族文化外宣翻译的匮乏状况，更能促进生态翻译学研究的可持续发展，有助于拓展生态翻译学理论的应用研究范围，并指导中国少数民族文化外宣翻译实践。

第四节 生态翻译学与其他翻译研究视角的比较

一 生态翻译学与功能对等理论视角比较

功能对等理论是较早引入我国翻译研究领域且在我国外宣翻译研究中影响最大的翻译理论。20世纪60—70年代，美国翻译大师尤金·奈达提出的功能对等翻译理论成为当代翻译理论的核心，该理论在当时的西方翻译界引起了轰动，影响了一大批当时的学者和译者。但是随着时间推移，人们对翻译活动的认知也更为深入和科学，此时，"功能对等"理论随着研究的深入也显现出其局限性，其对翻译行为的认知是单纯从语言层次进行的，现在来看，这只是翻译的表象，翻译的本质并不仅是语言的转换，更是不同文化之间的对话和交流。于是新的翻译理论应运而生，胡庚申教授在21世纪初提出了生态翻译理论，新理论的产生使翻译理论研究得到了拓展和深化，并且开辟了研究翻译活动的新视角。达尔文的生物进化论是生态翻译学的理论基础，把翻译的环境和生态环境进行类比，更深入地研究了翻译活动。奈达的功能对等理论与胡庚申的生态翻译理论存在异同之处，生态翻译理论克服了功能对等理论的缺陷，是对功能对等理论的重大突破和补充，为今后翻译理论的研究开拓了新的视角。

（一）两种翻译理论的相同点

1. 两种理论都主张语言的可译性

奈达认为，表达力对于各种语言都是一样的，它们都能表达思想，都可以进行语言交际。同时，他也认为语言形式存在差异的重要原因是文化背景不同，然而，由于语言是一种表达方式，因此其共性要多于异性，尽管是不同的语言之间也可以达到对等。

生态翻译学不仅认可翻译的多样性，还认同表达上的共通性，也就是每种语言都能够对同一种事物作出类似的表达。生态翻译理论基于语言共性，要求对于各个国家的语言平等对待，以促使语言文化多样性的保持，它反对只发展单一语言，而提倡语言文化的生态平衡。功能对等理论和生态翻译理论的共同目标是不同国家和民族都能顺利交流、平等交流，减少语言转换的误差。

2. 两种理论都强调语言的功能性

奈达从语言功能视角对翻译做了进一步阐述，认为语言功能应该纳入到翻译研究之中；由于对不同的语言来说，其表达功能都是相似的，因此在表达力上也都是对等的，只要翻译时达到了语言层面上的对等，也就满足了功能对等的要求；若要保存原作的内容，翻译时可改变其形式，原文改变程度的大小取决于两种语言在语言和文化上的差距程度；只有对译文的形式和内容进行一定的改变，才能实现翻译的效果。

构建一个在原语、译文以及译语之间和谐统一的翻译生态环境是生态翻译学的语言功能和谐统一思想的体现。在翻译中，原语、译文和译语的和谐统一要求译者要同时达到语言形式和语言内部功能的和谐，同时还要实现生态翻译语言的适应性转换，这是生态翻译学对翻译方法的要求。译者对语言形式进行适应性选择转换时，尽管语言形式具有多样性，但是都具有同等的表达力，都有彼此相同或相似的语言功能。语言功能的和谐统一，有利于在原语、译文和译语之间构建和谐统一的生态翻译语境，以此确保翻译行为中译者适应与选择行为的成功进行。

3. 两种翻译理论都重视读者的作用

功能对等理论强调以读者为中心的观点。奈达认为，译文语言的接受者或读者是翻译的服务对象，对于译文读者而言，他们应该是交际活动中的参加者。在评价译文质量的好坏时，应该以读者的反应为标准，也就是要把译文读者的反应和原文读者的反应进行对比，看是否相一致。就如对市场进行调查一样，如果这种产品在理论上被认为不错，但如果公众对它的反应不好，则它不会被接受。在翻译活动中，如果译文不能够被读者接受，则这译文是失败的。从这个角度出发，我们可以对那些读者不能够理解的部分进行删除，比如一般抽象概念之类的，从而能够保证译文的自然、易懂以及可读性。虽然从理论来说，了解译文读者反应与原文读者的反应状况是成立的，但是在实际中，由于原文作者与译者在文化背景、地理位置、历史以及教育层次方面都不相同，因此如果客观地去比较会是一件比较难的事情，这也就是"读者反应论"的不足之处。与此同时，奈达认为，原文对原文读者的作用和译文对译文读者的作用只能是大体相等，而不可能做到绝对的一一对等；对等可以体现在不同的方面，有文体、语法、语义、语用以及读者的反应等方面的对等，因此，译者在对原文进行翻译时，不可能做到面面俱到，而应从各个方面进行对等权衡，尽最大努力贴近原文。因此，翻译中的对等只能是动态的对等或功能的对等，而不是完全一致的对等（曹曦颖，2007）。

生态翻译理论中的核心概念之一即是"翻译群落"的概念，"翻译群落"是指翻译活动中涉及的"人"，即以往所称的"诸者"，包括译者、读者、作者、资助者、出版者、评论者等，当然是以译者为总代表，但是读者也是其中重要的一员，作用不可忽视。生态翻译学研究的特色和优势就在于重视对"人"的研究。在翻译生态系统中，读者是重要的一环，为了保持系统的整体、关联、动态、平衡的"生态理性"，必须在研究中给予读者足够的重视。由于"诸者"所处的文化环境的不同，对文本认知、欣赏也当然是不同的，不同语言构成的语篇或文本受语义和文化等因素的限制也不可能对等，因此通过关注翻译活动主客体之间、翻译活动主体与其外部生态环境之间的相互作用、相互影响，形成翻译生态相互依赖的动态平衡系统（胡庚申，2011；曹曦颖，2007）。

（二）两种翻译理论的差异

1. 研究基础的差异

奈达的"动态对等"理论认为，处在不同的语言环境时，读者欣赏文本的程度相差不多，也就是说语言功能应该是对等的，在发现这个现象后，奈达把"动态对等"改成了"功能对等"。由此可知，"功能对等"理论是建立在交际信息论和语言学基础上的。

生态翻译论建立在西方生物进化论的适应选择学说之上，该理论立足于翻译生态系统的整体一致性，利用生态翻译学的研究范式来研究和解读翻译的原则、现象和标准。生态翻译学理论把"生态环境""适应与选择""适者生存"等概念引入了翻译研究领域，指出了翻译活动是在语言维、文化维以及交际维之间的适应与选择，其中"整合适应选择度"最高的翻译就是最佳翻译。

2. 研究层次的差异

在研究视野方面，功能对等理论仅局限于语言功能方面的研究，对其他研究视野没有进行进一步的拓宽。奈达希望在翻译过程中从语言文义到语言体系都能最大限度地表达原文的信息，满足交流的需要，虽然这种对内容的看重、对形式的轻视能够实现语言功能上的动态对等，但是这种对文化、对自然环境以及对人类本身的忽视在一定程度上影响了翻译效果

（韩竹林等，2013）。

　　生态翻译学提出语言与文化之间、语言之间、人类与自然界之间、自然界与翻译之间、文化与人类之间应该是相互关联的，由此产生一个关联序链，这一关联序链展示了人们对翻译活动的认知视野，这一路径体现出人们对认知区域的扩展和理性的进步，符合人类行为认知演变的基本规律（韩竹林等，2013）。翻译研究需要重点关注的不应该只是翻译本身，而应该扩展到文化、人类、生态等更深的层次。这个关联序链具有递进和互动性的特点，不仅描述了人类认知行为演变的逻辑序列，也为翻译界提供了一个理论研究新平台，从而使人们对翻译活动的认知达到了新的高度。

　　3. 译者地位的差异

　　在功能对等理论中翻译涉及四种角色，包括译文预设读者、译者、原文作者、翻译发起人。这四者的意图或目的可能存在不一致，此时，译者就应该依据奈达的"读者反映说"，以读者为中心进行翻译活动。奈达认为译者应该以原作者的意思为基础，依据原作者的本意来选择翻译策略以正确传达原作思想，译者进行翻译活动的使命就在于将原作者的意图正确的传达给读者。此外，"译者必须正视自己知识的局限，决不能把纯属个人的特异想法引进对原文的诠释，原著怎么说就怎么译，不能不管原著所言与自己的观点是否相符"（朱浩彤，2006）。在发挥译者个人主观能动性方面，译者受到了太多约束，这在一定程度上限制了功能对等理论在翻译活动中的良性发展。

　　生态翻译理论重视译者，以"译者为中心"的翻译理念为核心。在"翻译群落"中，译者是翻译生态环境的总代表。关照"翻译群落"是"生态理性"理论中的一个理念，译者作为"翻译群落"这一整体的代表，理所应当得到关照，这也是生态翻译学研究的一个特色和优势，也是翻译生态系统本身具有平衡的、动态的、关联的、整体的"生态理性"特征的体现。生态翻译学中"译者为中心"的理念确立了感性的、富有创造力的译者的主导地位，让翻译理论建立在真实的译者基础之上。译者的生存境遇和译者能力发展研究是生态翻译理论的具体研究内容。在生态翻译理论中，由译者主导的适应与选择的交替循环过程即为翻译，译者要适应和选择，既要进行选择性适应，又要进行适应性选择。译者是一个有主体意识的独立个体，而翻译活动只有依托于译者的主导作用或主体意识才能很好地完成。译者处在一个面对不同文化和语言的各种力量交互作用的交叉点上，既是整个翻译过程的主体，又是翻译得以进行的基石。生态翻译学把译者推向了前台，充分发挥译者的创造性，译者成为名正言顺的主体。在翻译过程中，译者可以充分展示自己各方面的能力，如判断能力、创造能力、选择能力和适应能力等，维持着翻译生态环境的动态平衡。

4. 原文和译文关系的差异

在功能对等理论中，奈达对原语文本和译语读者都表示重视，但该理论的读者反应论实际上是"以原文为中心"的。读者反应论要求译文文本在功能和意义上必须与原文文本相同，即译文不是独立的，缺乏译者的创造性，是原文的附属。

在生态翻译理论中，原文和译文是同等重要的，也是相互关联的。翻译生态环境包括文章作者、读者、译者和语言文化、社会环境等诸多要素，是一个相互关联、相互作用的整体，形成动态的平衡，由此译文不再是原文的附属，它们的地位是平等的。

（三）两种翻译理论比较的现实意义

奈达的"功能对等"理论对翻译研究的贡献巨大。奈达提出了翻译新标准，评价译文的标准主要是看译文读者与原文读者在阅读后是否获得近乎一致的体验。奈达还以全新的视角来看待翻译过程。在他看来，翻译不仅包括传统观点所认同的"原文→译者→译文"、直线式的、单向的过程，还应该包括译文读者如何理解和评价原文。然而奈达的功能对等理论也存在着一定的不足和缺陷：第一，他对于语言共性过于强调，而语言的个性被忽略了；第二，该理论重点关注的是译语的对等性，要求最大限度地与原文接近对等，这就导致了翻译过度归化的问题，原语文化将会因此而流失；第三，过分强调原文在翻译中的重要程度，语境、翻译主体的创造性作用被忽略了；第四，奈达的"功能对等"是在《圣经》的翻译过程中使用和归纳而来的，并非具有普适性，不一定适用于所有的文本类型的翻译。《圣经》主要是用于传教，因此必须考虑读者的反应，但是对于文学翻译而言，译者很难做到一定去考虑读者的反应，因为对于文学的阅读，读者的价值观、情感体验、审美观以及文化素养等因素之间的不同，会造成不同的反应，正如一百个人读《哈姆雷特》就会有一百个不同的哈姆雷特，由此读者反应不能作为评价译文优劣的唯一标准（朱浩彤，2006）。

生态翻译学是一种后现代语境下的翻译理论形态，它融合了多种学科，是跨学科理论，也是翻译理论的转型，生态翻译学的出现和兴起是当代翻译学视角逐渐转向跨学科整合趋势的一种反映。与功能对等理论相比，生态翻译理论有着更为先进的立论基础：（1）"关联序链"的认知路径；（2）"类似/同构"的生态特征；（3）"适应/选择"的理论体系。生态翻译学的研究范围和研究层次已经扩展到文化、人类乃至自然方向，不断拓展生态翻译学的"三层次"研究，即宏观生态理论、中观本体理论和微观文本操作，进而构建相对完整的生态翻译学理论体系。在生态翻译理论中，翻译环境包括自然环境、社会环境、规范环境以及译者和翻译研究者的生理和心理环境，而译者始终是处于主导地位的。生态翻译学认为翻译的宗旨是跨文化信息转换，以译者为中心，并依托文本进行的译者适应和选择的行为。

（四）丙种翻译理论对比得出的结论

在中国，奈达的功能对等理论是在众多西方翻译理论中被介绍最多并且影响最大的理论。自 1980 年以来，奈达对中国的访问不下 10 次，他始终与中国的翻译学者保持联系，进行学术交流，亲身参与中国翻译研究，极大地推动了中国翻译研究的发展。该理论强调翻译时对原文的理解，把原文和译文的比较作为重点，而不去考虑其他的因素如意识形态、政治权利因素等。该理论属于规范性的应用理论，制定了以"忠实"为本的翻译标准，与"信、达、雅"标准相容，由此对外我国的传统文化对外翻译来说是可以被接受的，并且是实用的。奈达的理论是站立在新的视角上进行考虑的，从一定程度上说冲击了我国的翻译研究，同时也使我国翻译研究的学术性得到了提高，丰富了我国的翻译理论。最为重要的是，奈达的动态对等理论提出的开放式的翻译理论原则，打破了我国传统译论的静态分析的翻译标准，为建立新的理论模式找到了一个正确的方向。我国传统翻译理论与功能对等翻译理论之间存在着矛盾、又相互依存的关系，二者的存在使我国翻译理论的实用主义原则得到了进一步的强化。

世界文化是向多元化发展的，不同语言的国家或者民族都有权利建立自身的翻译理论，而不是只由懂得西方语言文化的人来建立"统一"的翻译理论准则。因此，在外宣翻译研究中，我们在吸取我国传统翻译理论中合理的因素的同时，还应该吸收国外的最新成果。这样的吸收不是牵强附会地把中西说法糅合在一起，而是在我们自己的理论基础上，研究我国与国外在思维方式、文化背景等方面的差异，从而实事求是地汲取有益于我们自己翻译理论建设的养分，取别人之所长，补自己之所短，以此建立我国现代的翻译理论。

生态翻译学作为一种以生态学途径来研究翻译学的跨学科理论，对翻译群落生态、文本生态和翻译生态以及他们之间的相互关系进行了研究，其核心是"适应和选择"，译者须运用"三维"转换进行选择性适应和适应性选择。生态翻译学理论提出了"译者中心""译有所为"，遵循"适应和选择"原则，运用"三维"转换的方法来适应整个"翻译生态环境"，最终实现译文的"最高适应度"。该理论还提出译者应该对其所处的生态环境进行关注，在适应了生态环境的基础上，从多维度进行适应性转换，从而使翻译达到最大的等效。生态翻译学研究路径使翻译学发展符合自然发展规律。生态翻译理论不仅提高了翻译研究的深度，还引导翻译学走向了一个新的发展道路，其本身就具有无穷的发展潜力。哲理学和生态学的引入为翻译研究提供了新的视野。当然，该理论现阶段还处于探索的阶段，还需要进行不断的研究和发展。

二 生态翻译学与关联理论视角比较

关联理论是较早引入我国翻译研究领域且影响较大的语用学理论之一，该理论基于认知视角使人们对翻译有了新的认识。关联理论认为，语言交际是一个认知的过程。人们在认知一件事物的时候往往会寻求某种关联，遵循一定的关联原则。关联理论的研究核心是探索最佳关联原则，也就是人类的交际行为都会产生一个最佳相关性的期待，如果接受者希望了解交际者为何要进行交际行为，那么必须是处在交际双方共知的环境中，在此环境中找到对方话语和语境的最佳关联，从而推断出语境所包含的深层次含义，获取语境效果，最后达到有效交际的目的（彭雪梅，2011；邓秀琳，2014）。读者只有找出最佳关联性，才能理解作者的交际目的。因此，要想实现交际成功，译者必须考虑不同的语境情况，根据读者的认知环境，对翻译方法进行合理选择，促使读者对译文的预期理解与作者的写作目的相一致，这样才能实现作者的交际意图。

关联理论在翻译理论中影响深远，其运用最佳关联原则，让读者产生最佳认知语境，从而达到翻译目的。而生态翻译学是生态学和翻译学两种学科交叉的产物，该理论强调系统的整体性，将生态学融于翻译学当中，用生态学的思想来统领翻译学理念，论述了生态系统对翻译学科的影响，这在翻译理论界是巨大的进步。在此，笔者将两种理论进行对比分析，以求阐明将生态翻译学理论运用于彝族文化外宣翻译的合理性和必要性。

（一）关于译者主体地位的相同观点

关联理论认为翻译的过程就是一个推理的过程（魏少敏，2009），其中原文、译者以及译文读者共同参与了翻译活动。该理论认为翻译过程就是一个寻求关联链和最佳关联的认知过程。在翻译过程中，译者是原文作者和译文读者的桥梁，因此译者应该采取最佳关联原则，根据不同的语境和不同读者来传达出原文作者的交际意图，使译文读者产生和原作内容相匹配的认知语境。而且关联理论还认为在交际过程中存在译者和译文读者的不对称，所以译者应有较强的责任感，翻译时需要确保译文读者能够理解，促成译文的交际意图，这个交际意图以及交际内容是译文读者无法控制的，且还受到译文读者的认知环境的限制（韩竹林，2013）。最佳关联原则与读者的认知语境有千丝万缕的联系，而语境又跟当地文化密不可分。由于译者在其文化背景下受其深刻影响，这会直接影响到他寻找最佳翻译策略的方式和结果。如果译者既有自身文化背景的基础，又接受了译语当地文化的熏陶，那么他在双语文化转换中就容易找到最佳关联，发挥其自身的自主性和创造性，实现原文的交际意图。

生态翻译学是翻译研究的一种生态取向，该理论从生态学的角度出发，以全新的视角来研究翻译活动，认为翻译过程是一个译者的适应与选择的过程，强调翻译生态系统的整体性和关联性。该理论关注的重点是译者作为翻译活动的中心，在翻译生态系统中的适应行为和选择行为以及二者之间的关系和变化，然后基于适应与选择这一视角重新阐释翻译的准则、过程和实质等。胡庚申教授是最早系统地论述和构建生态翻译学的理论基础的创立者，他以翻译适应选择理论为基础，在翻译研究中引入达尔文进化论的"适应/选择"论，提出翻译活动和研究应该以译者为中心，以"适应和选择"为导向。从生态翻译学视角看，翻译就是译者适应翻译生态环境的选择活动（韩竹林，2013），这一定义确立了译者在翻译活动中的中心和主导地位，但也同时顾及翻译活动中的其他因素的影响，这些因素同时也制约着译者的主体性，译者只有在与原文作者、文本以及译文读者之间进行有效对话之后才能进行成功的翻译活动，因此可以说，生态翻译学对翻译活动的探讨是从一个全新且全面的视角进行的，其翻译过程不仅尊重原文的生态结构，而且也提倡译者发挥其主观能动性，这样保证了翻译活动的客观性，从而能很好地实现翻译的目的和效果。生态翻译学在翻译研究中的重大突破就在于它重新定位了译者在翻译活动中的角色，即认为译者在翻译活动中占主导地位，但同时也不忽视其他因素对翻译造成的影响。因为无论是什么活动，其中主体都会有多个，活动的过程是多个主体、多种因素共同作用的结果，它们相互影响、相互合作共同完成这一活动，翻译活动也是如此。在翻译过程中，翻译生态环境影响着译者的态度和选择，译者的态度和选择反过来也影响着翻译生态环境的和谐，二者是相互影响和相互作用的关系。从生态翻译学的角度看，译者必须充分适应整个翻译生态环境，然后选择正确的翻译策略，只有这样才能成功完成对翻译生态环境具有良好适应性的最佳译文。由此可见，虽然生态翻译学认为除译者之外还有许多翻译主体影响着翻译的过程，但是多主体观点只是对过去的译者中心论的一种补充，译者仍然在整个翻译过程中占据主导地位。

（二）关于译文选择的不同观点

关联理论认为，认知环境的正确转变在有一定语境的前提下对于交际的成功具有重要意义；该理论强调语境在翻译活动中起着至关重要的作用，如果交际双方能有共通的认知语境，就可以达到最佳关联，实现最成功的交际（韩竹林，2013）。也就是说，译者要让译文读者产生最佳关联，就必须要选择最好的最适合的译文，让读者能更好地理解译文，这样才能实现最成功的翻译。在翻译过程中，译者必须全面理解和分析语境，理解了语境才能找到翻译中的最佳关联，促进语境效果的达成。与此同时，关联性决定了语境分析所要达到的程度，只有当译者找到了最佳关联，特定语境才算确定下来，从而为最佳译文创造良好的理解基础（王丹，2005）。如果语境效果较好，那么译文读者就不需要太多的推理，译者和读者的关联性就比较强；反之，如果语境效果较差，那么译文读者可能就要花很大精力在推理上，译者和读者的关联性就弱。因此，关联理论中最重要的一个影响因素就是语境。语境是一种心理建构体，它不仅包括交际时话语的上文、即时的物质环境等具体的语境因素，也包括一个人的知识因素，如已知的全部事实、假设、信念以及一个人的认知能力（何兆熊，2000；崔卫等，2004）。在进行翻译活动时，译者必须坚持动态的语境观，这样才能创造出最好的译文，促成翻译目标和效果的达成（王丹，2005）。

生态翻译学所包含的适应选择论是以达尔文的自然进化论为指导的一种新型翻译观，该理论要求译者根据翻译生态环境对合适的译文做出定向选择，其中，翻译生态环境包括翻译的生态和翻译的环境。首先，翻译生态是翻译产业链条中各个不可或缺、密不可分的环节，包括翻译的直接参与者：原文作者、译者、读者，还包括翻译产业中的商业运作者：翻译发起人、赞助人、出版商及编辑、营销者、译评人、疑问审查者和版权人，他们各司其职、相互合作却又相互制约（杨春丽，2013）。译者需要适应翻译环境才能产生符合译语生态环境的最佳译文，才能与该翻译生态环境中的其他翻译主体相互配合、共生共存。相反，如果译者不能与翻译生态环境中的其他翻译主体和谐共生，翻译活动就不能成功地进行。其次，翻译环境主要包括自然环境、社会文化环境和经济环境等（韩竹林，2013）。译者可能处在不同的翻译生态环境中，不同环境对翻译会有不同的需求，这就要求译者要适应相应的环境，融入这个环境中去。翻译生态和翻译环境是翻译生态环境的构成部分，二者和谐共生、不可分割。在翻译过程中，译者应适应文本所处的翻译生态环境的动态性、层次性和个体性等特点，选择适合的翻译策略，才能翻译出整合适应选择度较高的译文，最终实现翻译的目的和效果。

（三）两者的发展特点对比

关联理论的发展有三个特点，第一，国内外学者的研究侧重点不同，国内学者主要集中在该理论的应用实践上，而国外学者则在其理论修正和实践上都有一定的研究。第二，该理论在语言研究方面的应用较广。虽然有关关联理论的期刊论文相对较少，但是 21 世纪前 10 年关联理论的专著及其他来源期刊上的相关论文并不少见。第三，该理论已被逐渐应用于网络话语研究、经典中国文学的英译以及词汇语用学等研究领域。当然，随着时代的发展，关联理论的发展也存在一定的问题，比如：该理论的修正乏善可陈，没有新的视角；虽然该理论发展已有 20 多年，但其应用研究和理论完善还不够；对该理论的应用研究过于公式化，大多数论文只是利用该理论对某种语言现象进行解释。

生态翻译学的研究重点是翻译主体。该理论提出了"以译者为核心"的观点，描述了翻译现象，并从译者的视角解读了翻译的过程、本质、方法和原则，并且又以生态学视角对众多翻译理论以及翻译生态系统进行综观整合。该理论的主要研究内容是翻译本体与翻译环境之间的关系。生态翻译学为译学研究提供了一个新的视角，实现了译学研究从单一学科向跨学科的转换，很多国内外学者对这一理论也表示认可和赞同。国际翻译家联盟主席玛丽昂·鲍尔斯指出，生态翻译学正蓬勃发展，该学科正在国际学术界产生越来越大的影响，被更多学者研究和运用，他同时指出，生态翻译学正处于萌芽阶段，但它一定会长成硕果累累的参天大树。我国西南大学的孟凡君教授指出，生态翻译学研究范式的创立，将翻译研究纳入了一个有机的探究系统，即翻译生态系统。而翻译生态系统这一概念的确立，翻译研究从此不再局限于过去的语言学派、文艺学派或者文化学派的翻译研究范式，而是将翻译置于了一个前所未有的广阔视野，显示着该理论的强大的生命力。

综上所述，无论是生态翻译理论还是关联理论，对翻译界都产生了深远的影响。关联理论虽然有一定的不足和缺陷，但总体上说它在诠释交际功能的作用方面还是十分有效的。在翻译过程中，该理论能为译者提供一个合理的翻译标准，即以译文读者和语境匹配为目的，译者在兼顾译文的同时也要忠实于原文。相比之下，生态翻译学是一个新的翻译研究视角，它不再局限于传统翻译理论的"以原文为中心"，译界学者从此可以从全新的角度出发进行翻译研究。生态翻译理论虽然还有待完善，但是相信随着社会的发展、学术的进步，有朝一日，该理论会逐步从蹒跚学步的婴儿走向成熟睿智的智者，发挥其最大的作用，为译界添砖添瓦。

本章小结

本章首先梳理了外宣翻译的几个核心概念、近年采用的研究路径和理论视角、存在的问题和成因以及未来研究发展方向与思路；然后综述了生态翻译学的核心概念、近年研究成果和发展趋势等；接着回顾了生态翻译学视域下的外宣翻译研究成果；最后把生态翻译学和与它相近的两种理论相比较，这些观点和理论研究为下一章基于生态翻译理论视角研究的合理性和必要性做铺垫。

在文化全球化的大背景下，外宣翻译不是简单地将外宣材料的内容进行语言转换，而是一个"适应"和"选择"的过程，是"译有所为"（胡庚申语）。胡教授的适应选择论对外宣翻译有很强的解释力和指导作用。在这个框架下，外宣翻译过程就是译者的适应以及适应后的选择过程。

第三章 彝族文化外宣翻译研究

第一节 彝族文化

一 彝族起源

古称为"古夷人"的彝族其名称来源于《汉史》中的"西南夷"（古时对西南少数民族的统一称呼）。从《彝族源流》以及《西南彝志》等巨著中，我们可以得知古时彝族人自称为尼，因为在古汉语中"尼"的发音与"夷"近似，所以汉文中对其多记载为"夷族"。直至 1956 年，毛主席在京接见彝族代表并在了解民族情况及听取代表意见之后，为了打破旧社会对少数民族的歧视，将"夷"改为"彝"，这样既可避免"夷"字的贬义——蛮夷、蛮横，又可表明"彝"字中房子（彑）下面有"米"有"丝"，含有希望彝族人民兴旺发达、有吃有穿的美好寓意。自此，"夷族"便改称为"彝族"。

彝族作为中国少数民族中的第六大民族，主要分布于中国广袤领土的西南部地区，其中主要以云南省、四川省及贵州省居多，少部分居住在其余省市或者境外城市。作为一个总人口 900 多万的少数民族，彝族有871.4393 万人（2010 年）在中国进行过户籍登记，其余近百万人生活在越南、老挝、泰国和缅甸等东南亚地区。

彝族是一个拥有较多支系的少数民族，它同时拥有众多自称，如聂苏（nisu）、诺苏（nuosu）、阿西泼、乃苏（nesu）、罗婺、阿细、纳苏（nasu）、撒尼、尼颇等名称，其中罗婺、撒尼、阿哲、阿细是支系名称，并非为其民族意义上的自称，而聂苏、乃苏、纳苏、聂祖、诺苏则是其方言或土语自称（占人口 70% 以上）。不管是方言或土语名称还是支系名称，它们所表达的语意都是一样的，由于皆源于"尼"，因此"尼措"能够将所有支系的称谓予以完全覆盖。其中，诺苏是彝族当中最大的一个支系，主要分布在四川凉山地区。由于彝族分布较散，从而导致彝族语言中存在着各种方言，有时彝族各支系之间进行直接沟通也会存在一些困难，但因各地彝族词汇大部分都相同，且语法结构也完全一样，所以在经过短期熟悉之后还是可以进行正常交流的。

关于彝族的族源，迄今仍众说纷纭，尚无定论。就目前而言，"土著说"以及"氐羌说"依旧是彝族族源的主要学说来源。其中"土著说"就观点论据而言相对"氐羌说"更为充分一些。在"土著说"这一大类之下又可细分为两个小类——西南土著说和云南土著说。其中，西南土著说的观点认为彝族人民一直聚居在中国的西南部，在经历了各种人类发展阶段之后才演变为如今的彝族。该学说的依据主要来源于各大汉文、古彝文文献以及各种相关的神话传说。而另一种观点——云南土著说则认为彝族起源于云南，但是该学说的理论论据并不如西南土著说充足。然而，从观点普遍性而言，"氐羌说"的观点则更为普遍。在该学说的主张中，认为古氐羌人在六千多年以前就从居住的中国青海地区向四周逐步发展扩大，而其中的一个分支便朝着中国的西南地区游弋并与当地的土著民族相互融合，这样便形成了来自西昌地区的邛蕃及云南地区的滇蕃等共同组成的彝族先民。除此之外，关于彝族族源还有"西方外来人种说"。在清朝末期，人类学这一学说由西方人从国外带到了彝族地区，他们便借此对彝族血统进行了相关调查，并分析认为，彝族高大的体型、高挺的鼻梁、深邃的眼睛以及古铜色的肌肤等这些外在体貌特征全都表明，彝族拥有高加索人或者是西方雅利安人的血统。同时因为当时彝族居住的小凉山依旧处于奴隶社会，其成员等级划分与印度的种姓制度极为相似，而印度的这一制度正是由雅利安人入侵时带来的，所以西方人更加认定彝族的起源在西方，至少认为彝族人体内拥有雅利安人的血脉。

关于彝族族源的研究，英国人戴维斯于 1911 年所创作出版的《云南——连接印度和扬子江的链环》一书中也有过相关的讨论与介绍，书中提到"我们艰难地翻越过 4000 英尺高的山峦，抵达左曲保保村，从外表上看，村里的保保人可以说是我在南方所见过最优秀的类型，个子长得很高，鼻梁非常笔直，面庞非常清秀"（戴维斯，1911）。《被遗忘的王国：丽江 1941—1949》一书由俄国人顾彼得所写，书中对彝族人也曾有过类似的细致描写："他们看起来更像是黑白混血儿，身材魁梧，肤色一点也算不上黑，而是呈现出类似于奶油巧克力的颜色，他们炯炯有神的大眼睛亮晶晶的，他们脸庞中央的鹰钩鼻像极了罗马人，他们头发光亮漆黑，发端稍微卷曲，相当柔软"（李茂春译，2007）。类似地，著名民族人类学家林耀华也曾做过关于彝族人的调查研究并做了详细描述："黑彝有几个特点与汉人稍异，诸如皮肤黯黑，鼻多钩形，耳叶特大等。"冯汉骥与希洛克经过对凉山进行实地考察之后，也得出了类似的结论——"比较现代倮罗中黑白两个群体，他们在体质上有明显的差别；黑倮罗体型魁梧，甚至比欧洲人还略高一些；他们有钩型鼻，隆起的鼻梁骨，这些特征与蒙古里亚型白倮罗人是十分不同的。"法国军医吕达真在20世纪初曾对四川、云南彝区做过调查，著有《倮倮人的人种学研究》和《建昌倮倮》两篇文章，提到了彝族是一个"被战败的优秀种族"。由此看来，对于彝族属于"西方外来人种"这一说法也并非无中生有、空穴来风。

　　其实，彝族的祖先早在3000年以前就已经在中国部分西南地区分布形成，而史书中记载的"越嵩夷""侮""昆明""劳浸""靡莫""叟"等部族即是指现在的彝族。到了汉朝，他们才开始被称作"西南夷"。在历史形成与发展的进程中，彝族先民的核心活动范围遍布于今天的云、贵、川三省，甚至广西的部分地区也有其活动痕迹。8世纪30年代，南诏王朝开启了其对彝族的长期奴隶制统治，范围涵盖了云、贵、川的部分地区，基本上将彝族先民的活动区域完全掌控，对当地奴隶制度的发展产生了深刻影响。其后在南北宋时期，由于宋朝和大理的政权争夺，致使戎（宜宾）、泸（泸县）、黎（汉原）三州的彝族地区经济得以迅速发展，文化相对繁荣，政治上则表现为奴隶制生产关系发生巨大变化——强大的部落开始奴役小部落。而后在蒙古统治时期，由于蒙古骑兵进攻云南需要取道彝族地区，使原本四分五裂的彝族族民开始组成反蒙古联合，由罗罗族统一治理。明朝期间，地跨云、贵、川三省的水西（大方）、乌撒（威宁）、乌蒙（昭通）、芒部（镇雄）、东川（会泽）、永宁（叙永）、马湖（屏山）、建昌（西昌）等地的各彝族土司（兹莫）连成一片，相互支援，最终保持住了与当时低下的社会生产力相适应的奴隶制度。在当时，各彝族地区的等级划分基本保持一致，一般分为三个等级——土司、黑骨和白骨及家奴，由此可以清楚地看到，土司制度即为当时奴隶制度的上层建筑。直到清朝，几代皇帝开始在彝族地区实行"改土归流"政策，这严重打击了当时的奴隶主势力，奴隶主制度由此开始瓦解。最后到了新中国成立时期，大部分彝族地区已经处于奴隶制晚期或封建领主制社会。

二　彝族文化

彝族文化指在千百年历史发展长河中彝族人民创造并不断发展壮大的、带有彝族独有特色的文化，这其中又分为物质文化和精神文化两个方面。通常来说，物质文化的范畴中包含了服饰、建筑、饮食和生活工具等；而精神文化则是指语言文字、文学艺术、民情风俗、宗教信仰以及科技历法等。一个民族的文化发展水平是由该民族的语言、历史等所反映的，其中，语言不仅仅是民族文化的重要组成部分，还是民族文化的重要表征载体。民族文化可以表现为具有民族特征的历史、历法、民族医药、文学（包括口头文学）、科学技术等，而这些民族文化特征都要通过语言进行交流和传播。同样，宗教也会对精神文化产生重要影响，而且会在不同时期表现出不同的影响效果，当然其影响效果也会随着社会的发展而逐渐减弱。总之，民族文化是一种反映一定社会政治和经济的意识形态。

（一）彝族的物质文化

所谓物质文化，就是指人们为了满足基本生活需要而创造的劳动工具以及一切物质财富（林耀华，1997：406）。彝族文化历史悠久、源远流长，彝族人团结一心，用自己勤劳的双手和内心的坚韧在世界民族史上谱写了属于自己的辉煌篇章，为极其丰富的中华民族文化添上了浓墨重彩的一笔。下面，笔者将从服饰、建筑、饮食和生活用具等方面对彝族的物质文化做一个简要概说。

服饰。由于地域的差异，彝族人在服饰上的表现也不完全相同，而是各有特色。根据彝族分布的地域和支系，可将彝族服饰划分为乌蒙、红河、滇东南、凉山、滇西、楚雄六种类型，各种类型又可进一步细分为若干式样。以今凉山与黔西一带的彝族服饰为例，男子多穿黑色窄袖右斜襟上衣和多褶宽裤脚长裤，其他地区则穿小裤脚长裤，并在头前部正中蓄小绺长发头帕，右方扎一钳形结。妇女则较多地保留了彝族的传统民族特色，通常头上缠包头，有围腰和腰带；少部分地区妇女还有穿长裙的习惯。在服饰上，彝族的服饰呈现种类繁多、色彩多样化的特点，充分体现了彝族的传统文化和彝族人民优质的审美观。生活在不同地域的彝族人民，由于各地差异，也逐步形成了不同风格的服饰特色。由此可见，服饰民俗在彝族物质文化中占据着举足轻重的地位。

建筑。关于建筑民俗方面，部分地区的彝族房屋结构与周边汉族的房屋结构类似，但是不同居住地区的彝族房屋结构也各有其特点。其中，今凉山地区的彝族居民的房屋结构多以板顶、土墙等形式存在，而广西和云南东部的彝区则以形似"干栏"的住房形式出现。一般而言，彝族的房屋数量多为三至五间，其中作为用于家庭聚会或接待客人的堂屋则是正中的那一间。

饮食。作为彝族人民生活中的主要食材——玉米是彝族人民最喜爱的食物之一。而荞麦、大米、土豆、小麦和燕麦等也常会出现在彝族人民的餐桌上。至于肉食方面，彝族人民则喜欢将牛肉、猪肉、羊肉、鸡肉等切成拳头大小，煮后食用，此即汉族所称呼的"砣砣肉"。而狗肉、马肉及蛙蛇类的肉在大、小凉山及大部分彝族地区则禁止食用。在口味上，酸、辣口味一直是彝族人民较为偏爱的，同时他们也有嗜酒的习惯，还经常以酒来作为欢迎客人、解决纠纷、婚丧嫁娶等场合中必不可少的物品。

生活用具。彝族人家的炊具一般是由锅庄和灶两大类构成，而铁锅则是人们共同的主要炊具。至于餐具，其材质大都是以木头和竹子为主要制作材料，当然少部分地区还保留着皮革制餐具的传统风俗。

（二）彝族的精神文化

精神文化是民族文化的另一个重要的方面，是一种观念形态，主要是由生活方式和经济发展状况构成。与此同时，精神文化也会反作用于社会及其经济发展。彝族精神文化包含了彝族精神生产的全部成果，其形式体现在上层建筑的方方面面，涵盖了科教文卫、哲学宗教法律、语言风俗习惯、社会伦理道德、艺术思维及自然科学知识等。作为一个世世代代繁衍于中国西南广大地区的民族，彝族不仅对人类物质文化有着卓越贡献，同样也为人类精神文化宝库创造了叹为观止的成果。接下来笔者将依次从语言文字、文学艺术、民情风俗、宗教信仰及科技历法五个方面对彝族丰富的精神文化进行简要的举例和分析，以窥一斑。

语言文字。语言作为彝族文化的重要组成部分及表征载体，主要体现在如人文历史、文化文学（包括口头文学）、天文历法、医学医药、科学技术等方面。而彝族，作为中华民族大家庭成员中具有悠久历史和丰富传统文化的民族之一，也拥有自己的独特语言和源远流长的独特民族文化，独具特性且发展完善的语言——彝语和传统文字——彝文。

　　文学艺术。同样作为彝族民族文化的一部分,彝族人民创造的文学艺术形式多种多样。具有丰富内容、重要历史价值和现实价值的文学作品,为其民族历史的可持续发展提供了精神上的支持与推动。彝族文学大体上可以分为两类,其中一类是民间文学,俗称口头文学,是指由人们世代口耳相传所形成的,另一种则是作家文学,又叫书面文学,是指由文人所创作的。这些具有鲜明民族特色和浓郁乡土气息的彝族文学,已经与彝族人民的生活息息相关,扎根彝族传统文化,成为当代学者进一步研究彝族文化、风俗、心理等方面的宝贵素材。其中,彝族民间文学的代表作有:神话《梅葛》、传说《火把节的传说》、故事《七妹与蛇郎》、民歌《小河淌水》、叙事长诗《阿诗玛》等。彝族作家文学(书面文学)的代表作有:小说《索玛花开》、散文《故乡的火把节》、诗歌《月琴声声》、彝剧《跳歌场上》和现代彝人诗集《吉狄马加的诗》等。就知名度而言,彝族民间文学大于其作家文学。

　　作为彝族社会最早出现的意识形式之一——艺术通过塑造具体生动的视听形象来反映社会生活,它是彝族人民感情、愿望和意志的具体形象表现,也是彝族人民理解社会生活的一种方式。艺术是一种社会实践,它可以通过美来展现其特殊的魅力,并以此来影响人的生活、心情等。千百年来,彝族人民在艺术创造上一直都极为丰富和生动,民族特色浓厚,别具一格,主要可以从音乐、舞蹈和工艺三个方面加以了解。首先,彝族的音乐代表作品非常丰富。传唱比较广泛的流行歌曲主要有《在一起》《歌唱彝山新面貌》《撒尼人民心向红太阳》《远方的客人请你留下来》《情深意长》等;格调欢快的器乐曲有《渠水欢歌》《彝家欢歌》《秀丽的红河》《哀牢山抒怀》《欢腾的火把节》;电影音乐如《达吉和他的父亲》《阿星、阿新》《阿诗玛》等;歌舞代表作主要有流行于世界各地的如"打歌""跳乐""迭脚""盘歌""歌庄""歌舞组曲"等多种形式。彝族手工艺制品中,最具代表性的当属刺绣,彝族刺绣至今仍保持着浓厚的地区色彩和独特的民族风格,刺绣中表现出来的图腾、文字、符号、历史、传说、绘画等,包罗万象,别具特色。

　　民情风俗。民族精神文化的另一个重要内容即民情、习俗,它反映的是一个民族的心理素质和价值标准。正如俗语"十里不同风,百里不同俗"所说的那样,不同民族的民情习俗也是各有其特点的。彝族作为中华民族中一个重要的少数民族,具有丰富多彩的独特传统习俗,其中按类型可分为物质文化习俗、人生习俗和岁时节令习俗三大类。物质文化习俗包含了衣食住行等日常生活的各个方面；人生习俗包括了人这一生中会碰到的各类生活习俗，如降生礼俗、成人礼俗、婚俗、葬俗等；岁时节日习俗通常指岁时节日及节日期间的各种活动，是彝族传统民俗的具体表现。同时，彝族特有的节日可依据它的社会功能划分为纪念性节日、农事性节日、社会性节日、祭祀性节日、节庆性节日这几类，其中的火把节是传统节日的代表。

宗教信仰。这也是彝族精神文化的主要内容之一。因各方面原因（如分布地区不同），彝族各自的经济、社会政治、文化发展不平衡，呈现出大分散、小聚居等特点。由此，其宗教信仰也较为复杂，原始本土宗教和外来道、儒、佛以及基督教和天主教等在彝族聚居区域并存，但原始本土宗教仍是最为传统普遍的主流信仰形式。彝族的原始宗教主要反映在彝族人民的自然崇拜、多神崇拜和祖先崇拜上，其中占主要地位的还是对万物有灵的自然崇拜以及对其祖先的崇拜。而就自然崇拜而言，其中对精灵和鬼魂的信仰则占据了绝大部分。尤须一提的是各地彝族都有本民族的祭师，即人们口中的"毕摩"和"苏尼"。在彝族具有浓厚原始特点的宗教中，巫术与宗教往往是紧密联系、不可分割的。

科技历法。彝族传统农业、畜牧业和医药科技知识比较丰富，这与他们长期的农牧业生产和社会生活的实践密切相关。在长期的生产实践中，他们还创造了自己的历法——彝历（据学术界研究，除十二月历之外，还有十月历和十八月历之说），并且积累了丰富的天文气象知识。

三　彝族文化研究的意义

中国作为一个历史悠久的文明古国，从远古时期起便历经着不同的历史发展时期，历经岁月沧桑的洗礼，用一步步踏实的脚印写下了如今辉煌的文化史卷。同时作为一个多民族国家，各个民族也在这辉煌的文化史卷上共同缔造了多姿多彩、特色各异的物质与精神文化。彝族作为其中古老而光荣的重要成员之一，从远古时期就开始的文化之旅，到在近百年来各民族共同反对三大主义的努力之下，彝族人民用顽强的生存发展理念造就了伟大的民族凝聚力和民族精神。这种凝聚力是每个民族所必要的，是一个国家赖以生存的基础。彝族人的这种精神不论是对整个中华民族团结，还是对我国精神文化的发展，甚至是对我国国际形象和地位的提升，都具有举足轻重的意义。千百年来，彝族人民通过辛勤劳动所创造出来的独特的民族文化是我国底蕴深厚的文化历史上一颗璀璨的明珠。因此，通过对于一个拥有如此悠久历史民族的研究和探索，对于研究整个中华民族文化以及探索民族一体化格局的形成与发展，具有不可替代的作用与重大意义。

首先，彝族文化作为中国博大精深的历史文化中的一部分，其研究对于弘扬和继承中华文化具有十分重要的实践指导意义。中国长期以来被誉为人类四大文明古国之一，拥有超过5000年的悠久历史，同其他许多国家的历史一样，一起构成了人类文明史，并占据着重要的一席之地。中国几千年的文明成果，是世界上丰富的文化遗产。目前，就彝族文明的研究还不够具体和深入，因此，为了能够突出其重要价值，有必要对彝族文化进行深入的调查和研究。其次，研究彝族文化更有助于保护好彝族的物质文化与非物质文化遗产。彝族文化是中华民族多元文化的重要组成部分，也是人类文明的宝贵财富，包括彝族文化遗产在内的中国文化遗产正在经受着经济全球化浪潮的冲击，正在大量地受到损毁、流失甚至消失。特别是我国在进行西部大开发的过程中，对西部文化遗产造成了不可逆转的严重性破坏。所以说，保护彝族文化遗产势在必行，我们有责任也有义务保护好这些不可再生的文明。

要做好西部开发和西部脱贫攻坚工作，就必须在深入了解西部当地的文化、风俗等情况后，因地制宜地制定相关发展战略和政策。由于自然地理、区位因素等原因，西部地区一直以来是我国相对贫困、落后的地区。加上该地区少数民族众多且复杂，彝族是众多少数民族的重要组成部分。因此，深入研究彝族文化，有利于我们深刻落实西部大开发发展战略，更好地完成西部大开发工作和西部脱贫攻坚战略。江泽民同志曾明确指出，"中西部地区范围很大，如何加快开发，要有通盘的考虑"（人民日报，1999）。由此看出，对彝族历史文化进行深入研究具有重要的现实意义。

我国是一个多民族的国家，疆域辽阔，文化丰富。因此，民族团结和较强民族凝聚力是我国发展富强的前提，只有56个民族同心同力，才能协同促成国家的繁荣富强。由于旧时各个民族的发展环境相对隔绝，因此各民族在其文明发展的道路上形成了各具特色的民族精神。在当代社会，由于经济的发展、交通的日益便捷，民族文化不断交融，产生激烈碰撞，通过研究彝族的文化特征，不仅有利于彝族与其他民族间的沟通与交流，更有利于中国各民族大团结，增强民族凝聚力、自信心和民族自豪感。

正是因为彝族文化有着如此重要的地位，以及特异性和独特性，因此很有必要对其进行系统深入的研究，在总体上把握彝族文化共性特征，同时在细节上进行具体探讨。为此，笔者在搜集掌握大量资料的基础上，进一步深入实地进行调查研究，以尝试运用民族学理论对彝族文化进行较为系统的研究和分析，为彝族文化通过外宣翻译走向全世界打下坚实基础。

四　彝族文化研究的现状

中国历史上对彝族文化的探索和研究从两千多年前就开始了。西汉著名历史学家司马迁在《史记·五帝本纪》中载：皇帝正妻嫘祖生二子，"其一曰玄嚣，是为青阳，青阳降居江水，其二曰昌意，降居若水"，这里的江水即岷江，若水即雅砻江，都是古代羌人居住的地区。又《史记·六国年表》中载"禹家于西羌，地名石纽"。再如，晋代常璩所著《华阳国志》、唐代樊绰所著《云南志》、元代李京所著《云南志略》、清代毛奇龄所著《蛮司合志》、师范所著《滇系》，都或多或少地提到了彝族先民文化与社会状况的各个方面。这些古代文献资料为后来的彝学研究提供了宝贵的素材。

但对彝族文化进行全面、深入而系统的研究应始于 20 世纪初。1912 年，四川都督府就展开了对小凉山彝族居民的调查，并出版了《峨马雷屏编务调查表册》，后又有多位学者相继深入彝族地区进行深入研究。从政治、经济、文化等各个方面对彝族的历史和现状进行研究的有《西南夷族考察记》（曲木藏尧，1933）、《西南夷族调查报告》（庄学本，1941）、《大小凉山彝区考察记》（曾昭伦，1943）、《大小凉山之夷族》（四川省建设厅，1947）等；从民族、人文、地质对彝族进行考察的有《凉山夷家》（林耀华，1947）、《凉山彝族奴隶制度》（江应樑，1948）等。即便这些研究成果大多来自民间学者自发的调查，但也为日后彝学研究奠定了坚实的基础。

新中国成立以后，中国彝学研究进入了一个全新的发展阶段，虽然"文化大革命"时期彝学研究一度中断，但总体来说硕果累累。如《西康省大凉山彝族的社会经济制度》（张向千，1954）从社会制度方面对大凉山彝族进行分析研究，《彝族的主要源流——唐代滇西乌蛮中的顺蛮、南诏、磨弥、罗仵及仲牟由》（刘尧汉，1962）从历史传说引出对彝族族源的探讨，《凉山地区古代民族资料汇编》（蒙默，1977）和《清实录彝族史料辑要》（徐铭，1983）则是对明清时期彝族先民的活动进行研究，《彝族史稿》（方国瑜，1984）、《彝族简史》（国家民委，1987）、《彝族古代文化史》（张福，1999）等则从史学角度对彝族的历史、族源史分期做了系统而详尽的阐述；《彝族文化研究丛书》（楚雄彝族文化研究所，1984）、《西南民族研究彝族专集》（全国彝学会，1985）、《彝族史要》（易谋远，1999）等则是论述了彝族政治、经济、文化的发展状况。

进入 21 世纪后，国内学者在语言文字、文学、艺术和文化等方面对彝族的研究取得了丰硕的成果。

（一）语言文字方面的研究

进入 21 世纪后，众多学者对于彝族语言文字有了更深入的研究。黄建民（2003）重点研究了彝文的起源和性质，并通过《彝文文字学》对其进行深入论述。《彝文字形探源》是我国第一部彝文字形探源之巨著，作者阿余铁日，该书是在对彝族的历史和民间传说进行梳理、对彝汉文字进行地下考古和实地社会调查基础上综合相关资料编著而成。孔祥卿（2005）的《彝文的源流》则是针对彝文自身的特点进行综合研究而成的。周德才（2005）通过对彝语中松紧元音的类型、特征及演变和发展脉络的深入探讨，写成了《彝语方言松紧元音比较研究》。田铁和阿闹（2008）在《水书与彝文的对比研究》中详细比较了水书和彝文，认为二者在传承方式、创作年代和文字类型等方面都存在着诸多的共性特征。胡素华（2000）在其《彝语与彝语支系属语言的结构助词比较研究》一文中通过详尽实例对比了彝语与其他同语支在语言结构、语言助词等方面的相同点和不同点。

此外，黄建明（2001），陆燕（2002）、木乃热哈（2000）、普忠良（2003）、李天元（2003）、王继超（2007）、朱建军（2006）等学者也著述颇丰，他们为彝族语言文字的研究奠定了坚实的基础，提出了新的、有价值的见解。

（二）文学方面的研究

关于彝族文学的研究著作众多，主要有：第一部从彝族民间文学、歌舞以及戏剧等方面来介绍彝族文化的著作是罗曲、李文华（2001）合著的《彝族民间文艺概论》，该著作共 33 万字，分为九章。《彝族妇女文学概说》一书中首次主要对妇女文学进行了研究（王昌富，2003）。其余还有赵德光（2002）主编的《阿诗玛原始资料汇编》，石连顺（2003）翻译整理的《阿细颇先基——彝族阿细人创世史诗》等文学作品。

除此之外，沙马拉毅（2003）则以毕摩礼仪和彝族文学之间的关系为切入点，认为彝族文化又可进一步细分分为"毕摩特依"（祭祀书）及"卓卓特"（民间文学）两类。鲜益则在2004年曾指出，中国民族史诗研究的主要方向应回归少数民族文学研究的本体——口头文学语言，这一研究为后面的少数民族文化研究者提供了新的有益思路。左汝芬（2004）则记述和析释了巍山地区彝族朝山打歌会的详细过程，对其中的内容和来源方面进行了考证。洛边木果等（2005）认为单从彝族支格阿鲁及其文学流传情况来看，各地文化所传递的信息大同小异。罗文华认为云南版本的《阿鲁举热》有着极大的艺术成就，且研究价值和意义不可替代，该书主要讲述了彝族人古代的生活情形与意识形态，在思想、宗教、艺术以及婚姻等制度方面，彝族先民有着自身独特的一面。

王菊（2006）通过研究发现，贵州地区在20世纪80年代以来，逐步发掘整理了举奢哲、阿买妮等的彝族诗文理论，从某种程度上，这些发掘整理改写了中国古代的文艺理论史。巴莫曲布嫫把这些资料结合彝族文化传统进行全方位的解读，进一步从文化根脉上梳理了具有彝族特色的独特文艺理论。王明贵（2008）分析认为，贵州自古称为夜郎古国，涌现了众多彝族英雄的史诗。这主要源自两本著作的记载。其一是《铜鼓王》，该书主要记载了彝族用铜鼓埋葬首领的古老习俗。而这一说法在另一本著作《襄占星解经》中得到了验证。学者在后期通过考察发行，"铜鼓套头葬"的方式在贵州的彝族生活地区曾广为流传。因此，这几个证据相互印证，证明了夜郎与彝族之间的紧密关系。

（三）艺术方面的研究

21世纪前10年中，对彝族毕摩、苏尼等文化艺术进行系统介绍的文献开始出现。其中，曾明等（2004）著的《大凉山美姑彝族民间艺术研究》就为人们开辟了审视彝族文化的新视角。朴永光（2005）所著的《四川凉山彝族传统舞蹈研究》用历史唯物主义和辩证法之研究方法，以之前尚存的四川凉山彝族传统舞蹈为研究对象，对其与当时的历史文化背景之间的相互联系进行了相关考查。除此之外，还有张纯德（2003）著的《古代彝族毕摩绘画》等关于彝族艺术研究的主要著作。

同时在这个阶段，众多学者关注的焦点也转向了彝族服饰的美学内涵。张瑛（2003）认为彝族服饰有着深厚的文化内涵，彝族所用的生产方式、所处的地理环境以及经济状况等都对服饰有一定影响。周真刚（2006）则认为黔西北彝族服饰传统纹样中隐现着原始图腾崇拜的影子，这蕴含着深层的民俗内涵。彝族服饰在图纹艺术上，有着将多元化整体美以自然美作基调加上崇拜性思想反映的特点。基于该思想，彝族服饰上的图文美学逐渐形成，同时以此为指导，贯穿于尺度、图文样式、色彩与布局等方面，最终产生了彝族服饰所特有的文化特色与精神风貌，体现出极具个性化的艺术气息。

此外，普丽春（2000）、罗曲（2001）、冯利（2001）、叶峰（2008）、徐梅（2007）、马晓华（2009）等学者对彝族的美术、工艺以及音乐基于不同的研究视角进行了深入探讨，其中不乏许多新的观点和见解。

（四）文化方面的研究

对彝族研究的重点一般是放在彝族文化上的。例如，何耀华（2000）主编《百林彝族传统文化与社会经济变迁》，白兴发（2002）著《彝族文化史》，师有福（2000）著《彝族文化论》，华林（2001）著《西南彝族历史档案》等。师有福的《彝族文化论》从文学、宗教、历法等方面对彝族文化进行了较为深入的研究。白兴发所著的《彝族文化史》共30万字，分为九章，全面地介绍了彝族文化，并对其进行研究分析，是首部彝族文化史典籍。

在众多研究著作中，邓立林（2000）为彝族文化的研究作出了突出贡献，是彝族文化研究史上重要的构成部分。他从丧葬文化角度出发，研讨彝族丧葬礼仪制度的变化，并进一步探寻彝族社会文化的发展演变。彝族的丧葬礼仪的确能够从一个侧面反映出彝族文化的多样性。白兴发（2001）通过查询大量相关资料，较为透彻地研究了彝族禁忌文化，包括禁忌的起源、发展历程等，试图开拓禁忌文化的研究视野，充实彝族文化的研究。王正贤（2002）非常重视彝文金石的研究，认为其所包含的内容广泛，有很高的研究价值。通过对彝文金石的研究，有助于彝族文字乃至彝族人思想和价值观的研究。王明东（2000）认为彝族木刻艺术中包含商品交换、军事征讨、婚姻纠纷调解甚至政治行为等方面的文化内涵。张方玉等（2003）则研究了彝族建筑文化、特征及其缘由，认为在不同地区和不同历史时期，彝族建筑风格迥异，从而折射出文化与民族的关系。刘正发（阿里瓦萨）（2005）以教育人类学的相关知识为理论基础，着重研究凉山彝族家支文化以及教育传承问题。他认为，凉山彝族家支文化是一种"活着"的文化，至今仍在凉山彝族人的生活中广为流传，这是文化以及教育传承的结果。范例（2004）通过对彝族漆器工艺品系列的造型特点、色彩运用及图纹艺术三元因素的研究，揭示了彝族的审美情趣及其中的艺术特性。洛边木果等（2005）认为，支格阿鲁文化精神是一种自尊自强、积极进取的优秀民族文化精神，这种精神在当今彝族文化精神中得到了传承与张扬，在新时代里被赋予了新的文化内涵。蔡华（2003）查阅古汉文史、彝族典籍，并亲赴彝族人聚居区开展宗教文化调查，重点探究道教在成立伊始与彝族先民们所创立的文化相互影响、包容并蓄、取长补短、相互融合的过程，并进一步研究在明清之后，道教文化对彝族文化在宗教信仰、文学艺术等方面产生的影响。贾银忠（2004）认为，从彝族文学和艺术等方面看，彝族口头文学和非物质文化遗产是一种宝贵资源，应当尽快加以保护和利用，并提出了相应的保护对策和措施。

此外，高登荣（2002）、周真刚（2003）、陈世鹏（2005）、王清华（2005）、金尚会（2005）、李春霞（2005）、王鸿儒（2008）等学者也分别从其他视角对彝族文化进行了深入探析，这些研究对拓宽彝族文化研究视野大有裨益。

第二节　彝族文化外宣翻译研究

一　彝族文化与外宣翻译

（一）语言与文化

语言是什么？简单地解释就是"人类最重要的交际、思维和认知工具"。但不同的语言学家因其理论背景不同而对语言也有不一样的认识，例如：乔姆斯基认为"语言是一种说本族语时建构和理解常规语法的先天能力"；而许国璋认为"语言是人类所特有的一套符号系统"；索绪尔认为"语言是一种表达观念的符号系统"；萨丕尔把语言和文化关联起来，认为"语言是一种文化功能"（王建华，2002）。当它作用于文化时，语言是文化信息的载体和容器；当它作用于人和客观物质世界关系时，语言是认知事物的工具；当它作用于人和人关系时，语言是表达相互反应的中介；因此，语言是一种人类才有的特殊现象，对语言本质的认识更要从多维度、多层面且更具综合角度去深入研究。

《现代汉语词典》《辞海》对文化这个复杂的概念有两种解释：第一种从广义上讲，文化是人类在社会实践过程中所创造的精神和物质财富之总和。第二种从狭义上讲，文化特指精神领域（不包含物质财富），包括社会意识形态以及与之相适应的典章制度、语言、政治和社会组织、风俗习惯、哲学、学术思想、文学艺术、社会心理、宗教信仰等；有时也特指教育科学、文学艺术等方面的精神财富，以区别于经济、政治、军事等方面的知识（张捷，2011）。根据以上文化的定义，可将文化的范围分为三个层次：第一层——物质文化——较低层，指人们制造的包括建筑物、服饰、食品、用品、工具等各种实物产品所表现出来的实物文化；第二层——制度、习俗文化——中间层，通过人们共同遵守的包括制度、法规以及相应的设施和风俗习惯等社会规范和行为准则表现出来；第三层——精神文化——最高层，它是人们思维活动形成的精神产品，包括思维方式、审美情趣、道德操守、价值观念、宗教信仰，同时也包括科学、哲学、文学艺术方面的成就（张淑文，2002）。

（二）彝族文化外宣翻译中的文化取向

关于对彝族文化外宣翻译的考察，我们可以先从巴斯奈特提出的"文化翻译"观——文化是翻译的基本单位开始。笔者认为，翻译是一种以移植和交融不同文化为主旨，以突破语言障碍、促进文化交流为目的的交流活动，本质是指语言上的交际和文化上的交流。因此，在彝族文化的译介上，仅仅追求传递字面意义是远远不够的，更重要的是要传达原文所体现的文化内涵，从而实现文化交流的目的。因此，外宣翻译即是一种跨文化的交际活动，译者应尽可能展现原文中特有的文化。由于不同民族因经历不同的历史发展过程而导致经济水平、风俗习惯等方面各有差异，所以译者若是仅按照原文字面意思而翻译，或是按照原作者本民族的习惯去理解并进行阐述，那么最终将可能会弄巧成拙，造成读者不知译者所云，甚至曲解、歪解原作的意图。因此，译者在翻译过程中有必要对文章进行加注、释义或者必要时添加相关的文化信息，以此来帮助译文读者更加准确地了解彝族的风土人情。

总之，译者在对彝族文化进行外宣翻译的过程中必须牢记：翻译不仅仅是语言层面的单纯转换，它更是一种文化、精神层面的深刻传递与交流。因此，译者必须要将原作和译作分别放在其所处的特有文化语境中进行考察，只有这样，才能充分正确理解原作意图，然后才能深刻地将原作意图准确清晰地表现出来，让译语读者更好地了解原语文化，直至认同。也只有如此，彝族特有的历史、习俗、信仰等文化信息才能被很好地传递给西方读者，彝族文化才能真正为外界所知，才能成为世界多元文化中的一个重要组成部分。

（三）彝族文化外宣翻译研究的重要性

语言扮演着文化传递者和承载者双重角色。文化和语言相辅相成，语言又受文化的影响并承载着文化。可以这样理解，语言是文化最初产生的形式，文化包含了语言。语言是人们互相交流最重要的工具，它能将我们世世代代的劳动、经验予以传承。语言是由词语构成的，它能够反映人们的世界观、人生观，能够记录下人类发展历程，体现不同地域的人类文化。但语言不能超越文化而独立存在，也不能与一个民族的传统信念相冲突和相背离，因为文化体现了一个民族的生活风貌和风俗习惯。语言是文化发展的前提基础，但文化也可以反过来推动语言的进步。语言与文化的这种交互关系，使人们将语言视作文化的载体，又把语言当作文化的一面镜子。

近年来，我国政府越来越重视文化事业建设。党的十八大提出了"增强中华文化国际影响力"的要求，为加强对彝族文化遗产的保护、抢救、发掘、整理和展示宣传，我们更要加强对彝族文化的外宣翻译力度。对自然人文文化的外宣能力会影响彝族文化发展的基本结构和规模，关系到彝族地区的自然、民族文化资源的潜在优势能否向现实的经济优势转化，影响着彝族文化所承载的宣传民族政策、建构国家认同等重要职能的实现。

（四）外宣翻译对于彝族文化传播的重要性

费小平教授曾在其文章《翻译与中华民族文化之建构》（2003）及《翻译的政治——翻译研究与文化研究》（2005）两本专著中提到，跨文化翻译"有助于为本土民族催生一场新的文化—文学运动、促进民族文化身份认同、支持民族文化建设、彰显民族话语和宣传少数民族风情"。所以说，跨文化翻译的目的即是让"翻译作为上层行为准则推介并传播民族文化，进而实现本民族的文化认同"。

在民族发展进程中，对国家和民族的兴衰起着至关重要作用的是文化软实力。而对外宣传翻译尤其是英汉外宣翻译，对彝族文化在国际上的弘扬与传播能够起到不可或缺的媒介功能。外宣翻译不仅有助于民族文化在全球化进程中保持自己特有的文化身份，以促成文化体系的建构与复兴，而且它还是树立独特彝族文化国际形象的有效传播手段。

然而，翻译策略的选择和翻译质量之高低，在很大程度上影响了文化传播与交流的效果。彝族文化的独特性及地域性与西方文化存在较大差异，这在一定程度上加大了翻译策略选择与质量保证的难度。对于外宣译者的要求而言，如果翻译策略的选择把握不当，则有可能导致原语文化信息过分缺失，影响译语受众对于原语文化的接受，继而难以真正实现借外宣翻译传递民族文化信息的意图。目前，关于翻译促进彝族文化国际推介与传播的研究主要集中在翻译学、语言学或泛文化研究文献中，对于具体原语文化信息内容的处理方法，研究多集中在译者对彝族文化的查阅，还停留在只满足具体某一文本翻译的层面上，并未实现系统的彝族文化与翻译有机结合的研究。

因此，从"民族文化体系建构与复兴"意义上讲，以传播本土民族文化为目标，将彝族文化研究与跨文化外宣翻译研究相结合并以此来审视和指导跨文化翻译，确立翻译活动在彝族文化国际传播过程中的角色与策略是一项有待深入探究的课题。这可能会成为翻译中的文化探索拓展的新领域，从而使翻译与文化关系的研究能够不断细化到某一具体的中国民族文化分支中去，最终实现彝族文化国际身份的认同。

二　彝族文化外宣翻译研究综述

（一）本土学者的研究

国内学者对彝族文化对外宣传研究起始较晚，近 21 世纪初才有一些相关作品诞生。关于少数民族文化对外宣传翻译的研究尚不充分，关于彝族文化外宣翻译的研究更为匮乏。

美籍华人作曲家盛宗亮（Bright Sheng）对《小河淌水》（*The Stream Flows*，1988）进行了英译；华人音乐家陈璐璇（Lu-Hsuan Lucy Chen）对《小河淌水》（*The Streamlet*，2000）进行了英译并在美国传唱；朱元富的《误解、误译与误导》（2003）和《"毕摩"≠"巫师"》（2004）两篇文章论述了不少学者对"毕摩"的误解和误译，并提出正确英译"毕摩"一词时要考虑文化空缺的因素。他的另一篇论文《彝族民歌英译中社会文化信息的处理——以彝族敬酒歌之英译为例》（2012）以彝族敬酒歌的英译为例，讨论了英译中如何对待社会文化因素的影响和处理东西方不同文化环境造成的语义差异问题；成应翠主编的《采风昆明》（英汉对照，2008）一书中有介绍彝族文化的内容；彝族诗人吉狄马加的《吉狄马加的诗》（中英对照，2010）向世界宣传彝族文化，创造性地将诗歌作为本民族与外部世界进行交流的桥梁，对于彝族文化的宣传来说，这是一个伟大的创举；中国学者兰佩瑾用英文编著出版介绍中国少数民族的书籍 *China's Ethnic Minorities*（《中国少数民族》，2013），其中第 6 章有对彝族的专门介绍；张跃等著，邱好茜英译的《彝族赛装节》（2014）介绍了楚雄直苴地区赛装节的盛况和彝族文化的各个方面；2014 年 11 月在成都召开的"英语世界的彝族文化与文学国际研讨会"上，来自西昌学院的阿牛木支教授论述过这样一个观点："彝族现代诗歌在英语世界的传播具有深远意义与影响"，他认为彝族文化与文学能够在国际上有着重要影响的一个关键因素就是彝族现代诗歌的兴起与发展，同时这也是文化自信与文化外译产生的重要原因；徐宗毅的硕士论文《目的论视角下凉山地区彝族文化的外宣翻译研究》（2015）通过对选自《凉山风》中的一些典型例子的分析，认为目的论和外宣翻译原则在凉山彝族文化乃至其他少数民族文化的外宣翻译实践中不仅是可行的，而且是有效的。

近年来，随着社会和网络的快速发展，许多网站都有与彝族及其文化相关的英文介绍，例如：中国政府网站中有对于彝族的专门英文介绍；中国日报网的英文版也有关于彝族的报道；Ethnic China 网站上也有专门介绍彝族的一章；彝学网的英文版不仅有对彝族专门的介绍，而且还收录了部分关于彝族研究的文章；彝族人网介绍了彝族概况、传统文化、彝学、人物、文艺、文学、旅游等内容；七彩云南英文网（Yunnan Tourism Website）全英文介绍彝族的时事新闻、传统文化、风俗人情、饮食、景点、购物等。这些网站在向世界介绍彝族文化方面起到了积极的宣传作用。

（二）国外汉学家的研究

国外学者对中国彝学的研究基本开始于鸦片战争（1840 年）以后。如杜布益、爱弥·罗毅（法国）合著的《云南亲王史》（19 世纪 70 年代）详尽描述了彝族家支及婚俗；巴伯（英国）所著《金沙江：中国藏东及缅甸漫游记》（19 世纪 70 年代）中提到大小凉山风土人情；保尔·博厄尔（法国）所著《对保倮语言的研究》（1880）中收录了彝族语言词汇和彝族文学；戴维斯（英国）所著《云南——连接印度和扬子江的链环》（1909）论证了种族起源问题；吕真达（法国）所著《建昌罗罗》（1910）详尽描述凉山彝族的社会制度；亨利·科尔迪埃（法国）的论文《倮倮的现实形态问题》（1909）描述了彝族的历史和文化；哈里·弗兰克（美国）所著《华南漫游记》（1910）介绍了其在彝族聚居区的所见所闻；邓明德（法国）所著《倮倮·历史·宗教·习俗·语言和文字》（1989）更是一本见解颇深且从各个方面介绍彝族的综合性论著；威宁顿（英国）所著《凉山奴隶》（1959）则是对彝族制度文化发面的探究；八卷佳子（日本）所著《凉山彝族社会性质论争》（20世纪60年代）评述了我国学者在这一领域的研究情况；关于凉山彝族奴隶制社会的问题，伊次和雅尔福列夫（苏联）在其合著的《东亚和东南亚诸民族的村社和社会组织》（20世纪60年代）中也有过专门论述。这些外国学者的论著均从各个方面、各种角度分析了中国彝族的历史文化、民俗风情、种族起源、社会制度、语言文字、宗教信仰等，客观上起到了文化传播和交流的作用。

    1945年"二战"结束以后，外国学者对彝族的研究继续深入。研究彝族族源方面的有：伊次（苏联）的《东亚南部民族史》（1972）、查尔斯·巴库思（美国）的《南诏国和唐代中国的西南边疆》（1981）、白鸟芳郎（日本）的《对中国西南少数民族的历史研究》（1960）、加佐明（日本）的《中国西南彝族的社会组织》（1961）；研究彝族语言文字方面的有：谢飞（美国）的《倮倮语历史语音学》（1952）、马蒂索夫（美国）的《原始彝语中受阻音节声调分裂》（1972）、西男隆雄（日本）的《倮倮译语的研究——倮倮语的结构与体系》（1980）；研究彝族口头传唱艺术的有：戴乃迭女士（英国）的英译《阿诗玛》（1957）等，而后《阿诗玛》先后被翻译成英、法、德、日、俄、罗马尼亚等国文字出版。

    改革开放以来（1978年），中国政治经济焕然一新，各方面均与世界接轨，进一步把彝族文化推向国际。1980—1987年，马克·本德（美国）先后四次来到彝区，翻译了古彝族文献《赛玻嫫》《七妹与蛇郎》和创世史诗《梅葛》，并撰写了《怎样看〈梅葛〉："以传统为取向的"楚雄彝族文学文本》《彝族当代诗歌中的大自然》等。1987年，他在美国发表的《猎射——带铜炮枪的虎人》和《中国楚雄彝州之行》详尽介绍了楚雄彝族"赛装节"的民俗活动事项，在海外引起了轰动；1986年，美国内布拉斯加大学天文系教授梁鉴澄亲临凉山州彝族地区，考察了彝族十月太阳历的"向天坟"；1990年，乔治（法国）在法国海外科学院做了有关彝族十月太阳历的专题报告。

21 世纪伊始，美国人类学教授斯蒂文·郝瑞（Stevan Harrell）在国际上为研究和介绍彝族文化作出了杰出贡献。其中，他的关于彝族及其文化研究的文章主要有：《中国民族边疆的文化际遇》（*China's Ethnic Frontiers Cultural Encounters*，1995）、《高山图示：中国彝族诺苏文化的传承》（*Mountain Patterns-TheNuosu Culture Survival in China*，2000）、《中国西南的族群之路》（*Ways of Being Ethnic in Southwest China*，2000）、《田野中的族群关系与民族认同——中国西南彝族社区考察研究》（*Field Studies of Ethnic Indentity：Yi Communities of Southwest China*，2000）等。早在 1995 年，他在美国主持召开了第一届国际彝学研讨会，自此他被称为"国际彝学的创造者"。1999 年，他又举办了主题为"Mountain Patterns"——《山地模式》的展览，在华盛顿大学博物馆展出了来自四川凉山的数百件他所收集的与彝族生产和生活息息相关的文化生活用品，此次展览对于介绍并传递彝族文化起到了很好的推动作用。2013 年 10 月在成都举办的第五届国际彝学研讨会上，郝瑞（Stevan Harrell）教授的报告"Yi Studies as a Social and Historical Field：An Anthropologist's View"（2013）叙述了彝学的学科发展过程及其现状和所面临的挑战。

美国诗人、汉学家梅丹理（Denis Mair）在彝族文化外宣翻译中也作出了巨大贡献。他曾翻译了很多近代中国诗人的作品并将其介绍给美国的诗坛，其中包括了将我国新时期彝族优秀诗人的作品《吉狄马加的诗》（*Poems by Jidi Majia*，2010）。

正因有了国外汉学家们对于彝族文化的宣传，学术界对彝学的关注日益深入、全面，不仅让英文读者更加了解彝族文化，而且这些研究为我们探索彝族文化提供了各个方面、各种角度的启迪和帮助。

三　彝族文化外宣翻译研究的方向与思路

从本质上来讲，民族文化外宣翻译研究是跨文化研究与翻译学研究相结合的产物，所以，彝族文化外宣翻译的实践与研究就需要将彝族文化与跨文化翻译研究相结合。

将彝族文化与跨文化翻译融在一起进行综合研究，可以很好地拓展文化翻译研究这一领域。具体来说，将来的彝族文化研究的方向与思路可以分为以下几个方面：（1）具有彝族文化共性与个性（尤其是个性）的民族民俗学分析及文化信息采集研究；（2）研究具体的彝族文化内涵（比如：彝族图腾崇拜、彝族社会生产与地域特征、彝族意识形态、风俗传统和语言符号系统等）；（3）彝族文化外宣翻译中信息的角色定位、外宣翻译目标规划与适用理论选择研究；（4）彝族文化与西方文化的冲突、协调与认同研究；（5）现有彝族文化翻译策略的适用性与实例研究；（6）生态翻译学视角下的彝族文化外宣翻译思路；（7）彝族文化外宣翻译过程中的文化影响因素调查研究；（8）彝族文化外宣翻译译本的文化传播途径、方式及效果实证研究。

在以上这些研究中，对彝族文化外宣翻译特点的研究将是重点研究对象，英汉翻译将充当传递的媒介，在英语的语言环境下，分析文化传递的效率水平与受众程度。但在翻译时出于适度处理的需要，彝族文化特有的表达方式与文化信息将得以保留，同时伴随出现文化传递策略选择以及彝族文化与普通文化翻译研究相结合的难题。因此，在研究彝族文化的外宣翻译时，译者应充分考虑以彝族文化建构和国际推介与传播为目的，在对彝族文化信息内涵进行充分挖掘和分析之后，充分结合彝族民俗与翻译研究，摒弃旧的以单一文本翻译为切入点的信息查询模式，要进行以彝族文化系统整体外宣为基础的翻译目的的翻译探讨、辨识与策略选择，通过这种途径实现更好的文化信息传递。

综上所述，彝族文化的外宣翻译研究与其他普通文化的外宣翻译研究紧密相关，将两者结合起来研究对于彝族文化的推广才更具有非凡的意义。但是由于这方面的研究起步较晚，该过程中仍存在诸多不确定的因素与难题。值得一提的是，在我国这样一个多民族的国家环境下，如何更好地实现外宣翻译对于彝族文化对外宣传与传播的作用与影响，是一个值得我们外宣工作者共同思考的问题，因为这既是一个可以拓展跨文化翻译研究领域的重要问题，同时也是一个可以提升中华民族国际身份地位，进而提高我国国家文化软实力的绝佳机会。

第三节　生态翻译学理论引入彝族文化外宣翻译的理据

一　彝族文化翻译与误读

因为不同民族的语言所承载的本民族文化意义不同，所以译者要在充分理解不同民族的文化背景的基础上来进行翻译。不能因文化上理解不到位而导致翻译上的遗漏或缺失，进而影响整个翻译效果。中国由于地大物博，少数民族众多，研究少数民族的传统文化既有利于获取较高的文化价值，又有利于了解少数民族的人文风情，有助于民族的交往与融合。但这也给翻译研究者带来了很大挑战。因为在翻译其文献时，既要深入了解其风土人情，还要注重语言的表达，不能仅仅停留在文字表面上进行翻译，还必须体察其内部的情感和表达习惯。

人们在阅读文章时出现的错误或者不正确的理解，是阅读过程中常见的一种现象，通常称为文化误读。现在大多数理论都强调正确理解原文本意以避免文化误读的重要性，但主张可以宽容和理解不同读者对同一内容有不同的解读方式。就此而言，误读不一定是误解，而是可以理解为对同一思想的不同思考。加上各种文化普遍具有较大的差异性，因此误读现象较为常见。因此，在深入了解文化著作时，应先了解其文化背景，保持与作者站在同一大的文化水平线之上，在尊重与理解的基础上体会文化特色。

不可避免地，在翻译彝族文化作品的过程中也常常会出现文化误读的现象，但译者通常会忽视不同民族文化的差异性，用自己本民族的固有思维去理解彝族文化，最后导致在翻译作品中传递了错误的文化信息，致使读者未能准确理解彝族的文化特色。

由于国家政策的大力支持，少数民族文化的受重视程度也在不断提高，学术界研究的重心也逐步转移到了对少数民族文化的研究上面，越来越多的少数民族文化被翻译成汉语和英语。这也从另一个方面支持了我国少数民族文化产业的国际化发展。但是对于一些少数民族所特有的词语和表达方式，由于不能在其他语言中找到类似的词语和方式与之相匹配，所以多数外宣译者会直接采用音译的方式处理。虽然采用音译降低了翻译的难度，但却很难传递全部信息，反而会造成翻译信息流失，影响读者对少数民族原有文化内涵的理解和把握（陆道恩，2013）。比如，彝族的祭师"毕摩（Bimo）"，彝族乐器"月琴（Yueqin）、口弦（Kouxian）"，特色食品"坨坨肉（Tuotuo Meat）"等，这些都是根据彝族的语言音译而来的，对于使用汉语言的人来说理解起来会相对容易一些，但是对于英语使用者而言，使用音译这种翻译方式会大大增加他们对于这些词语的理解难度。因此，外宣译者在进行彝族文化翻译时，不仅要深入理解彝族的文化以及该民族特有的语言词汇，更要运用多种翻译方式来对彝族文化进行对外宣传，这样才能让读者更好地理解其中深意。

二　彝族文化外宣翻译研究中存在的问题

（一）宏观层面的问题

1. 外宣翻译意识淡薄，效果不佳

（1）政治意识淡薄

目前，很多彝族文化外宣译者把外宣翻译等同于普通汉外翻译，这完全忽视了外宣翻译具有政治性的特点（黄信等，2011）。外宣翻译本身具有传播文化、宣传民族特色的作用，其关系到彝族地区的利益。它还具有政策性、敏感性、多层次性等特征。比如，有译者在做楚雄彝族自治州政府工作报告的翻译时，将"我们州"翻译为"our prefecture"。在外宣翻译中"讲政治"首先得先亮明"身份"，不能一见到"我们（州/省）"就翻译为 we（our prefecture/province），而应该坚持"内外有别"的原则把它译为具体的某一确定地名，如"Chuxiong Yi Autonomous Prefecture"，这样的翻译才不会让国外受众摸不着头脑，同时也亮明了自己的政治立场。

（2）形象意识淡薄

外宣翻译有助于彝族文化的传播与宣传，为彝族形象的树立打下坚实的基础。但部分外宣人士忽视了文化外宣的重要性，认为彝族身处偏僻地区，交通不便，与世隔绝，因此不需要对外大肆宣扬彝族文化。但是，笔者认为，外国人对中国的认识是从一个个的"个体"开始逐渐扩展到整体的。而彝族文化正是这个整体中的一个"个体"，因此，只有真正做好彝族地区的文化形象宣传，才能为彝族进而为整个中华民族大家庭树立积极良好的形象。除此之外，另一部分译者则认为外宣翻译是外事、外交性质的翻译事项，只有在外事事务或者外交场合使用较为合适。并且他们认为外宣翻译并不普遍，只面向少数受众对象。这种现象出现的原因是他们没有弄清外宣翻译的对象，并不是少数人才受益于外宣翻译，而是其他国家所有的民众都需要外宣翻译的帮助。以彝族文化为例，外宣翻译是向外国人解释彝族文化中他们不理解的部分，是要将彝族文化传递给外国民众。"天人美于中，必播于外"讲的就是这个道理，拥有深厚底蕴、丰富资源的彝族文化只有进行积极的对外传播，才能得到世界的认同，才能既

避免敌国的恶意污蔑和攻击，同时又树立彝族地区的良好形象。

　　比如关于彝族"三道酒"的翻译。彝族人民热情好客、诚恳待人，当家中有客人到来时，必定会用好酒招待客人，而"三道酒"就是彝族用以接待贵宾的礼节。第一道酒称为"拦门酒"，意为在家门口迎接客人的到来；第二道酒称为"祝福酒"，意为在酒宴上向远道而来的尊贵客人敬上双杯美酒，同时也会献上彝族特有的祝酒歌；第三道酒则称为"留客酒"，意为当客人要离开时，主人将客人送到门口之时请客人喝下的最后一杯酒。酒是彝族文化中不可缺少的部分。笔者通过查阅资料，"三道酒"目前有如下翻译："Three-course Liquor""Three Courses of Liquor""Three Cup of Liquor""Three Cups of Wine"等。从中可以看出，彝族外宣英译专有名词混乱不统一。

　　再如对彝族祭师"毕摩"的翻译存在的分歧及错误。毕摩在彝族宗教信仰中是一个神圣的角色，是彝族社会中沟通人与神的桥梁。毕摩既是祭师，又是民间知识分子。据史料记载，古代的毕摩主要从事宗教祭祀、医疗、传统礼仪、传播彝文、著书立说等活动，但不脱离生产劳动，与民众紧密联系在一起。民间称毕摩是"红白喜事的主席"，他主持彝族所有涉及民间礼俗的活动，如婚嫁、丧葬、节日、乔迁、婴儿诞生等，同时毕摩也是彝族文化的传承者，作为彝族文化的重要组成部分，毕摩文化涉及彝族的各个方面，比如社会政治、经济、文化、教育、哲学、医学、道德、伦理、科技、风俗、礼仪等方面。因为毕摩在彝族人的生活中占据着极高的地位，因而也承担着各种与彝族人生活息息相关的角色，具体可分为四种：一是教师角色；二是祭师角色；三是医生角色；四是音乐家角色。毕摩文化以其丰富的内容和独特的表现形式成为彝族文化的核心。目前，外宣翻译工作者对"毕摩"的英译五花八门。有如下翻译："Wizard""Chief Wizard""Bimo""principal priest""Bimo（a person with the function similar to a priest）""the Yi People's Priest 或 the Yi Priest"。从上述六种翻译来看，由于不同学者对"毕摩"的不同认识而导致他们对于"毕摩"的态度也各有不同，而这些不同的态度又直接影响了译者对于"毕摩"的英译。所以才会出现，有些译者将"毕摩"译作 wizard（即汉语中的"巫"）；有些则译为 chief wizard（即汉语中的"祭司"，也等同于大家认知中的"巫"）；另外一些则译为 Bimo，这是采用了音译的方式；还有的则译作 principal priest，因为他们认为翻译"毕摩"存在文化空缺，因而选择用英语中意义相近的词语来代替，或用音译加注方式译为"Bimo（a person with the function similar to a priest）"，或用给西方宗教术语加限定的方式译为"the Yi People's Priest"，或"the Yi Priest"。对于上述这些译文，笔者认为，若是只通过音译将其译为"Bimo"就没有将隐藏在其中的文化内涵解释清楚；而若是译为 wizard 或 chief wizard 则是歪曲贬低了"毕摩"；而译为"principal priest"又不能全面解释中西方之间的差异。但是相对而言，上述六种翻译中的后两种英译不仅保留了中国文化特色，而且也易于译语读者接受。

总之，因为专业术语和专有名词而导致外宣翻译结果的不一致是致使外宣人员形象意识不足的主要原因。

（3）精品意识淡薄

一般而言，外宣翻译的译文大多是刊登在出版物上，比如刊登在报纸期刊、图书画册或者光盘折页等上面。近年来，国内发达地区开始注重外宣译品的包装和设计，主要是从形式内容、文字图片、包装设计和聘用专业人员的角度出发，将外宣翻译作品包装精美后才出版，坚决贯彻"外宣即经济"这一原则。但是在我国西南部的彝族地区，因为经济尚不发达、经费严重不足等问题而导致外宣部门在制作外宣作品时，本着能省则省的态度来聘用非专业的翻译人员，这些人因为既不懂彝族文化，也不知道世界风向的所在，所以一般做不出外宣精品。因此，我们在有关彝族文化的外宣作品中很少看到有能够系统介绍彝族宗教文化、社会生活等方面的外文图书或外文音像制品，取而代之的则是一些大型画册，并在画册中配以简单的汉英文字。

2. 人才奇缺，译品量少质低

外宣翻译不仅对一个国家的对外交往能力及对外传播能力具有重要影响，同时它还能增强国家文化软实力建设，从而更好地向世界介绍中国。但是就目前而言，中国对于外界宣传和传播中华文化已经严重不足，甚至与外界对中国的文化宣传相比已经产生了相当大的"文化赤字"，而其中最重要的原因就是高素质翻译人才的严重缺失。如果说对于彝族地区经济发展的落后可以用"硬件在交通，软件在教育"来解释概括，那么对于外宣现状的落后则可以概括为民族文化翻译人才的不足。截至目前，彝族地区尚未创立正规的翻译协会或公司，仅有的少部分懂外语的人也都全部集中在市级机关的外事办（处）或高校中，加上当地政府对于民族文化外宣工作不够重视，以及艰苦的工作环境、较差的外宣翻译氛围，所以最终导致一些优秀的外宣翻译人才先后调离彝族地区。

其实，全力把住翻译关才是获得外宣精品的关键。然而，由于彝族地区的翻译人才严重不足，因而"翻译关"无法得到保证，致使彝族外宣精品的数量极少，且质量也无法保障。再有，由于彝族当地基础设施建设落后，旅游宣传力度不够，所以外宣力度尤为不足。除彝族地区涉外人才不足之外，当地对彝族文化充分了解的翻译人员更是寥寥无几，因此涉外服务能力达不到基本要求，也就根本不能很好地宣传本民族形象以及积极地进行对外文化交流。专门的彝族外宣译品难寻踪迹，地方导游词涉及彝族文化的也是错误百出。造成彝族文化外宣译品低劣的主要原因是译者草率理解、机械表达、生搬硬套、错误拼写、中式英文等。例如有译者将彝家特色小吃"烧豆腐"翻译为"roasted bean curd"。其实，随着国际交流的不断深入，人们的心理门户也随之开放，文化异质愈加减少，融合和趋同也变得更加明显，文化翻译中的阻碍也就越来越少了。如功夫（kongfu）、豆腐（tofu）、阴阳（yin yang）、元宵（yuanxiao）等这些充满中国特色的词语，对外国人来说也耳熟能详了。正如韦努蒂（2001：240）所提倡的异化翻译那样，"保留原文的语言和文化差异，尽量译出对于译文受众有陌生感和疏离感的文本，以便能给译文读者带来别样的阅读体验"，因此，笔者认为"烧豆腐"应该采用异化的翻译方式，将其音译成为"tofu"。这样不仅能使带有中国文化风情的词语逐渐为外国人所接受，而且更能使彝族文化得以广泛传播，从而促进我国民族文化的对外交流。再如：

原文：无论是黑彝毕摩还是白彝毕摩（均是祖传制），均享有极高的社会声誉，因而有"毕摩在座，土司到来不起身"的说法。

译文：Neither the Bimo of the Black Yi people nor the Bimo of the White Yi people has a good reputation. No wonder that Bimo needn't stand up to welcome the headman of the local government (the hereditary headman of national minority). （成应翠，2008：193）

首先，上述译文中有并列连词使用错误，neither... nor...（既不……也不……），其含义是否定的，这句译文翻译过来意思是"无论是黑彝毕摩还是白彝毕摩都没有好声誉"，恰好背离了原文作者的交际意图。其次，译文把"极高"一词译为"good"，这样的翻译有失偏颇。再次，译文的主语重复累赘，"the Bimo of the Black Yi people and the Bimo of the White Yi people" 改为 "Black and White Yi's Bimos" 简洁明了，更符合英语表达习惯。最后，译文里还有漏译情况，对原文括号里的内容"均是祖传制"完全忽略了，对"社会"一词也视而不见。由此，笔者认为将此句做以下翻译更能传递作者的交际意图。

改译文：Both Black and White Yi's Bimos（both are ancestral）enjoy high reputation in the society. No wonder people say "Bimos needn't stand up to welcome the chieftain（the hereditary headman of national minority"）.

3. 形式单一，地区品牌不响

除了图书、期刊等这些经常被用作外宣翻译的途径之外，国际会议这种相对不是特别普遍的方式也对外宣传播有一定的积极作用。近几年，西南彝族地区积极参加了国际上的一些重要活动，积极宣传彝族地区的丰富资源和人文景观，也积极推荐各类招商引资项目的进驻。但是因为经济相对落后以及交通不便等因素，彝族地区的外宣传播仍然主要依赖传统的传播途径。而像在英语版《中国民族》（*China's Ethnic Groups*）等刊物中刊登的文章却很少有与彝族相关领域的文章出现。而且如今出现的外宣翻译作品基本都是用英语作为外语语种而翻译出来的，同时其选材也多表现在自然风光和资源上，对于人文文化却较少提及，所以才会出现取材狭窄、资源挖掘不够深入等严重问题。令人遗憾的是，目前除七彩云南英文网涉及彝族文化的对外宣传外，其他彝族地区都没有设立专门用于宣传彝族文化的网站或电视频道，这一现状的存在使彝族这个充满魅力的民族没有得到更多人的关注和欣赏，从而无法实现宣扬民族文化乃至中华传统文化的最终目标。

（二）微观层面的问题

1. 彝族文化外宣翻译中的误译问题

由于英汉两种语言在词汇、语法体系、句法结构等各个层面存在异同以及中西两种文化的差异，翻译时常常会出现误译。误译是一种常见的翻译现象，如同误差无处不在一样，误译也不可能完全避免。造成误译的原因是多方面的，所以准确找出其中的原因并在实践中避免出现此类错误，对于更好地宣传彝族文化具有现实指导意义。

由于两种不同的语言体系所呈现出的表达方式并不一样，导致汉语和英语之间并不能完全直译，但是为了让原文意思更加清楚明确地表达出来，翻译中要尽量采用直译与意译相结合的翻译策略，此外，还需注意文化因素对翻译效果的影响。从词汇角度上来讲，产生误译现象的原因主要有：选词不当、缺乏专业的背影知识等。而从语篇层次上来说，造成误译的原因主要是对原作的文体风格以及原作者的感情色彩把握不准。同时误译的情况还会表现为译文中口语体和书面体相互混杂、雅俗不一。以上种种都造成了误译现象纷繁复杂，所以译者理论知识充足对于了解这些现象的形成原因以及有效避免误译来说是非常必要的。

2. 彝族文化外宣误译现象

误译的种类虽然各不相同，但是就总体而言一般可以分为两种：一种是语言层面上的误译，另一种则是文化层面上的误译。以下，笔者将对彝族文化外宣英译的误译表现进行详细阐述。

（1）语言层面的误译

语言误译是指译语中存在拼写错误、选词错误和句法错误等，这些现象一般是由于没有仔细校对或是印制出现问题而产生的，也有可能是因为统稿不够规范而导致的，但是通常来说这类错误是可以避免的。例如，"楚雄彝族自治州 Chu Xiong Yi Autonomous Prefecture"，楚雄应译为 Chuxiong，地名合译。又如："呈贡县 Chenggou County"，Chenggou 一词拼写错误，正确的拼写是 "Chenggong"。再如："毕摩文化 Bi mo culture"中的毕摩应为 Bimo 等。选词和语法错误如彝族敬酒歌《喜欢不喜欢也要喝》的英译：

原文："阿老表，端酒喝，阿表妹，端酒喝。阿老表，喜欢不喜欢也要喝，阿表妹，喜欢不喜欢也要喝。喜欢呢也要喝，不喜欢也要喝，管你喜欢不喜欢也要喝。"

译文："My brothers, drink your wine, my sisters, drink your wine. My brothers, drink your wine no matter you like it or not, my sisters, drink your wine no matter you like it or not. You have to drink your wine no matter you like it or not."（张跃等，2014：99）

这段译文除了下文将提到的文化层面上的错误外，语言层面的选词和语法错误也是很明显的。首先，译者不假思索地采用了直译策略，把"阿老表，端酒喝，阿表妹，端酒喝"直译为 "My brothers, drink your wine, my sisters, drink your wine"。彝族人说的 "阿老表/阿表妹" 是泛指，是对男女同胞们的敬称，相当于现在人们所说的 "帅哥/美女"，因此，译文采用 friends 更为合适。其次，译文第一句有语法错误，英语里是不能用逗号连接两个句子的，因此应分为两句才符合英语的表达方式。再者，"drink your wine"里的"your"所指所属不当，因为酒是彝家人敬给客人的，并非客人自带的，把 your 改为 my 或 our，或者把"drink your wine"改为无人称短语"have a drink"更为恰当。再如：

原文：用乳饼蒸宣威火腿做成的"云腿乳饼"是滇味中的一道名菜，很受人们喜爱。

译文："Ham Cheese" made from Lunan cheese and Xuanwei ham, is a famous Kunming dish and liked by many people. （成应翠，2008：216）

原文是介绍彝族之乡路南的一道菜肴——云腿乳饼的一段文字。译文里有中式英语表达方式，还有译者的认知错误。首先，原文里所提及的"蒸"在译文里没有得到体现，那么译语受众对这种菜的做法如果没有概念，也就不会有想去品尝一番的冲动，因为"cheese"在英语国家已是司空见惯的食品。其次，"滇味"应该翻译为"Yunnan dish"，"滇"指"云南"而非"昆明"，这是常识问题，译者应提高认识，以免使译语受众造成误解。再者，译者将"很受人们喜爱"机械地译为"liked by many people"，这样的表达虽说从语法上看没有问题，可在英语里 like 几乎不会用于被动，"受人喜爱"通常用 popular 或 favorite 更为常见且易于接受。故笔者认为，上述译文可改译为："Steamed Ham Cheese" made from Lunan cheese and Xuanwei ham, is a famous Yunnan dish and very popular with many people."这样的译文显然更能传达原文的信息，有利于西方读者理解彝族这一美食的独特之处，从而达到彝族文化外宣的交际意图。

（2）文化层面的误译

文化层面的误译一般是指由于对中西方文化差异了解不够全面而导致汉语的翻译不符合英语的表达习惯。例如上文提到的彝族敬酒歌《喜欢不喜欢也要喝》的英译中，译者把"喜欢呢也要喝，不喜欢也要喝，管你喜欢不喜欢也要喝"直译为"You have to drink your wine no matter you like it or not."这样的译文不符合英语国家人们的文化接受习惯，让人觉得摸不着头脑，在西方，强人所难的事情是对人不恭也是不能被人接受的，因此译者应对译文的文化信息进行重组，如将此句意译为"For friendship and happiness, cheers!"，更符合受众的文化观念，以达交际目的。

除此之外，有些彝族文化的英译材料中对于与彝族特有文化相关的部分专有名词也没有做出适当更改，使得信息有误，最终致使英文表达的意思与中文原有含义不尽相同。例如，将"跳脚"译为"Tiaojiao"，此为彝族舞蹈的形式，也是彝族的一种传统习惯，翻译时应补充一些必要的信息，建议译为"Tiaojiao Dance"。同样，打跳是彝族将歌、乐、舞结合在一起的一种娱乐活动，应译为"Datiao Singing and Dancing"。

然而，有的翻译看似误译，实则不然，翻译研究者要辨清这一点。例如，在吉狄马加的诗集《吉狄马加的诗》（*Poems By Jidi Majia*）里，梅丹理（Denis Mair）把"彝族"和"彝人"翻译成"Nuosu"或"Nuosu（Yi）"，而非只用"Yi"。又如，把"彝族诗人吉狄马加"翻译成"the Nuosu（Yi）poet Jidi Majia"。这里的原因很简单，主要是因为彝族支系族群较多，比如有诺苏、聂苏、纳苏、撒尼、俚濮等多个族群，因而翻译时要特殊注明来加以区别；另外，梅丹理熟识吉狄马加，在翻译诗集之前，吉狄马加曾陪同他到川西凉山地区考察过，他深知吉狄马加笔下的彝人指的是他的故乡四川凉山地区的诺苏彝族人，而诺苏也是彝族中人口最为繁盛的支系。因此，梅丹理把"彝人"翻译为"Nuosu"是符合生态翻译学理念的，即译者在适应了翻译生态环境之后才做出的适应性选择，梅丹理的做法不仅符合翻译要忠实于原作这一标准，而且还保留了诺苏彝族的文化特色。

3. 造成彝族文化外宣误译的原因及启示

第一，因词语或句式歧义而产生的误译。歧义结构是指某个单词、短语或句子有两个及两个以上的解释方式（王莹，2010），从而致使读者理解的含义与原作者想要表达的含义不是同一个。该误译现象主要发生在词义、短语及句子等层面，具体而言主要是：词汇误译一般表现为一词多义，而句式误译则大多是因为句式结构理解的模棱两可。除此之外，还有就是因为英语表达习惯的不同而产生的不同翻译，同时，若想在各种翻译中选择出最为正确的译法，译者还需要结合上下文的具体语境而译。

第二，因缺乏对彝族文化特色词汇的全面了解而导致的误译。在遇到不熟悉的特色词汇时，译者要积极利用工具书或求助于专家。

第三，因文化差异而导致的词义对应不当的误译。因为汉语、彝语和英语分属不同语系，所以有许多英文词汇很难找到与汉语和彝语相对应的汉语词汇，这时，译者就需要对此进行灵活处理。

　　第四，因词义褒贬不当而产生的误译。同一件事物在汉、英中所代表的含义可能褒贬义不尽相同。比如，中国文化里的龙一直是一种神圣的象征，是吉祥的代表，但是在西方文化中，却把龙翻译成"dragon"，这个单词所表示的事物，在西方文化中是一种邪恶的象征，是一种不好的动物。

　　第五，因文化背景缺乏而导致的误译。翻译活动是艰难而辛苦的，因此需要译者有深厚的多语背景知识，加之足够的耐心与细心，唯有如此，译者才能翻译出更好的译品，才能为彝族文化的对外宣传贡献自己的绵薄之力。

　　总之，彝族文化外宣翻译就是把彝语（或有关彝族文化的汉语材料）所要表达的思想用外语重新表达出来的转换活动。若想获得准确的翻译且忠实于原文，不仅需要译者有一定的翻译经验和技巧，还需要译者具有扎实的理论基础和多语文化背景知识。由于汉、彝、英多语种不同导致人们思维方式及表达习惯不同，译者在翻译时会遇到很多障碍，因此必须了解此三语的不同并且熟练掌握它们各自的特点，只有这样才能更好地完成翻译工作。

三　生态翻译学研究范式引入的必要性

　　生态翻译学是在生态学视域下产生的一种翻译方向，与之前的文化转向不同，它是将翻译置于更加广阔的视角之下并让各个维度的翻译得到充分关照的一种综合性翻译的理念。所谓的"生态翻译学研究"有时可以理解为一种"喻指"，即一种将翻译生态隐喻类比作自然生态而进行的整体性研究；也可以理解为一种"实指"，即一种定位于译者与翻译生态环境之间互动适应选择的研究，其中特别强调译者在翻译生态中的生存境遇和能力发展。也就是说，生态翻译学研究强调从生态系统的整体性来看待翻译活动，站在生态学的视角与大背景下研究翻译，通过生态翻译学特有的叙事方式对某一翻译现象进行描述与解释，对其本质、过程进行阐述（胡庚申，2008：11）。清华大学的王宁教授对此也曾做过相关描述，他认为生态翻译也就是从原本内在的生态结构出发来对翻译作品进行选择，并且在翻译的过程中进行原文含义的再现。既不主观地强调翻译过程中译者的主体意识，也不一味地追求对原文的被动"忠实"（王宁，2011：11）。

　　虽然较之于其他研究范式，生态翻译学作为翻译领域的一种新的研究范式，其发展和影响相对较慢、较小，但是其全面而又高度统领的视角对翻译学的进一步纵深发展提供了新的出口。生态翻译学是作为自然学科的生态学和作为人文学科的翻译学的二者相互结合的产物，虽然这其中存在诸多问题还亟待研究，而且也有诸多译文需要做详细的解释说明，但是，生态翻译学已经站在了统领包括人在内的这个自然生态的高度上，这无疑给未来的翻译学发展提供了更为广阔的视野。胡庚申教授也曾在他的著作《翻译适应选择论》中写道："生态翻译学的目的就是要试图找到一种既具有普适的哲学理据，又符合翻译基本规律的译论范式。"（2004：9）因此，生态翻译学的翻译观即是着眼于"人"，致力于"纲"举"目"张，最终确立译者为中心的"翻译＝适应＋选择"的理论范式。而在此理论框架下的一系列翻译研究的焦点，都是从更基础的层面对翻译现象和翻译实践提出了新的认识和见解。其中特别是"三维转换"的翻译方法对于应用翻译研究具有很强的实践指导意义。

　　由于彝族文化具有非凡的独特性，有着丰富的内涵，有多种多样的表现形式，因此其文化的外宣翻译才更容易误读，一是译者对原语的误读，二是译者翻译不当引起的受众的误读。而生态翻译学的核心理念是"和谐统一""以译者为中心"，将翻译的生态环境与译者看成一个整体，认为译者要适应翻译的生态环境从而进行翻译策略的适应性选择。将生态翻译学引入彝族文化外宣翻译的研究，就是要让译者适应彝族文化的翻译生态环境——让译者自身先了解彝族文化并与其融为一体，然后再根据该文化宣传的需要完成翻译过程，它强调了源材料翻译的真实性，保证了翻译的准确性，最终使受众能更好地理解彝族文化。

第四节　生态翻译学与彝族文化外宣翻译的契合点

一　彝族文化外宣翻译生态的内部契合点

　　生态翻译学基于生态文化的大背景，将翻译融入生态领域，增强其整体性和相关性。它是从生态环境的角度进行翻译工作，这种翻译工作不仅包括翻译主体，还应考虑到翻译的生态环境，两种相互作用共同完成翻译工作。此外，该理论还认为，翻译生态应分为无机环境和翻译群落两大模块。前者着重翻译的源语文本及群落所在的社会环境与历史条件；后者则强调翻译的相关主体，包括译者（生产者）、译文读者（消费者）和翻译研究者（分解者）。翻译生态工作需要各个环节互相配合、共同作用，以便较好地完成翻译生态的任务。具体来说，翻译生态功能分为内在与外在功能两部分，内在部分是指生态因子内部相关性产生的交互作用来进行翻译工作；外部功能则主要是对语言文化、社会经济发展、人类文化交流等方面产生影响和作出贡献。

翻译生态功能通过三大因子系统的互相影响产生作用，包括译者（生产者）、译文读者（消费者）以及翻译者（分解者）。它们三者互相作用，使翻译生态中的物质流、信息流以及能量流相互转化，三者得以聚增，最终使翻译工作得以完成，"生产"目标得以实现（见图3-1）。彝族文化的翻译工作也遵循上述规律，整个翻译工作也是通过三者之间的交互作用而得以实现，并更加完善。

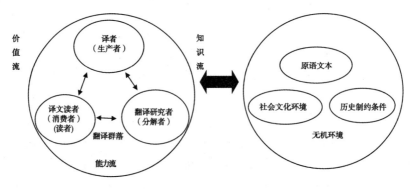

图3-1　翻译生态系统图

（一）译者

在生态学视角下，与之相关的翻译研究被定义为"译者不断适应翻译生态环境的选择活动"，其以译者为中心，着重强调译者在翻译过程中的中心位置与主导性。翻译能否顺利进行及程度好坏，都倚仗译者的水平。针对彝族文化而言，译者主要应做到两个方面：首先是要适应，即上文所提到的对彝族文化生态环境的适应；其次是要选择，即在进行外宣翻译时对各种要素的抉择。在适应彝族文化生态环境上，译者要适应的东西是多方面的。不仅包括对彝族文化的自然环境的熟悉与了解，也包含对其经济、社会环境的认识与研究。具体来说，首先，必须对彝族文化所在区域的自然地理特征进行熟悉，包括自然环境、水文气候等。此外，必须学习所在区域内该民族的历史传统与民族风俗，有条件时应深入当地进行实地考察，走进彝族聚居区深入了解当地风土人情。如此，才能较好地对当地文化背景有较为清晰的认识，进而促成翻译上的成功。

　　彝族作为我国西南地区古老的少数民族之一，有着颇为丰富、绚烂多彩的历史文化，文学上有《火把节的传说》《梅葛》《小河淌水》等民间文学著作，历史、医学、农学上的独特造诣，也构成了彝族文化的精华。在对外国读者进行彝族文化的外宣翻译时，应根据翻译文本的类型、目的、对象所属语种选取不同类型的翻译方法。例如，在介绍彝族历法、农学、医药等科学技术时，可以尽量做到"准确"，以忠于原文的信息为主要目标。因为此类书籍需代代相传，且涉及领域与人民生活、生命息息相关。在对彝族的宗教、哲学、历史进行翻译时，则应设法分别进入彝族语言和目标语言的语境，尽可能地做到与原作者进行近距离交流，在翻译时尽量找到与原著语相近的表达方式。少数民族的文化绚烂多彩，彝族文化也不例外，因此，在进行外宣翻译时，最大限度地去追寻原生态文明的艺术魅力至关重要。如《阿诗玛》的外宣翻译应再现原诗的音韵特征，以诗译诗，打造译作精品。在进行外宣翻译时，也应以通俗易懂为原则，对外推荐时也便于读者接受。

　　（二）译文读者

　　经过译者的翻译后，彝族文化的相关译文以书籍、影音制品等形式对外予以销售。读者在市场上购买译文作品后，会对其产生不同的评价，这也是检验译文作品的重要途径。美国著名翻译家尤金·A. 奈达（Eugene A. Nida）非常看重读者的反馈，在他看来，读者在阅读译文时，应该能理解原文的情境，欣赏原文所带来的独特魅力。由此可见，读者对于译文的反馈与评价是至关重要的，读者的认可与赞许可以为译者带来鼓舞，在下一次的翻译过程中充满激情，促成更多佳作的诞生。反之则会挫伤译者的积极性，影响译文的质量。

　　外宣翻译工作要面对类型多样化、年龄与文化层次都不尽相同的读者。根据读者的国别，可以分为国内、国外读者；根据读者的文化素养与市场需求可以分为专业与普通读者。在我国，彝族文化的外宣译文需求者主要是彝族文化的研究人员以及英语文学专业的研究者、教师和学生，前者阅读的目的主要是对彝族文化进行研究和传播，而后者的主要目的是学术研究以及英语教学，是为教育服务的，这样可以提升英语专业学生的语言水平和文化素养，锻炼跨语言的翻译水平。一般而言，在外国研究者中，精通汉语甚至是彝族语言的极其少见，对于研究彝族文化，他们只能通过阅读译文作品来实现。就我国普通读者而言，研读彝族文化类的译文作品能更好地了解我国丰富灿烂的少数民族文化，激发爱国之情。

（三）翻译研究者

译者的翻译作品除了需要接受来自读者的反馈，还需要面对翻译研究者的评论。与一般的读者不同，翻译研究者在某种程度上而言是与译者同一行业的研究人员，其评价更为专业、谨慎、合理。它会从专业的视角对文字翻译进行探讨，总结并对彝族文化的翻译特点发表观点并提出意见。从生态翻译学视角看，对译文的评价标准就是要看译文在语言、文化和交际等多维度多层次之间的转换程度。例如彝族诗歌《阿诗玛》，该作品有较强的艺术性，其语言与诗歌密不可分，因此，对该作品译文的评判应该主要集中于考察原诗在语言层面、文化层面、交际层面及其音韵节奏等方面是否得以转换到译文之中。针对彝族的民俗艺术、宗教文化的翻译，译者则应将主要精力放在文化维度上来，关键要看译者是否很好地将彝族文化向国外的读者进行介绍和诠释。在彝族科技文化的翻译上，译者应将重点放在交际维上，重要的是对科技理论与逻辑进行阐述，使译文忠实于原文的意思，而非计较字句是否一一对应。

综上所述，彝族文化的外宣翻译工作是集译者（生产者）、译文读者（消费者）和翻译研究者（分解者）三者的统一体，三者互相影响、互相促进，最终形成市场上出售的翻译作品。译者主要负责写好译文，读者提出反馈意见使译者得以修改译文并改进翻译方法，翻译研究者进一步提出专业性的意见，对民族文化翻译工作的进步提供了理论与实践依据。这三者构成了一个翻译生态系统，翻译生态内部各因素互相作用，不断完善相互之间的作用机制，为较好地发挥翻译生态系统的外部作用奠定良好的基础。

二　彝族文化外宣翻译生态的外部契合点

翻译生态的外部契合点指的是翻译生态环境对翻译过程和译作的产生和发展而产生的深远影响，与此同时，翻译过程和译作对其赖以生存的翻译生态环境也有很大的正反馈作用，这种外部契合点主要体现在语言、文化、经济和社会等多方面。

（一）生态翻译促进民族语言生态的保护和利用

语言生态观重点研究语言、语系、语族之间的内在联系以及语言与所在环境的互动关联性的理念。其显著特征主要表现在两个方面：其一是语种的多样化；其二是动态平衡性。二者相辅相成、互相作用，共同构建了稳定的语言生态系统。世界上的语言种类繁多且各具特色，不论何种语言，受众人群多少，都足以形成自身特有的一个语言系统，借此满足使用者沟通交流等需求。各种语言虽存在诸多差异，表达方式上大相径庭，但都是世界语言文化大家族的一部分，为人类的发展贡献着自己的力量。

今天，世界各国联系日益紧密，不同种族的人民之间相互沟通和交流的需求日渐频繁，语言系统遭到了诸多因素的影响和破坏，弱势语言存在严重的生存危机，消亡的趋势在不断延伸。因此，如何保护语言不会消失，如何较好地利用民族语言，成为亟须解决的工作难题。眼下，生态翻译正是防止语言消失、进行语言文化传播的有效手段，在维护语言生态系统平衡方面一定能起到至关重要的作用。生态翻译就是要尽可能保持语言地位转换的动态平衡。在彝族语言和文化外宣翻译中，译者应尽可能采用生态异化翻译的策略，最大限度地保留原语言的表达方式和诸多信息，通过生态翻译而使世人知道彝族语言和彝族文化的魅力，并使其逐步走向国际化，从而保护语言生态的多样性。

（二）生态翻译促进民族文化对外交流与传播

生态翻译不仅有保持语言转换动态平衡的作用，它还能促进世界各地区民族文化的沟通和交流，对构建和谐稳定和平的世界贡献一分力量。由于在过去我们过度重视英译汉的研究及引进较多外国文化的译品，从而忽略了本民族文化的对外译介，使我国的翻译生态严重不平衡。但是随着我国国力的不断提升，以及开始实施的文化"走出去"战略，彝族文化的外宣翻译状况也随之变得越来越好，对于展示世界文化生态多样性、促进世界文化生态平衡，以及对外传播中国传统文化均起到了积极的推动作用。

（三）生态翻译促进彝族地区旅游经济发展

西部地区以其独特的自然景观和人文风貌吸引众人前往，旅游业也毫无疑问地成为西部经济发展的支柱产业。所以民族文化外宣翻译就可以更好地推动民族地区旅游业发展。20 世纪 90 年代以来，西部各省大力推动旅游业的可持续发展，纷纷打造以民族民俗文化、历史文明和生态家园为特点的旅游品牌，诸如"七彩云南—旅游天堂""熊猫故乡—美丽四川"等。民族文化旅游资源取之不尽、用之不竭。而这些民族文化更需要通过生态翻译来对外推广宣传，从而让更多的国内外旅游爱好者熟知这些资源，并有兴趣来此领略当地的风土人情文化，最终实现推动当地经济发展的目标。

本章小结

在上一章文献评述的基础上，本章首先对彝族的起源、文化内涵、研究意义和现状作了简要介绍；然后详尽论述了彝族文化与外宣翻译的关系，并对彝族文化外宣翻译研究成果进行了综述，提出彝族文化外宣翻译研究未来的方向与思路；接着笔者分析了因彝族文化的独特性容易引起的误读误译，当前研究中存在的问题，以及生态翻译学研究范式引入彝族文化外宣翻译的必要性；最后，笔者论述了生态翻译学与彝族文化外宣翻译的内、外部契合点。以上论述目的在于为下一章进一步论述彝族文化外宣翻译的过程、原则及策略等各项分析做好充分的准备。

第四章 生态翻译学视域下彝族文化外宣翻译的过程、原则及策略分析

第一节 彝族文化外宣翻译的过程

一 翻译适应选择论概述

(一) 国内外的翻译适应选择论概述

自古时期，我国便有了翻译应按照"适应"这一原则来进行的说法，古书为证：公元 383 年，我国翻译理论的鼻祖——释道安（314—385)，就曾在《摩诃钵罗诺泼罗密经钞序》中写道：然《般若经》，三达之心，复面所演，圣必因时，时俗有易；而删雅古，以适今时，不易也①（陈福康，2000：18；马祖毅，2001：37)。此例便足以表明，"适应选择"理论在我国古代便早已有之。而东晋的高僧慧远（334—416）也曾有过相似的言论。他在为鸠摩罗什（344—413）的《大智论抄》巨著作序时，亦曾经说道："以文应质则疑者众，以质应文则悦者寡。"（张振玉，1993：4）此处的"应"即为"适应"之意。此为我国古代文献中有关翻译"适应选择"理论的佐证。到了近代，马建忠也有"译成之文适如其所译而止"之说（马建忠，1894、1984：2)。

在近代的翻译研究中，大多数研究学者都认为翻译从本质上来说是一种有关选择的艺术。因为不论是艺术翻译语言还是非艺术翻译语言，都需要在翻译中进行选择，只有那些善于在翻译中进行选择的人，才有可能具备日臻精于翻译艺术的能力（刘宓庆，1995：274、370)。而所谓的"选

---

① "圣必因时，时俗有易；而删雅古，以适今时"，意思是："圣人"一定要按照当时的习俗来说法，而如今时代交替变更，所以要适当删改古时的说法以适应今日的习俗。

择"，即是通过运用一定的修辞手段将某一概念或观念准确详细地表达出来；同时，译者必须善于选择，以求得译语的趋同（张泽乾，1994：268）。方平（1992：16）在翻译莎剧《麦克贝斯》（*Macbeth*）时，也有大体相同的体会：译者在翻译中会陷入一连串相互关联、相互纠结的矛盾中，因为他们每时每刻都面临在直译（忠实性、形似、可读性）和意译（艺术性、神似、学术性）之间作出艰难的选择。同样，用方梦之（1999：99）的表述来讲就是："翻译的整个过程其实就是一个连续不断地选择的过程。"当选定原作后，译者需先对翻译的类型进行选择，即缩译、全译、摘译或者是以译为主的综述。一旦翻译开始进行，译者必须对整篇文章的布局与格调，句子之间、段落之间的连贯与衔接以及注释的应用及其方式（脚注、夹注还是文末注）等进行精心的选择。翻译其实就是一个在"不足"与"过"之间的平衡，外宣翻译人员必须根据自己的经验和学识，在翻译过程中对取舍作出一个适当的选择（金圣华，2002：15）。对于译者来说，首要任务就是对翻译生态环境的适应性选择，从而实现译文和原文在一定程度的相互对应，也就能够实现最佳关联度（李运兴，2001：32）。在翻译的过程中，译者都要面临各种各样的选择，只有通过译者的选择和适应，才能够在原作和译语读者之间找到一个"融合点"（孙致礼，1999：36）。简而言之，翻译就是一种选择，一种贯穿于翻译全过程的选择问题。

刘宓庆（1990：182；1995：344）提出了"最佳适应值"，以此作为检验和探求外宣翻译适应效果及其程序的可论证依据，目的是能在外宣翻译活动中取得最大的适应。同时他还指出，译文文体必须与原文文体相适应。比如，论辩类文体的译文就要采用与原文相适应的正式文体。乔曾锐（2000：24）曾给翻译下定义：翻译就是利用译语中与之相对应的表达方式再现原文语言文字的意思。其基本内容是，在正确理解原文的基础之上，用译文语言表现出原作的风格、语言形式以及功用。方梦之（1999：129）也曾有过类似表述："为了满足不同层次读者的需要，同一篇原作也会有不同形式的译文。比如《圣经》，对于不同的读者对象就有不同的译本，这样阳春白雪与下里巴人——文人雅士与凡夫俗子——可以同享《圣经》精神。"

奈达在《翻译新视角》（*A Fresh Look at Translation*）指出，"在外宣翻译中，外宣翻译人员必须作出多次的处理和选择，从而才能够适应译作的语言和文化，也要适应不同的出版商和编辑，最重要的是要适应译作读者群"（Nida，2000：7）。施莱尔玛赫（F. Schleiermacher）在译文适应读者还是读者适应译文的问题上，提出了这样的看法，"译者尽量不惊动译作读者，从而让原文的作者去适应读者群；抑或译者尽量不惊动作者，让译作读者适应作者"（Schleiermacher，1992：42；Hatim，2001：46）。罗森娜·沃伦（Rosanna Warren）在《翻译的艺术：译苑之声》（*The Art of Translation：Voice from the Field*）中也曾指出，翻译其实就是一种生存和认知模式，如同动物或者植物的移植一样，当文学作品从一种语言移植到另一种语言时，这种移植过程就像是一个人（民族、种族、国家）的适应和成长过程那样，只有不断适应新的移植环境并做出适当改变才能得到生存和发展（Warren，1989：6）。

列维（Levy）提出，在翻译过程中，译者必须在众多的选择中做出一个最佳选择。彼得·纽马克（Peter：Newmark）认为"译者在进行翻译时，应该考虑的是决定和选择，而不是原语和译语文章的运作原理"（Newmark，1982：19）。谭载喜（1991：246）认为，在外宣翻译过程中，选择是始终存在于整个翻译过程的，并且选择之间是相互关联的，最先做出的选择会对下一个选择有一定的影响。"选择其实是一个开放、永无止境的过程，因为在译者的心中都存在着一个完美的翻译，因此译者总是在不断努力从追求最完美的译作。"（Rabassa，1989：12；Biguenet & Schulte，1998：viii-ix）"翻译其实就是一个永远完成不了的选择过程（never a finished process）。"（Biguenet & Schulte，1998：viiI）1996年，沃尔夫拉姆·威尔斯（Wolfram Wilss）在《翻译者行为中的知识与技能》（*Knowledge and Skills in Translator Behavior*）一书中，对翻译进行了研究，其重点主要是翻译的过程，他特别指出翻译过程其实就是一个不断选择和决定的过程（Wilss，1996：174—191）。

（二）维索尔伦的适应和顺应论概述

维索尔伦在论著《语用学：一种语言适应性理论》（*Pragmatics as a Theory of Linguistic Adaptation*，1987）中首先提出了语言适应理论（The Theory of Linguistic Adaptation）。该理论从一种全新的视角出发对语言的使用进行了深入探究。他认为，所谓语言适应性有时指语言对环境的适应性，有时指环境对语言的适应性，或者双向适应同时兼而有之。语言交际的过程其实就是指不断选择适应的过程，而准确的、恰当的交流既是适应的过程，也是其结果。维索尔伦于1999年在著作《理解语用学》（*Understanding Pragmatics*）中进一步提出了新的观念，认为语言除了适应性之外，还具有选择性，并且详细阐述了语言适应性和选择性之间的相互关系。

维索尔伦指出，语言的使用过程其实就是一个对语言不断进行选择的过程，这种选择也许是无意识，抑或是有意识的。不管是由语言内部还是由外部方向的原因引发的选择，这种选择都具有下列一些特点：（1）在语言的使用过程中，选择都是永无止境的，不管是语音、词汇、句式还是语调等方面都要进行选择，也就是选择是存在于语言结构中每一个层次；（2）译者所做的选择类型主要有两种，一种是语言形式的选择；另一种则是语言策略的选择；（3）译者所作的每一个选择的意识程度是不同的；（4）选择的过程主要发生在对译作理解和译语产生两个方面；（5）译者无权决定是进行选择还是不选择，因为只要译者进入翻译过程，就必须选择最合适于原作的内容；（6）不同的译者选择的翻译策略和翻译技巧也不尽相同，具体的选择手段和策略因译语所处的社会和文化等因素而异；（7）译者在翻译策略和技巧上所作出的不同选择也会影响到与其相关的其他语言或非语言因素的改变（Verschueren，2000：55—58）。语言具备三个特点，即协商性（negotiability）、可变性（variability）以及适应性（adaptability），正因为译者在翻译的过程中考虑了这三个特点，所以才能够作出正确合适的选择。其中，协商性是指选择不是按照某一固定的格式重复机械地进行功能对等而作出的，而是基于灵活的原则和灵活的策略而实现的；可变性是指语言不是固定、一成不变的，它是具有选择性的；适应性是指外宣翻译人员必须进行灵活变通，在可以选择的项目里进行适当的选择，以满足交流的需要（Verschueren，2000：55—8）。语言所具备的上述三个特点每一个都是特别重要、缺一不可的，是语言使用过程的最基本组成部分。在这三要素中，协商性和可变性是一种手段，提供了方式；适应性则是结果和最终目的，在运用适当的方式后所作出的可以接受的、合适的翻译选择。

维索尔伦基于语言使用的观点，提出了"适应理论"，从四个角度对语用学理论进行了研究，主要包括：（1）语言文本间适应性（contextual correlates of adaptability），是指语言文本选择一定要相互适应；（2）结构性客体适应性（structural objects of adaptability），是指语言的各个组成部分要相互适应；（3）动态适应性（dynamics of adaptability），是指译者语言结构层次要有动态变化，以适应语言环境的变化；（4）适应过程意识突显（salience of adaptation processes），是指译者整个适应过程的认知意识要显著突出（Verschueren，2000：59—61）。以上四个方面相互联系、动态依存，是一个完整的有机整体，构成了语用学研究的基石架构。其中，结构客体适应性、语言文本间适应性是两个研究的重点，由于语言使用的过程就是一个不断适应选择的过程，并且这个过程是不断变化的，也就是一个动态的过程。因此也就是从语境和语言结构这两方面进行不断选择和适应。总之，语用学是从社会、文化、认知三个综合角度将语言现象与使用进行了全方位的研究。

（三）胡庚申的翻译适应选择论概述

胡庚申教授从生态环境入手，以"适者生存"的全新理论视角丰富了"翻译适应选择论"，论证了"进化论"对于人文科学的翻译同样具有可行性。该理论主要架构于以下三大理论原则——"适应选择""译者中心"和"三维转换"。具体而言：（1）适应选择。该原则认为，译者在进行翻译过程中，既要有适应又要有选择，在适应中有选择，即适应性选择，在选择中有适应，即选择性适应。这种互动适应和选择具体可以从两个方面加以理解，一方面是译者对翻译生态系统的适应；另一方面是翻译生态系统对译文的选择。其中"翻译生态系统"指的是由原文、原语和译语三个要素共同呈现出来的翻译生态环境，包括宏观层面的语言、文化、交际、社会以及微观层面的作者、读者、出版社等互相联系的有机整体（张丽丽，2014）。（2）译者中心。译者在翻译过程中的角色定位一直是翻译界中的重要研究话题，从之前的"原文中心"到后来的"译文中心"，这二者其实都是一种片面的、不完整的翻译理念，直到胡教授的生态翻译理论的提出才给翻译界注入了新的能量。因为翻译适应选择理论认为，译者是翻译过程中的指导主体，是翻译过程中一切"矛盾"的中心及归结者，只有通过发挥译者的主体意识及主导作用才能将翻译活动完美地展现出来。"译者中心"理念的提出是对译者的地位和主导作用给予的重要肯定。（3）三维转换。该原则认为在前述"多维度适应及适应性选择"原则下，主要集中于语言维、文化维和交际维三个维度的适应性选择转换（张善富等，2015）。其中，"语言维的适应性选择转换"是指译者在翻译过程中针对语言因素（具体包括语言结构、词语定位、语素修养等）的选择与适应；"文化维的适应性选择转换"主要是要求译者在翻译时要注重原语与译语所承载的两种不同文化之间的内涵转换与传递，要注意二者在性质和内容上的差别，避免因文化差异而造成的"文化误读"等现象;"交际维的适应性选择转换"则是要求译者在翻译过程中,除了要把握好语言所包含的信息和文化内涵的转化和传递,更要重点关注交际层面的影响力,即要关注原文中的交际意图是否得以完美体现在译文中。胡教授把这一理论总结成具有操作性的翻译程式:翻译过程=译者的适应(对原文、原语和译语所呈现的"世界"即翻译生态环境的"适应")+译者的选择(对翻译生态环境适应程度的"选择"+对译本最终成文的"选择")。具体如图4-1所示。

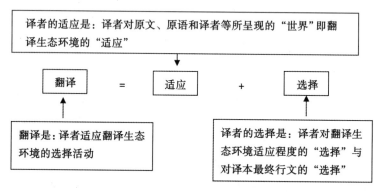

图4-1 翻译适应与选择理论(胡庚申,2004a:180—181)

二 翻译适应选择论与外宣翻译

由斯珀伯和威尔逊提出的在关联理论中,对于文化缺省这一方面还存在着描述不充分的缺陷。最终也被翻译适应选择论克服了。关联理论认为翻译是一种有关语言交际的活动,将语言交际视为一种明示—推理的过程,正是因为这种"关联"使它无法解决最佳关联赖以生存的文化缺省问题。然而,翻译适应选择论却通过语境因素以及成分与译者的关联假设之间的契合点把该假设的抽象性具体化了。适应选择论在强调认知的同时,也认为社会、物理以及文化等因素的变化在一定程度上会影响译语的选择。而且语言结构的各个层次也对话语方式的选择进行了细致的描写说明,这也是适应选择的结果。此外,翻译适应选择论站在认知关联这一高度上对顺应机制进行了相应的解释,其基础是生物进化论和人类的认知心理,因此这一理论的解释力强于维索尔伦顺应理论中所谓的"意识"。而胡教授的"翻译适应选择论"则选择了"人与环境的一体化"这一适宜角度,对翻译与文化语境进行了统一。

《翻译适应选择论》这部著作用文化趋向取代了进化论的自然指向。将人的创造性和文化一体化的特征显现无疑。这意味着，文化若想获得成就，必须要进行翻译且发挥其创造性作用，这样才能跨过障碍，让人类处于同一个境界、同一个世界。这样我们才能在看到人类文化不断进步的基础上体会到文化演变的巨大意义与价值，才能认同这一创造性的伟大精神与财富。通过"选择与适应"这一理论，我们可以在不必破坏文化的整体性前提下将眼光放在促进文化发展上，因此，各种文化形态都可能创造出一个独一无二的整体来造福人类的存在。人们之所以要进行翻译的一个主要原因其实就是要保护并发扬传统文化，不让文化走向对立为敌的态势（蔡新乐，2006：58—59）。生态翻译学视域下的翻译不仅仅是将文本内容进行简单的语言转换，它其实更是一种以"译者为中心"不断进行"选择性适应"和"适应性选择"的翻译理念，它强调的是一种"译有所为"的翻译原则。

"译有所为"一直是外宣翻译追求的原则，一方面翻译目的要有针对性，对不同国家地区、不同层面的受众不能同样对待；另一方面是时效性，在不同的时间向世界展示中国文化精髓，使全世界可以更了解中国，让世界和中国共同分享文化的魅力，让中国的形象更加高大完善，赢得国际社会的理解与支持。因此，胡庚申教授的翻译适应选择论解释并指导整个外宣翻译过程。学者刘雅峰（2010：104）在胡教授提出的"翻译适应与选择理论"的框架下，将外宣翻译视为一个以译者为中心不断适应外宣翻译生态环境的选择过程，仿拟了图4-2。

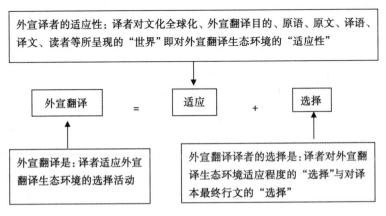

图4-2 外宣翻译的适应与选择（刘雅峰，2010：104）

三　译者的适应过程

（一）语言层面的适应

对于所有的翻译活动而言，语言是共同的基础。法国著名的翻译学家穆南（Mounin）指出，当语言之间存在差异时，翻译障碍还包括文化差异以及世界印象所造成的障碍。所以说译者的适应首先便是对语言层面上的适应。在翻译过程中，对语言的适应就是一个对语言意义进行适应的过程，适应也是一个就语言意义而择言的交际过程（刘焕辉，2002：52—53）。这里所谓的语言意义就是指人们从语言交际活动中所涉及的内容而得到关于某个具体的事情。例如，我们说"他在吃饭"，那么他在吃饭这个"事实"即为语言的意义。这个世界上每一种语言都有各自的语言意义，因此，要判定一个图像符号或者一个声音符号是不是语言符号，基本标志之一就是看它是否具有语言意义。具体而言，语言意义包括字面语义（language righteousness inside the speech）、语篇意义（language meaning）、单词意义（single phrase meaning）、句子意义（sentence meaning）、词素意义（plain meaning in phrase）、逻辑语义（logic language righteousness）、原材料分析意义（material analysis meaning）、概念内容（concept contents）、结构意义（construction meaning）、概念意义（concept meaning）和言外意义（meaning outside the speech）等，语言的意义与我们的日常生活关系密切，并且其研究内容也十分复杂（蔡新乐，2000：43）。本书仅探讨彝族文化外宣译者如何适应文本的形式意义、言外意义、文化社会意义和联想意义等。

1. 文本的形式意义

对语言形式有过较为详细界定的刘宓庆（1990）曾有过如下表述："'形式'从语言功能来看是个层级概念，具体分为四层，第一层即所谓的最表层'形式'，是一个浅显的表面化概念；第二层中的'形式'通常是指语序、句式以及词语，也就是'字比句次'；第三层的'形式'则是指译文或者原文的表现方法，即修辞等；第四层的'形式'则是常说的'字面意义'（face value），即字面意义的翻译，也就是常说的'拘泥于形式'。"（转引自刘祥清，2004：113）而著名功能对等理论的创始人尤金·奈达在巨著《从一种语言到另一种语言》（*From One Language to Another Language*，1986）一书中也对语言形式做过相关阐述，他认为包括言语形式在内的一切和译文有关的因素都有意义。在翻译中，若只考虑意义准确，不注重形式，那译文往往也会丢失原作品的感觉。另外，刘宓庆的《再论中国翻译理论基本模式问题》一文也表述了他对于形式意义的个人见解——"形式意义是指语言或文字表现形式所承载的意义，要么表现为语音特征，要么表现为文字形式特征。"具体而言，狭义上的形式意义指词语、语法、句型、句法，广义上的形式意义还包括各种修辞手法在内的各种影响因素对译文表达效果所产生的形式上的影响（刘祥清，2004：113）。每种语言都有其各自独特规则的系统（a patterned system），正是这种特有的规则和结构，才使各种语言得以区分开来。奈达曾说过，语言因形式不同而不同，若想将原作品的内容完整地翻译出来，就必须视语言的不同形式而改变翻译形式（周小珊，2002：71）。然而在实际翻译过程中，做到形式对等或对应（form equivalence or corresponding）的语际转换常常是很困难的，因而最终只能达到"形似"的标准。所以，在对彝族文化进行外宣翻译时，要想实现恰当的语言形式转换就必须时刻留意译语语言形式的特征。其实，"语言干扰本质上是译者对原文的语言结构理解形式对翻译产生了影响，从而不能用自然流畅的译文来把原文意思完整表达出来"（许钧等，1998：41）。换言之，作为承载语言信息的载体，形式需要得到最大限度的保存。在外宣翻译过程中，译者需要在适应原文的语言形式的同时，注重对译语的语言形式的适应。这里所说的译者适应语言形式并不等同于和原文的外部形式一模一样，而是要尽可能地用译语中存在的与原语所表达的意义相同或相近的形式结构来转换原语中相应的形式结构（即前面讨论的"适应性选择"），从而实现原文译文之间"真正的形式对等"（申丹，1997：39）。

2. 文本的言外意义

早在 20 世纪 50 年代，哲学家约翰·奥斯丁（John Austin）就已经提出了被后人称为的"言语行为理论"，该理论认为语言交际中的基本单位是言语行为，而不是人们通常所认为的句子或单词。奥斯丁认为可将言语行为分成三大类：言内行为（locutionary act）、言外意义（illocutionary）和言后行为（perlocutionary act）。言内行为即人们在进行语言交际时所要表达的字面意思，言外意义就是我们常说的言外之意，言后行为则是人们听到话语之后所产生的效果。理解话语中的言外之力（illocutionary force）是交际的关键。因此，在翻译时译者需要挖掘话语中的言外之意，从而真正实现译文与原文的言外意义强对等（illocutionary force equivalence），最终目的是实现因文化差异而引发的理解歧义的完美消除，实现译文读者与原文读者对两种语言表达的意义产生同样或类似的感受（William G. Lycan，1999：174—184）。

总之，翻译对象包括言语活动中的言内（显文本）和言外（隐文本）两个重要影响因素。因此，外宣译者翻译时必先领会语言的言外之意，无论是原语还是外语，都要做到"双向"适应其言外之意，进而才能翻译出最佳作品，实现外宣翻译的目的。

3. 文本的文化社会意义

中西方的地域及历史发展进程不同，文化底蕴也不尽相同，这种情况下形成了人们的认知也各有偏离。如果人们对同一种语言产生了不同的理解，翻译也就达不到等值的效果。韩礼德（Halliday，1978：1）就从社会文化角度出发将语言视为是一种社会生活产物的行为。由此可见，只有不脱离语言所属的社会文化才能实现对语言性质和意义的完美诠释。

当今全球化趋势下的文化交流绝不是本土文化同化译语文化，理想的结果应该是"求同存异"、努力实现译语文化与本土文化的和平共存。因而在外宣翻译中，因译者与原文所处文化背景一致所以要求译者必须先去适应译语的文化背景，然后才能更好地将原文含义准确清晰地用译语表达出来。对此，吉迪恩·图里（Gidion Toury）也做过类似研究，他认为翻译活动中应该将译语文化和社会需要作为翻译的前提，译文最好能以译语文化所能广泛普遍接受的形式来转换原文相应含义（苗菊，2001：30）。

总之，当原文语境不存在于译语文化中时，这时所谓的适应就是译者要创造出一种新形式的语境，尽可能为具有不同文化背景的读者创造出与原文具有同样交际效果的语境。而由于汉英语言在文化等方面存在的巨大差异导致同一翻译也会有不同的交际效果。所以，这就要求译者在进行外宣翻译时既要准确无误地传承原文的内容、意图和风格，又要能够满足在不同历史时期、不同社会文化背景下的特定译文读者的各种要求（关孜慧，2003：46）。

4. 文本的联想意义

20世纪70年代中叶，英国著名语言学家杰弗里·利奇（Geoffery Leech）在其专著《语义学》（Semantics）一书中围绕着语义和人类交际之间的关系全面深入地研究了词义。在社会文化背景下研究词义的意义在于不仅可以突出其重要的交际功能，而且可以显示出词义适应于语言交际的效果。因此，利奇又从最广泛的意义上把词语的意义划分为七种不同的类型：内涵意义（Connotative Meaning）、理性意义（Conceptual Meaning）、情感意义（Affective Meaning）、社会意义（Social Meaning）、搭配意义（Collocative Meaning）、反映意义（Reflective Meaning）和主题意义（Thematic Meaning），并对上述类型进行了详细阐述，具体说明了每种类型是如何适应于语言交际总体效果中的某一特定效果的。

其中，因为理性意义、社会意义、反映意义、内涵意义、搭配意义和情感意义这 6 种类型具有共同的特征，所以将它们用联想意义加以概括，并通过层次或系统来进行相关的分析，因而得出它们的内容具有非限定性和可变性，属于非理性意义的结论（Leech，1981：9—33）。

根据美国逻辑学家莫瑞斯（Morris）的符号学理论，可以进一步总结出"联想意义是指通过语言符号来唤起人们的联想，以及符号所暗示的，或者作为其中一部分的概念和印象"（柯平，1991：29）。但是，联想意义在不同语言中指称意义相同的词语时所代表的意义也不尽相同，有的甚至截然相反。从广义上来讲，联想意义显示了特定语言使用者所处环境的广泛社会文化特征，有时也被语言学家们称为社会文化意义（Social-cultural Meaning）（顾嘉祖等，1990：131）。

（二）语言之外其他因素的适应性

翻译研究的文化取向和语言取向的变化给翻译研究带来了重大的影响，因此学者们可以基于文化语境的领域对翻译进行一定的研究。翻译研究所关注的不仅包括文本的转换，还包括文化、意识形态、哲学、历史以及宗教对翻译的影响。许钧（2002：62—63）对翻译活动有一个全面的认识，即翻译其实是一个跨文化的交流，不仅仅是涉及文本的转换，在很大程度上还涉及审美情趣、社会历史文化、政治等多种内部因素和文化传递与交流等外部活动。简而言之，对译者的翻译有着最大影响的非语言因素是翻译目的、读者需求、译语文化占统治地位的意识形态、认知语境这几个因素。

1. 译语读者的需求

按照美学理论的理解，文本其实是一个开放的、多角度多层次的立体图式结构，因而文本的意义可以因为不同的人、不同的时间以及不同的地点做出不同的诠释（文军等，2003：17）。在外宣翻译过程中，原作具有个体、静态的性质，但是对于译作来说，它具有多层次、可变以及能动性这几个特点，所以说译者在翻译过程中不仅要理解翻译的意图，还要知道翻译受众的需求。将接受美学理论应用于翻译理论中会使翻译的视野更加广阔，同时也会让译者明白，要想实现对外宣资料的完美翻译，就必须采取各种翻译手段和策略来不断满足读者的需要，因为翻译是为读者而生的。沈苏儒（2004：191）认为，国外受众不满意于译作，是因为他们看到的不是他们所能了解的语言所翻译出来的作品。

作为生态翻译学视域下的外宣翻译工作者，在适应翻译生态环境的同时，也要适应读者的需求。翻译的价值是通过读者对译作的反馈来实现的，所以翻译之前就要首先考虑此次翻译是为哪些读者群服务的。读者的需求不同，所产生的期望也不同。在这样的情况下，只有不同的译作才能够满足不同的期望。在翻译策略和技巧上所作出的不同选择是为了满足不同的特定读者群体。对于伟大的翻译家来说，对于读者的分类是十分重要的，因为不同的读者所需要的译作是不同的，它们受读者的个人爱好以及知识水平等因素的影响。这里可以借鉴萨瓦里的分类，可以将读者分为四个层次：（1）对原文语言完全不懂、一窍不通的读者；（2）现在正在学习原文语言的读者，他们初步了解原文；（3）忘记了原文语言的读者；（4）对原文语言非常精通的读者。此外，外宣翻译的读者受众可以分为间接受众和直接受众，直接受众是指直接通过传播渠道接受我国信息的受众；间接受众则是经过直接受众接收信息的受众，这些受众在很大的程度上受职业状况、社会地位以及文化水平的影响（沈苏儒，2004：50）。因此，为了满足不同读者的需要，译者需要采取不同的策略和技巧来进行外宣翻译。

总之，译者在翻译时必须注意考虑不同的译作读者群体，以实现自己的译作满足读者的需求、实现交流的目标，翻译的最终目标是读者能够接受译作。然而，译者必须意识到，对于译语读者来说，有着来自不同阶层的读者，所以不能要求译作被所有译语读者所肯定。因此，随着社会的进步和发展，文化也随之深入变化，外宣翻译人员在坚持最基本的翻译原则的基础之上，应该采取灵活、稳妥、得当的方法。同时，译者只有充分理解并意识到满足读者需求的重要性，才能够通过外宣翻译这座桥梁推动跨文化的交际和交流，实现中国文化（尤其是少数民族文化）的有效国际传播。

2. 认知语境

一般而言，语境指翻译者所处的环境、社会文化、心理、交际对象等因素，语境是一个产生所有构成文化符号系统的集合体（杨蒙，2006）。随着交际过程的变化，语境也会随之改变。在言语交际中，交际者发挥能动作用，顺应语境来选择恰当的语言，同时根据自身意图建构语境。冯广艺（1999）的《语境适应论》将陈望道的"语境理论"进行了更进一步的推进，他主要从语言表达方面用宏微观的方式对语境进行分析，同时提出应加强语言因素和非语言因素相结合的适应性选择，对语境适应性和变化规律以及其与语言运用之间的互动规律进行了阐述探讨。与此同时，胡壮麟认为语境可分为三个不同的层次：（1）语言语境（linguistic context），是指整篇文章的结果和逻辑；（2）情景语境（situational context），是指整篇文章中微观层面涉及的事物、情景以及参与者；（3）文化语境（cultural context），是指整篇文章涉及的宏观社会及文化背景（胡壮麟，1995：112；赵毅衡，1990：71—75）。

在翻译中，理解和表达都受语境的制约，不同语境中同一个语言单位都可能会有不同的意义。所以说"认知语境"对于人们交际的理解和接受具有重要的影响作用。所谓认知语境是指对语言使用的有关知识，是一种概念化或者图式化的知识结构状态。主要包括以下几个范畴：（1）具体场合；（2）工作记忆，即语言涉及的上下文知识；（3）知识结构，即背景知识。除此之外还包含了社会文化团体"办事、思维或信仰的方法"，也就是社会团体所共有的集体意识，它以"社会表征"的方式存在于个人的知识结构中，并使得个人语言行为在社会文化政治大环境中显得不那么突兀（熊学亮，2004：115—116）。

翻译是一个复杂的认知过程和交际过程，它发生在共处于一定认知环境中的原文作者、译者和译文读者三者之间。其中，译者是核心，并连接着原文作者与译文读者的认知语境。译者必须考虑到原文作者与译文读者的认知环境能够共享的程度是多大，这样才能实现原作的交际意图。用生态翻译学的理念来解释即是，译者相对于原文作者而言是语言的接受者，而翻译过程中涉及的"准确理解"译者必须在其"认知语境"中进行原文的推理，从而也就能够明白作者的交际意图；对于译文读者而言，译者其实是一个语言发出者，译者在对原文进行再次重现时，译者需要运用译语语言，准确地推理作者的交际意图，从而能够最大限度地创造认知环境和提供相关的信息。因此，对于外宣翻译来说，认知已经对翻译的表达有一定的影响（熊丽君等，2006：115）。

　　总之，生态翻译学的适应选择模式实质上就是一个适应选择的过程，在这个过程中，交际被建立于认知环境之上，并且不断明示并进行推理、不断作出适应与选择。所以说在翻译过程中，译者不但要去推敲原作的认知语境，以寻找最相关的社会文化信息，弄清原作的真实交际意图，同时还要结合译语受众的认知语境，做出最具语境效应的策略选择，把握好原语与译语的社会文化取向，选择最佳的译语。

　　3. 译语文化占统治地位的意识形态

　　《辞海》（1999：4499）指出，意识形态是一种能够自觉、系统地反映社会经济以及政治的思想体系，是上层建筑的一部分，表现于法律政治、哲学道德、艺术宗教等形式之中。意识形态本质上是社会存在的反映，与此同时随着社会存在的变化而变化，因此也被称为"观念形态"。《现代汉语词典》（2006：1618）则认为，"经济基础决定着上层建筑，意识形态产生于相应的经济基础，是人们对世界的看法，表现在法律政治、哲学道德、艺术宗教等形式中。与此同时，在某种社会形态中存在着阶级性，因此也可以被称为观念形态"。纽马克（Newmark，1997：56—61）指出，"意识形态是一个阶级、一个政党或者是知识分子对于世界和社会的看法，它是一种在国家里面流行的观念。与此同时，某一个人对社会和文化所具有的一整套的观念也是一种意识形态"。

　　上述三个定义虽然表述各有不同，但都有同样的本质，即都强调了意识形态在某种程度上对人们对世界和社会的认识有一定的影响，也可以说具有一定的行为导向作用。勒弗维尔（Lefevere）的《翻译、改写和对文学声誉的掌控》（*Translation, Rewriting and Manipulation of Literary Fame*）提出，在一定的社会文化环境里，始终会有一系列互相关联、互为参照的因素影响和制约着对文学意义和价值的解读和接受。总而言之，翻译不仅仅是进行语言层次上的转换，同时在一定的程度上会受到诗学以及意识形态的影响。在翻译活动中的意识形态主要是指关于世界的运转问题，人或者集团，抑或是文化这一系列所连接在一起的期望和设想，也就是一种价值体系（李执桃，2006：147）。翻译受意识形态的影响，这一现象表明翻译是在某种特定的社会意识形态下所进行的操作。因为不论是对翻译文本的选择还是对翻译方法与技巧的选择，以及对最终翻译结果的选择都要受意识形态的操控。

　　译者超越意识形态，最终实现自己的创造性、意图性就是所谓的

"译者主体性"（Lefevere，2004：48）。所以，在外宣翻译中，译者的意识形态要适度地为译语文化所适应，这样才能翻译出被译语受众所接受的作品。文化翻译理论认为，当译者的意识与读者的主流社会意识形态和原文所描述的某些事实有区别时，译者往往会舍"信"求顺，以便让读者接受自己的译品。译语受众在看原作时不仅会遇到语言方面的障碍，也会遇到意识形态方面的障碍，他们或多或少认为自己处于世界文化的顶端，对于异质事物的接受会有所抵触，若想让他们接受中国文化，外宣译者必须用他们所熟知的语言及思维方式进行表述，才可以向世界传播中国文化。

4. 外宣翻译目的

早在 1978 年，弗米尔（Vemeer）在《普通翻译理论框架》一书中首次提出目的论（skopos theory）（Munday，2001：78—79），该理论的基础是跨文化交际行为理论，该理论认为，所有翻译行为都是具有目的性的，它其实就是一种实现跨文化、跨语言的信息交流的有目的的行为。翻译就是一种以其意图和目的来指导行为的活动，不同目的的译者会采取不同的翻译策略，能够实现不同的翻译效果。

目的理论认为翻译所要遵循的首要法则就是"目的法则"（skopos rule）——翻译行动的预期目标由目的决定。这里的"目的"是指取决于翻译行动的发起者（intiator）的译文的交际目的。在一种理想状态下，外宣翻译人员一般都会知道发起者的翻译要求，不同的读者需求就会要求存在不同的译作，译者必须对译文的功能、译文所使用的环境以及读者的情况都有一定的了解。除此之外，目的论还有两个法则：连贯法则（coherence rule）即译文语内连贯可以让受众理解和忠实法则（fidelity rule）即译文与原文的语际连贯。二者从属于目的法则，同时忠实法则从属于连贯法则（Nord，2001：31—33）。弗米尔提出，只有译者对其翻译的目的以及译文的功能有了足够的了解后，译者才能翻译出好的译作。

作为一种目的性行为，翻译实践由翻译目的决定，换句话说，翻译目的是理论联实际的钥匙。通常来说，翻译的既定目的是每一种翻译行为都具有的，且要通过翻译行为来实现。但是，目的也可能是为了达成目标而出现的一种临时性需求，因此在翻译中有可能会出现多种相互关联、但属于不同阶段的临时性目的（范祥涛，2003：45）。由此可见，翻译的目的是多层次、分阶段、临时性的。外宣翻译的主要目的就是传播民族文化，打造良好的国家形象，同时服务于读者，余下的目的都是为主要目的而服务的阶段性目的。

　　总之，翻译的最终目的是实现文化之间的交流，开展各民族之间更加频繁、更大规模的交际活动，这在一定的程度上给外宣翻译带来了更大的挑战，提出了更加高层次的要求。因此，在当今社会，文化之间的交流和传递已经不能够满足世界各个国家、各个民族之间的需求，只有文化之间的融合才能促进社会的发展，因此文化融合是我们现在追求的目标。没有哪一个民族可以将自己的民族文化完全建立在另一个民族之上，也没有哪一个民族闭关自守却可以不断发展壮大自己的民族文化。真正的世界文化是世界各民族文化中各自优秀文化成分的不断交流、包容与融合。无论哪种翻译活动，客观上都是文化交流，进而促进文化融合。

四　译者的选择过程

　　在译者对翻译生态环境做出适应之后，接下来的工作过程就是对其进行选择。以下，笔者将从外宣翻译的策略、技巧以及文体这三个方面的选择加以详细论述。

　　（一）外宣翻译策略的选择

　　1. 宏观外宣翻译策略的选择

　　传统意义上的宏观翻译策略可分为异化和归化两个种类。施莱尔马赫的《论翻译的方法》一文指出，"外宣翻译有两种方法，一种是读者不动，引导作者接近读者；另一种是作者不动，引导读者接近作者"（谭载喜，2004：105；杨建华，2009：133）。1995 年劳伦斯·韦努蒂（Lawrence Venuti）在《译者的不可忽视———部翻译史》（*The Translator's Invisibility：A History of Translation*）一文中，对异化与归化这两种翻译策略进行了详细的研究，他将引导读者接近作者的翻译方法称作"异化法"（foreignizing method），而将作者接近读者的方法称作"归化法"（domesticating method）。在这两种方法中，异化法是让译者更接近作者，用原作者使用的原语表达方式来展现原作品的内容；而归化法是让译者接近译语读者，让原作品的内容更接近译语读者的表达习惯（Venuti，2004：17—9）。这里所涉及的两种不同的翻译策略是基于语言的角度提出的，主要是从语言符号系统自身的结构性差异以及语言形式所表现出来的社会性差异而进行的不同翻译策略。但是从意识形态的视角上看，"异化法"是让读者更接近原文本的方法；而"归化法"则是让译文更迎合读者的方法。因为读者对于文本内容的相关背景了解不多，不管是大众读者还是专家读者，"异化"都会造成阅读困难的翻译障碍，所以对于外宣译者而言则大多采用"归化"的翻译策略。虽然"归化法"可能会造成译文信息相对流失得更多，让译文的可信度降低，但是相比较而言，"异化"更会让读者不能准确理解原作。总的来说，这二者是为了实现翻译目的而采用的不同方式，二者同属一个矛盾的两个方面。翻译策略由目的决定，同时服务于目的。译者需要熟练掌握并单独使用或结合使用这两种策略，以便能更好且更顺利实现翻译的最终目的。因为自 21 世纪伊始，随着世界政治和经济全球化进程的不断加快，展现在我们面前的除了机遇还有挑战。只有与时俱进，开拓创新，树立"世界化"的新观念，译者不应局限于归化和异化思维，这样翻译出来的译品才能为当今读者所接受，才更符合当今大众的阅读审美。

2. 微观外宣翻译策略的选择

在用翻译作品来宣传彝族文化甚至中国文化时，彝族文化本身固有的特色应该予以保留。在翻译过程中，直译法、直译加注法、意译法、替译法、音译法等都是译者经常采用的微观翻译策略，其中直译加注法或者解释性翻译法更能保留原作品的文化特色。早在 1990 年，段连城先生指出，在翻译一些国家的特定的体例、人名地名、行话俚语典故、政治口号和术语等具有国家特色或者属性的内容时，应该对其进行解释性翻译（段连城，1990：8）。从字面意思上来看，就是对这些特色的内容进行解释，因此解释性翻译也称为加译、增译，是由于原语和译语之间存在不同，翻译时增加一些解释性的短语或句子可以翻译得让原作者没有别扭的感觉，这是可以让翻译含有特殊文化意义的一种手段（孙杨森，2005：103）。比如，原作品在描述彝族的祭祀舞蹈"老虎笙"时提到："对于成年男子来说，他们应该装扮成虎态，手脚画上虎纹，脸画成虎面，然后穿着虎衣进行表演。"这里的"虎态"和"虎面""虎纹"和"虎衣"分别在"虎"的意义上重复，对于原作品读者而言读起来会觉得音韵俱佳，但在翻译时若仅是逐字翻译，则不仅会让文章显得臃肿不堪，而且也没有展现出原文所描写的意境。若想译作良好，就可以用省译这一方法，将其译为"Adult men dress like tigers by painting faces red, black, yellow, white, also on hands and feet the patterns, and then putting on the black carpet made with sheep skin"。因此，译者要想展现原作品中丰富的内容，就不能逐字逐句地对照着将中文译为外文，而必须在翻译进行之前对原文进行深入细致的加工，然后才能变成流畅的外文，展现在读者的面前（段连城，1990：7）。

（二）外宣翻译技巧的选择

弗米尔认为翻译是为了实现人的目的。由于译文读者与原文读者所处的文化环境不同，为了让译作更容易被译语读者所接受，译者不仅需要在社会系统中对译作进行语言方面的处理，还需要在翻译时采取不同的翻译策略。此时，原文更倾向于生产中的"原材料"，而在必要时则可以采取舍取、重组和加工等翻译技巧对其进行润色翻译（张南峰，2004：110—113）。对于一篇译文的优劣，是用翻译目的的适宜性（adequacy）这一标准来进行评价的，而不是评价原文的等值程度（equivalence，包括功能等值）。所以，译者只有实现了翻译目的，才能译出佳作，才能取得良好的交际效果。

译语读者需求和对译本的接受程度决定了外宣翻译目的的实现程度。在如今的翻译实践中，除了全译技巧，根据特殊要求采用的变译技巧也必不可少。全译是指译者为获得风格近似的思维活动和语际活动，将原语文化信息和译语文化信息互相转换，以求可以在兼顾原作品形式的前提下，完整传达原作内容（黄忠廉等，2003：12）。而变译则是指在有特殊需求的情况下，译者可视情况而采用各种翻译手段如增减、编改、缩并等来对原作内容的形式作出一定程度的改变，但并不改变原文的中心思想（黄忠廉，2002：96）。作为整个翻译技巧的一对范畴，对于全译和变译两大现象的描述就是翻译技巧研究，同时也是对翻译艺术的总结。翻译技巧的宗旨是为译者开辟新思路，让他们并不拘泥于现有的规定，综合使用或推陈出新（黄忠廉等，2003：10—13）。所以在外宣翻译中，编译非常常见。所谓编译，就是以读懂原文为前提，编辑和翻译原文的过程，简单来说也就是"编"和"译"的结合。当然这里并不意味着译者要逐字逐句地翻译（word-for-word translation），而是指在忠于原文的基础上，对于原文中那些无关紧要的信息和形式进行相应的必要的删除，或者适当添加一些对于解释中国固有特色文化具有较好效果的内容，甚至是用外文来改写原文亦可（黄志凌，1999：55）。诺德（Nord，1991：29—30）曾指出，编译作为"目的论"的一种表现形式存在于每一个译本中。而纽马克也有着类似的看法，认为编译应当属于交际翻译中形式上最自由最灵活的一种翻译，编译的目的是"努力使译文对广大译文读者所产生的效果与原文对原语读者所产生的效果相同"（Newmark，1981：22）。当然，编译并不是说译者可以根据自己的意愿随意对原文进行删除、调整或改写，而是必须要以实现翻译目的为前提，尽量满足译语受众的各种需求，因为译语受众才是具有翻译中心地位的群体，他们有主导作用，能发挥其主观能动性来影响翻译过程。

（三）外宣翻译文体的选择

早在17世纪，在利玛窦（Matthoeus Ricci）与徐光启合译《几何原本》之时，利氏就曾提道："东西文理，又自绝殊。字义相求，仍多阙略。了然于口，尚可勉图，肆笔为文，便成艰涩矣。"此类艰涩难懂的翻译，或者"粗达言义，言之无文"，或者"满纸皆暧昧不分明之语，致使人以译本为可厌可疑"（陈福康，2005：49）。由此可见，如果译者对于文体没有较高的把握，翻译出的文章也不会为读者所接受。

"对应就是情感、背景、新鲜还是陈腐、声调的和谐或不和谐等方面的对等"。（王佐良，1997：17）在翻译文体这一概念中，众多学者都持有不同的看法。梁晓声在这一概念上指出，"翻译文体是译者的精神之作，是一种语言的再创造活动，它结合了母语文字和客体文字。在语言的抑扬顿挫、整篇文章的气韵等方面都是经过了深思熟虑的。在不会忽视母语文字风格的同时，也会发挥客体文字的特点。完美的译作就像两类美果成功杂交后的果子，精当若此，可谓之创造"（梁晓声，1997：275—276）。此番言论虽是从文学角度来谈文体的重要性，但是也同样会给外宣译者带来很多的启示。

郑远汉指出，"基于交际功能，语言的功能语体可分为书卷体和通用体"（郑远汉，1998：19—21）。奈达指出，在对汉语进行翻译时，"外宣翻译人员应该采用一种几乎所有使用者都能够了解和接受的语言来进行翻译，也就是所说的白话文，而不应该用连环漫画、专用的语言或者是较少人懂的语言"。王佐良先生在《翻译：思考与试笔》一文中，采用了现代汉语这种通用的语言来进行翻译，得到了热烈的推崇，这种方法值得借鉴。

总而言之，文本的不同会产生不同的效果，对于选择的传播途径的不同，其文本也不同。例如，在国际广播电台播出的翻译稿件，就要对稿件进行加工处理，让其由更适合读者变为更适合听众（张健，2006：171）。

换言之，即在充分考虑广播文体自身具有的语言特点的基础之上，译者要尽量在句式内容、用词用语等方面做到简约明了，突出广播语言中的重要信息，最大限度地使听众能够听到每一天的重要消息。

五　译者的适应与选择关系

在生态翻译学视角下，外宣译者在进行外宣翻译操作时主要涉及两个重要环节：适应与选择，二者相辅相成，缺一不可。当可供译者适应的生态环境维度更多时，他可以做出的选择也就更多，从中挑选出最适合此次翻译目的的选择，从而实现翻译目的。

在《翻译适应选择论》一书中，胡庚申教授（2004a：101—107）提到，译者的基本能力是对原文文本的判断力、翻译环境的适应能力、追求译作良好质量的能力等所具有的动态互动选择和适应的内在能力。对于译者来说，这种本能是内在化、职业化的能力。译者在能力、需要、环境等进行"内"和"外"的选择和适应，是基于"适者生存""适者长存"。译者本能的适应选择指的是译者努力表现自己的适应能力，对较高水平的整合适应选择度孜孜以求，是译者实现生存、发展和自我价值的本能。

不管是"适应"还是"选择"，从翻译实践的角度来看，它们可能都是译者的一种潜意识行为，是译者在长期翻译中所形成的一种本能。但在全球化的今天，译者若想翻译出适合的"整合适应选择度"的译品，就必须整合自己的意识观，从多维度的角度去适应现在特定的翻译生态环境，这也是"意识机能或目的能使人能较好地适应环境并进行相应选择"的最好体现（舒尔茨，1988：147）。

综上所述，生态翻译学视域下的彝族文化外宣翻译，并不是简单地将彝族文化译为外文，而是要以译者为中心，充分发挥译者的主观能动作用，不断深入了解彝族文化翻译生态环境的内在特征。只有当译者本能地进行动态适应与选择时，才能对彝族文化的内涵进行更加详细的了解，从而在进行彝族文化外宣的实践活动中，最终实现彝族文化外宣目标。总之，彝族文化外宣译者的适应与选择二者相辅相成、相互作用，缺一不可。

第二节　生态翻译学视域下彝族文化外宣翻译原则

一　三维转换原则

外宣翻译研究具有多学科属性，这一属性决定了对外宣翻译研究须从传播学和翻译学等学科所共通的维度即语言、文化、交际维度等因素着手。外宣翻译是通过交流思想和传达信息来实现传播活动的，而在这个过程中则主要是通过语言符号来实现的，同时也受到文化习俗、思维方式以及语言习惯等隐性因素的影响。"三维转换"是翻译学通常采用的一种转换方法，也就是在适应和选择的原则下，对语言维、文化维和交际维这三个维度进行选择和适应性转换。因此，以下译者将主要围绕这三个维度对外宣翻译进行深入的研究，在加深对外宣翻译研究认识的基础上，也为翻译策略与技巧的使用提供一定的指导与参考。

（一）语言维转换

从语言符号转换的角度来研究外宣翻译则不难发现我国的外宣翻译大多集中于汉译英的翻译活动。因此，两种语言系统的相同之处和不同之处就成为外宣翻译实践活动中的重中之重。英汉有一定的相同之处，但在语法、语音、词法、书写、修辞表达以及篇章结构等方面却存在较大差异。从邵志宏（2005）、连淑能（1993）、杜争鸣和陈胜利（2008）等学者对英汉这两个语言系统的比较研究中，可知英汉两种语言系统的明显特征，即英语追求语法结构的衔接，而汉语则讲求语义结构的连贯；英语是主语突出的形合性语言，而汉语是主题突出的意合性语言；英语多用名词，偏向静态，呈现轻音乐性的特点，而汉语多运用动词，强调动态性与韵律节奏性；英语是一种呈树状结构的综合性语言，而汉语是呈竹状结构的分析性语言；英语一半多用替代的情形，而汉语则更倾向于采用刻意重复、省略的语言思维等。英汉差异的存在增加了外宣翻译的难度，译者在翻译的过程中，应该尽量采用不同的翻译策略和技巧来处理英语和汉语之间的语言差异，从而才能更有效地实现传达外宣信息、交流文化的外宣目的。

无论翻译还是传播，最后都要跟语言符号的运用挂钩，因此，外宣翻译一定与语言符号脱离不了关系。语言的转换与技巧、语言的规律与差异、语言的结构与形式都是外宣翻译研究的重要内容。总之，"语言维的适应性选择转换", 从本质上来说就是, 外宣译者要在翻译过程中时刻注意从不同层次和不同方面对语言的形式进行相应的适应性选择和选择性适应的转换。

（二）文化维转换

语言从本质上说, 是文化不可或缺的一部分, 甚至可以说是文化的核心、基础, 是文化的载体, 文化可以通过语言具体表征出来。每一个国家、民族的语言都是随着历史的发展演化而不断变化演进的, 每一个国家都有自己特定的文化内涵和历史背景。因此, 对于这种跨文化、跨地域、跨民族、跨语言的外宣翻译活动来说, 只有对相关语言的文化有了一定的深入研究, 才能实现外宣翻译。

奈达指出, "文化其实是一个社会的行为实践和思想信仰的总和" (Eugene Nida, 2001: 78)。萨莫瓦 (Larry Samovar) 则认为, "文化是一个国家世代所储存下来的价值观念、思维逻辑、知识经验、行为习惯、等级礼制、宗教信仰、时空宇宙观念等精神财富, 加上所创造的物质财富的总和" (Larry Samovar, Richard Porter, Lisa Stefani, 2000: 36)。笔者认为萨莫瓦对于文化的定义更加全面, 他的定义包括了奈达没有涉及的制度文化、精神文化、习俗文化、物质文化等方面。与此同时, 萨莫瓦强调了文化的交际和传播属性, 即文化是可以通过交流沟通来具体表现、传播、保留和传承的 (Larry Samovar, Richard Porter, Lisa Stefani, 2000: 20)。因此, 我们说文化具有交际和传播的属性。而作为一种跨文化的交际或传播活动, 外宣翻译所承载的价值就不仅仅只是一种信息的转换与传播那么简单了, 因为对于译语受众来说外宣翻译就变成了文化的认知途径, 它在涉及语言转换的同时, 也涉及语言之间的重组和再表述的重要问题, 也就是把两种不同的语言和知识范围通过一定的作用, 以此产生新的知识, 这其实就是所谓的 "自我中心" 向 "他者中心" 延伸和嬗变的过程 (衡孝军等, 2011: 44)。在这个渐进演变过程中, 外宣翻译人员则扮演 "中介桥梁" 的角色。但是每一位外宣译者也都有其自身所处的文化环境, 这些因素可能会在无意之中影响着译者的翻译。用王东风 (2000: 2) 的论述即为: "译者所持有的态度会在一定程度上影响到他对语言的选择。"

外宣翻译大多涉及汉语和英语, 因而对译者而言就有必要深入了解这两种不同的文化及其思维。具体而言, 英语文化着重于分析, 而中国文化强调整体性; 英语文化追求抽象思维和语言运用, 而中国文化强调表达和形象思维。这两种语言之间的巨大差异就形成了英语表达清楚，而汉语表述模糊的不同的修辞风格。在这样的情况下，外宣翻译人员必须对这两种语言之间的差异有一定的深入研究，运用灵活适当的方法来进行一些文化空白的填补，这样才能够做好思想、文化交流的桥梁作用。与此同时，译者必须对自己所处国家的文化表示认同，因为一个国家的文化只有得到人们的认可，才会受到外国受众的认可，也在一定的程度上影响着传播效果，而这些也都是体现外宣译者主体性的重要标志。

综上所述，外宣译者在外宣翻译过程中必须把握好文化顺应（enculturation）与文化输出二者之间的平衡关系，也就是说，外宣译者在传输原语文化的同时，也要适度顺应译语受众的文化。这是因为，当我们在进行文化传输——向译语文化受众输出我国的文化资本、传播或移植文化种子的同时，也要考虑适度牺牲本国的一部分文化资本与文化内涵，以这样的成本代价来更好地顺应译语文化，贴近译语受众的文化习俗和规范，唯有如此，才能让受众对译作产生浓厚的兴致和需求，通过阅读翻译作品来大致理解原作中所承载的中华文化的内涵与精髓。也只有这样才能够更好地完成外宣工作，才能取得文化的传递与交流成效。总之，在翻译的过程中，文化维的转换就是要求外宣译者必须去关注双语文化内涵的嫁接、传承与传递，尽可能避免由于文化差异造成的对原文的曲解。

（三）交际维转换

"交际维的适应性选择转换"是指对两种语言之间的交际意图的适应性选择与转换，也就是要求译者在文化传递和语言信息转换的同时，应该关注交际意图，把侧重点放在交际方面上（胡庚申，2006：51）。

早在 1971 年，卡塔琳娜·莱思（Katharina Reiss）就在其著作《翻译批评的可能性与局限性》（*Translation Criticism：The Potencials and Limitations*）中提出了关于功能类别的概念。莱思以对等论为基础，在对原语语篇和译语语篇功能关系深入研究的基础上，创立了一种翻译批评模式。她认为理想的翻译应该是实现原语语篇与译语语篇在语言形式、交际功能以及思想内容上的对等，也就是一种完整的交际行为（Reiss，1989：114；张美芳，2005b）。如果将翻译本身作为目的，则翻译就是一个整体的交际过程，即将原来的单语交际过程扩展为包含译语接受者在内的双语交际过程。在这一过程中存在着能够在没有任何额外补充（注释、释义等）的情况下使人洞察原文的认知意义、语言形式和交际功能（Reiss，1989：

114；张美芳，2005c）。

综上所述，"三维转换"理论要求外宣翻译人员需要在不同方面和不同层次进行选择性适应，反之也要做出适应性选择和转换。如果译文的多维度适应性的程度比较高，那么其整合适应选择度也就比较高。所谓的最佳选择无非就是译者的适应性选择，最佳的适应则是选择性适应，在这两点基础上得出的相对最佳翻译就是"整合适应选择度"最高的翻译。

二　适者生存原则

生态翻译学从选择与适应的角度高度概括了翻译行为的基本准则，认为翻译其实就是一个译者选择和适应的交替循环过程。其中的"选择"是指译者站在翻译生态系统的视角上，对译文进行的适应性选择。而所谓的翻译生态系统则是指原文、原语和译语作为一个整体所呈现和表达出来的世界，也就是宏观上的语言、文化、交际和社会，以及微观层面上的读者、作者、委托者等要素之间动态互动的整体系统。译者要适应的是原文、原语以及译语作为一个整体所呈现和表达出来的世界。上述理论和原则可以用以下方程式（1）或精简后的方程式（2）进行描述：

（1）翻译过程＝译者对翻译生态环境的"适应"＋译者对翻译生态环境适应度的"选择"＋译者对译本最终行文的"选择"

（2）翻译＝译者的选择性适应＋译者的适应性选择

在翻译理论中，"原文—译者—译文"这样的三元关系给了我们一些思考，在这样的三元关系中，译者是主体，原文和译文是客体。根据"适应和选择"论，在外宣翻译中，译者是一个能够主动适应环境系统的生命主体，而原文和译文无非是生命体之外的构件。因此，生态翻译理论中所涉及的"选择"和"适应"在本质上其实是借用了达尔文的"适应和选择"理论的基本原理和思想。可以说翻译过程中的"适应"能力和"选择"能力是译者后天练就的本能。整个外宣翻译的过程其实就是一个选择、适应循环交替的过程。主要表现为：适应的手段是物竞天择、优胜劣汰，目的则是在翻译中求得生存。选择的原则就是丛林法则："适者生存""汰弱留强"。（此处"强""适"等都是一个相对概念。）

具体而言，所谓的"适应"和"选择"就是要求译者要主动适应翻译生态环境，主动接受翻译生态环境的支配。译文的整个产生过程大体上可以按照上述方程式分为两阶段，即译者适应"翻译生态系统"作出的适应度选择和译者选择何种译文与"翻译生态系统"相适应。在前一个阶段，重点是以原文为典型要件，译者对翻译生态系统的适应度选择。当然，此阶段也可以认为是译者对翻译生态系统的适应，即译者"适应"。在后一个阶段里，重点是以译者为典型要件，探讨翻译生态环境反过来如何影响译文的选择，换句话说，这个阶段就是译者从翻译生态环境的"身份"客观存在角度出发对译文如何适应生态系统的策略性选择，在选择中产生译文。

在图4-3中，虚线框里面表示的是翻译生态环境，其中译者、原文以及译文都是在这个生态环境之中。其主要意思就是：在外宣翻译中，译者处于核心位置，这个翻译过程就是译者对原文环境系统的适应以及站在原文生态环境角度下对译文的选择。

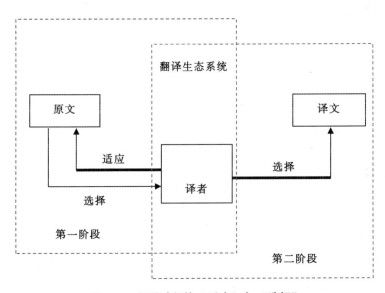

图4-3　翻译过程的"适应"与"选择"

如图4-3所示，虚线框内左侧上方的小方框是"原文"。下面较细的箭头指向译者，这是说明根据"自然选择，优胜劣汰"的基本原理，以原文为典型要件的翻译生态系统对译者的选择。细箭头衬托出了上方的粗线，粗线箭头也就是译者对翻译生态系统的适应。虚线框内右侧上方的小方框内是"译文"，指向译文的粗箭头过程反应以译者为典型要件的翻译生态系统对译文的选择过程。

原文、译者和译文三者共同处于同一个翻译生态环境，三者共同组成一个有机的统一整体。而这其中暗含了翻译过程的两个阶段。首先，左边是译者对以原文为核心要素的环境的适应；然后右边是以译者为典型要件的对译文所作的"选择"，由于经过了第一个阶段，译者的状态发生了改变，由一个普通意义上的"译者"转变成"适应了原文和翻译生态环境制约的特定译者"。从图4-3中可以看出，这里的译者兼有主、客体"双重身份"：一方面"被动"接受原文和翻译生态系统的选择和制约；另一方面又以经过原文和翻译生态环境"选择胜利者"的身份对译文"主动"进行适应性选择与控制。

生态翻译学指出，最佳翻译就是"整合适应选择度"最高的翻译。对于译品来说，"适者生存""适者长存"。

但译者在"被动"接受了原文生态环境进行选择后，会以翻译生态环境"选择胜利者"的身份对译文"主动"进行控制和选择，此后，所翻译出来的译作还需要接受整个环境的再次选择，整个环境包括宏观层面的交际、文化、社会，以及微观层面的原文和原文作者、译者，译文和译文读者、委托者等，然后译者再次对译文"主动"进行控制和选择，如此在适应与选择之间循环往复互动，日臻完美。只有那些在最大程度上适应并满足了整个翻译生态环境等整体要求的译文才称得上是"整合适应选择度"最高的最佳译文，才能经受住整个翻译生态环境的考验并最终"生存"乃至"长存"下来。因为最佳译文的自身整合度最高，它最为适应整个翻译生态环境，也就能够在最大范围内最大程度上受到作者、读者、委托者等多方的承认和推崇，因此才能长久地流传下去。对于译文来说，此即为所谓的"适者生存""强者长存"。

第三节　生态翻译学视域下彝族文化外宣翻译策略分析

外宣翻译最终的翻译结果还是要体现在修辞表达以及语言文字上，不能够停留在理论的论述和探讨上。因此，在论述外宣翻译体系的翻译的原则和过程后，将对外宣翻译策略——宏观翻译策略与微观翻译策略的具体应用加以论述。

一　宏观翻译策略

宏观策略是指对微观实践方面所能提供的一种指导性策略，包括归化翻译策略、异化翻译策略以及两者兼具的灵活变通策略。

（一）归化与异化策略

正如我们在上文中提过的劳伦斯·韦努蒂在历史、政治、社会文化、意识形态等大背景下，通过对西方从 17 世纪到当代的翻译状况进行考察之后，将翻译方法归为"异化法"（Foreignizing Method）和"归化法"（Domesticating Method），"归化"即引导读者接近作者的翻译方法，"异化"即引导作者接近读者的翻译方法。

异化与归化的翻译方法论的区分与区分直译和意译不一样，直译和意译的方法或者技巧是从语言层面上来区分的，但是对于归化与异化则需要从文化层面上进行区分，归化与异化强调的是一种文化和思维的转换。对于一种跨文化的传播活动来说，译者在外宣翻译过程中必须灵活掌握运用归化策略和异化策略的度，在能够准确传递原文内容的同时，还应努力再现原文的文化和韵味以及照顾受众的审美和思维习惯。

具体地讲，归化策略其实就是外宣翻译人员采用通顺、自然、流畅的译语对原作进行翻译，从而能够使读者在读了译本之后，也感觉像是在读原作一样。这一策略要求译者在翻译原作时应尽量适应并选择与译语文化环境、思维习惯相同的翻译方式，译者若"隐而不见"，翻译则"通畅透明"。为了保持译文的效度，防止造成跨文化交流的无效或低效，通过对原语进行重新理解和改写，最终使所译作品符合译语语言与文化的各种需求。换言之，归化策略就是指在进行外宣翻译活动时，译者要适应译语的语言表达方式、思维习惯和文化习俗，选择行之有效的翻译方法，以为译语读者服务为中心，最终达到跨文化交际活动的最大正效。归化这种翻译手法是放弃了原文的语言结构及形式，只为保留原文的内容和精髓，在译语中寻找并选择最自然、最通顺的对等语来将原文内容表达出来，最终达到等效的目的。归化翻译策略的应用范围一般在文学翻译，特别是在某些娱乐性的文本翻译中会经常用到。由于放弃了原文的语言结构及形式，从而减少了文化差异所带来的那些异质而陌生的译语语言与文化差异的元素，这样就可以使译语读者在阅读译文时更加轻松、易懂，不会增加译文读者在阅读理解上的难度。但是同样地，归化翻译策略也有其无法规避的缺点，当译者在翻译文化内涵深厚的语词或专有名词时，如果采用归化翻译策略则会掩盖掉原语的文化内涵与精髓，抹杀了译语与原语之间语言和文化的差异特征，最终将会导致所译译文无法传达原作的主旨，背离了翻译要义，将不利于维护与发展世界文化的多元性（蒙兴灿等，2009：287—288）。

相反，异化策略则是采用"抗拒式"翻译策略以期保留住原文的异国风情，具体操作方法为将原语文化移植和传递到译语文化，这样可以让读者在了解异国文化之后，能够不断接受丰富的译文表达方式、思维习惯以及译语语言文化，以真正实现翻译促进文化传播和沟通交流的目的，然后反过来改变译者的隐形地位，提升译者的权威性。这正印证了前文中斯莱尔马赫的观点，即"译者不去打扰作者，而是尽可能让读者靠拢作者"的"迂回"策略，这种策略要求在进行翻译时，采用跟原文相近或者相同的表达方式更有利于表达出原文的意思和内容。斯莱尔马赫认为，归化策略是以译语的文化价值观为基础，是以译语民族为中心；而异化策略则是强调文本之间的差异，是不以译语民族为中心。异化其实跟"陌生化"（defamiliarization）概念相类似。异化策略是为了拒绝主流话语的统治，把那些被大众所排斥的价值观和文化观联系起来。基于文化融合的视角，异化策略其实就是一种以原语民族为中心的做法，目的是使原语文化能够侵入译语文化。异化策略有两面性，一方面是迎合主流文化价值观的他者；另一方面是与主流文化价值观相对抗的他者。因此，我们可以说异化策略是一种"他为己用"的文化自恋主义，是一种民族中心主义。在展示原语文化时，首先就是为了满足译语受众对异国文化风俗的好奇心，然后才是对原语民族文化力量进行展示，从而能够摆脱被主流话语压制的状况。

同样，在进行彝族文化的外宣翻译时，势必也会涉及英语与汉语两种语言之间的语言文化差异，归化翻译策略确实有助于彝族文化的传递，但过度归化也会造成对彝族文化的价值内涵的损伤，导致彝族文化在文化交际与传播中出现文化亏损。如此翻译出来的译文则无法确保翻译的"效度"。异化是指以原语和原语读者为中心，从翻译目的的角度来说，笔者认同韦努蒂的看法，翻译的最终目的不是要消除两种语言之间的语言和文化差异特性，相反应该是要表达二者间的差异特性，即在某种程度上打破译语语言的常规语言结构和形式而保留这种语言和文化的异域性（foreignness)。从某个视角上来说，保留译文中原语文化的差异特性在进行彝族文化外宣翻译中是值得借鉴的，这样就实现了对译文"效度"的保证。

而归化翻译策略会使彝族文化中的文化异质性和他性转换成为译语读者所熟知的习惯性方式，不同文化间的差异特性自然就会被掩盖甚至被抹杀，那么所译作品的效度也会随之降低。并且保留外宣翻译中彝族文化的独有特征不仅有利于中国文化价值的对外输出，也有利于确保译文文化传播的信度。但是，如果译文中保留太多的译语文化元素，最后不仅会影响译语读者对译文甚至是原作的理解和接受，而且也会导致文化交际目的的失败，甚至会引起跨文化交际中的文化冲突，最终会间接影响译文的效度。这时，在使用异化翻译策略来保留译文中原语文化的差异特性时，就需要译者反复斟酌后再作选择了。

总而言之，如果说异化是文化价值的保留，那么归化就是诠释一种文化的价值（张健，2010：346）。这里诠释和保留是同一文化交流和传播的两种不同方式，都是出于对文化交流与互动的心态而作出的策略选择。因此在归化和异化策略的选择上应该根据具体的情况进行分析选择。正如韦努蒂在书中提到的一样："归化"就是要尊重目标语言文化当前的主流价值，意指保持译文的"效度"。当原语与译语之间出现较大的文化差异时，译者一般都会运用具有译语文化色彩的词语或事物以及表达方式来翻译原语中文化差异鲜明的语词、事物或表达方式（Lawrence Venuti，2004：236—245）。因此，我们不应该将归化翻译策略同异化翻译策略割裂开来，他们两者应该灵活变通、互为补充，此即下文将要论述的"变通策略"。因为通过这种"变通策略"，不仅能够使译文最大限度地保留并传播原语文化的价值和特色，还能够传递给译文读者一个自然熟知的认知语境，从而能够实现保持对译文的最大正效并达到最佳文化交际与宣传效果的目标。

彝族文化外宣传播受众通常可分为两类，一类是居住在译语国家的译文受众，另一类则是以英语为母语的来华工作或者学习的人员，除此之外，还包括彝族文化研究和评品的专家、游客以及对彝族文化产业进行开发和投资的商人。对于母语是英语的人来说，他们周围具有一定的中国文化环境来帮助他们更好地理解中国文化，而且其中有些甚至有一定的汉语交流能力，因而他们比另外一类传播受众更容易理解翻译作品中的彝族文化内涵。所以，对于此类传播受众，外宣译者可以采用"异化"的翻译策略来最大限度地保留彝族文化。比如，彝族有一种民间丧礼仪式舞蹈——彝族花鼓舞，有译者直接将其直译成 flower drum dance，以致让人误以为是一种庆祝仪式的民族舞蹈。其实，彝族花鼓舞（者波比舞）在本质上与普通的花鼓舞是完全不同的，翻译时可以根据彝语发音将其音译为 Zhebobi，而后进行一定的补充注解（a kind of local ritual funeral dance among Yi people）。而对于外国受众来说，由于文化之间的差异，在对彝族文化进行理解的时候，会存在一定的差异，因此译者在翻译的过程中，应该尽量采用归化策略。比如可采用类比方法，即采用国外受众比较容易理解的表达方式来翻译，从而能够更好地实现文化的跨语言传播。例如："独筷调不匀糌粑，独狗撵不出野猪"，可以采用类比将其翻译为 "One flower makes no garland, one swallow doesn't make a summer"（李萍，2015）。

　　总之，在对彝族文化进行外宣翻译时，外宣译者要努力发挥译者自身的决策性和主体创造性来对语言的表达方式进行一定程度的调整，要努力掌握好归化与异化跟受众的接受度的关联。从而使译文在语言表达、叙事方式、修辞表现、文本呈现等方面与译语受众的认知习惯之间实现最大限度的吻合。但对于那些较容易引起误解的核心文化信息，译者可以用文化类比的"归化"翻译策略进行翻译，而对于那些非核心信息，译者则可以直接删减，从而能够在译语传播受众的文化框架中诠释彝族文化。例如，在翻译"彝族十月太阳历"时，译者可以采用类比的方式译为 "Ten-Month Solar Calendar of Yi nationality—an equal to Maya Calendar"，此处通过采用译语的修辞方法，在提高民族文化吸引力的同时，也能够在文化传播上起到一定的促进作用，从而确保彝族文化传播目的的实现。

　　（二）变通策略

　　归化策略主张，为了译语受众译者应该采用透明的翻译风格，根据译语受众所熟悉的语言表达方式来进行翻译，从而减少交流的障碍；异化策略则是对原文的差异特性进行保留，通过凸显文化差异来传播原语文化（Lawrence Venuti，2004：5—20）。为了传播中国文化，提高我国的文化软实力，增强话语权，外宣翻译策略的选择到底应该是异化还是归化，不同的学者持有不同的看法。张德福认为，对于我国文化的宣传应该"以我为准"（李贵生、张德福，2011）。也就是说，为了将我国文化完整地介绍给译语受众，应该采用异化策略。黄友义（2004）则认为，外宣翻译应该遵循三贴近原则，即贴近中国发展的实际，贴近国外受众对中国文化信息的需要，贴近国外受众的思维习俗。"三贴近"主张归化策略，是为了使译文符合译语受众的思维习惯，从而能够准确传达信息，实现外宣翻译的目的。

另外，传播主体和国外受众在语言文化及认知环境上都不尽相同，这必然会在一定程度上影响到外宣翻译的整体效果。而且由于归化和异化两种翻译策略都有各自的优缺点，所以，在进行彝族文化外宣翻译时，我们必须对这两种翻译策略进行整合，也就是采用一定的变通策略。基于文化层面，外宣翻译人员可以采用归化与异化相结合的翻译策略，灵活变通。然而，从翻译技巧层面看，外宣翻译应当尽量遵循"实用主义原则"，追求"原文信息的有效传递"，译者应该是"边译边作，而不是只译不作"（张传彪，2010：104）。袁晓宁（2013：93）指出，"以我为准"策略适用于文化层面的翻译，而"以目的语为依归"的策略适用于语言表达层面的翻译，从而实现外宣翻译的二元共存。

总之，在外宣翻译实践中，译者应尽量发挥自身的主观能动性，只要是有利于传播中华文化，保护文化多样性，就可以采用各种灵活变通的翻译方法。这种灵活变通策略能够实现传播主体与受众两者之间的了解和明示，实现外宣原本和译本具有最大的关联性，从而实现我们所追求的外宣目标与效果的最大正效。因此，在进行彝族文化外宣翻译时，译者在归化和异化的选择上，应该根据文化的特点、国外受众的接受能力来对这两种策略进行适当的选择。采用"变通策略"来更好地传递彝族的独特文化魅力，乃至中华传统文化的独特魅力。

二　微观翻译策略

作为外宣翻译策略，归化和异化更具宏观的指导性意义，而在彝族文化外宣翻译的实际操作中则需要更加具体实用的翻译技巧。微观的翻译策略具体包括增译、减译、编译及其他翻译策略。译者将从这些具体的微观翻译策略出发，探讨彝族外宣翻译中具体翻译技巧的实践运用。

（一）增译

增译（Supplementary Translation）也称作扩译，指深度挖掘加工、引申和扩充外宣翻译中的关键内容，努力做到既充分发挥原翻译文本中的深层含义，又凸显其隐含的深意和精髓。具体做法是：为了使读者更好地理解译文，译者应该在译文的基础上，增加一些信息，主要包括评、写、释等方法。

释，即解释、阐释等，是指对那些由于各种原因而不能有效传播的外宣材料，作出解释。特别是对于那些有着悠久历史文化或者专业性很强的外宣内容，译者更要对其进行必要的解释，具体包括释古、释义、释专、释疑、释典等。比如，在对彝族文化进行外宣翻译时，因为译语受众会对一些专有名词不理解或由于文化历史背景相差太大而导致外宣信息传播受阻等，外宣译者就要对其进行信息增加或曰阐释性变译，从而保障信息的正确传达。

评，即评议、评论等。是指对外宣材料进行合理的评批或评论，主要包括评价、评判、评议、评估以及评析等。外宣翻译人员为了能够使译语受众更加深入透彻地了解外宣内容，知道其内涵价值所在，一般都会采用此种翻译技巧。但是，对于译文而言，"译"应该是外宣翻译中的重中之重，而"评"则只是作为"译"的补充部分，所以译者在外宣翻译过程中要始终把握好主次，做到有的放矢。但是如果不顾实际情况，任意发表个人意见，就会使所译译文适得其反。

写，即改写、扩写等，是指在外宣翻译过程中适当改写原外宣材料的先后顺序或者扩充与之密切相关的内容来迎合受众的语言方式和思维习惯。具体而言，扩写的内容可以包括两个方面：一个是在翻译前进行的，扩写的主要内容是为所译内容撰写相关的背景，另一个则用于翻译之后，通过扩写为前面所译内容作适当的补充说明，另外还可以在翻译中途，通过扩写来做巧妙的文字嵌入和修饰，增加与译文相关的辅助信息，增强译文的可读性。

下面就以介绍石林长湖的材料为例：

原文：在这里，可以垂钓、泛舟、露营、休闲度假，尽享自然之魅力。湖中有两岛，称为蓬莱。相传，湖岸边就是美丽的阿诗玛的故乡。

译文：We can go fishing, boating, camping and spend holiday here to fully enjoy the beauty of nature. There are two islands called Penglai (a fairy land) in the lake. It is said that Ashima's home was just by the lake. （成应翠，2008：109）

首先，中英差异还体现在，中文句子常常省略人称主语，而英语中的人称主语却至关重要。原文中没有提及人称，译者在译文中加入了人称主语 We 是比较恰当的。其次，原文中提及的蓬莱，在中文里，蓬莱指传说中的蓬莱仙境。大多数中国人都知道传说中的"蓬莱"是仙境、神山的代名词，凡人世间欲求而不得之物，似乎它那里全有。但对于不熟悉中国文化的受众来说基本就不知所云了，甚至会把这里的"蓬莱"理解为中国山东省的一个县名蓬莱县。因此，译文中加入 a fairy land 这一增译成分，能更清楚地表达原文的交际意图。这样的增译不仅保留了中国文化特色，还能提高译语受众的接受程度。

（二）减译

减译（Condensed Translation），又称缩译，指在翻译时出现外宣原文信息过剩，或不够简练时，译者对原翻译材料进行适当精减和压缩，使译文内容更加简洁明了，更符合译语受众的阅读需求。具体操作为在不影响整体外宣效果的前提下，通过删除一些读者不需要了解或者很难理解的内容，这样的方法有摘译、取舍、压缩和合并等。减译的直接原因是因为译语受众对译文的不同需求及其固定的知识内容，其目的就是让读者能够较容易地获取译文有价值的信息，提高译文在思维习惯、文化背景、品位需求以及认知能力之间的吻合，从而能够实现外宣翻译的目的。在对彝族文化进行外宣翻译时，有些材料只需译出最本质最精髓的内容，让译语受众获取其中最重要的信息就可以，没有必要对所译外宣资料进行一字不落的全盘翻译。例如，对于彝族的旅游资源、传统特色的传播，在翻译的过程中，为了突出其历史厚重感与文化底蕴而经常出现诗句、典故、习语、成语、具体历史事件及相关经典人物等情况。应对这种情况，译者必须有照顾一般受众易于接受与反应的意识，所以采用减译的翻译技巧对原外宣材料进行适当的删减和选取，删除十分具体的内容，从而能够传播译文的主要信息，也能达到好的宣传效果。

具体而言，减译是一种对原文的压缩、合并，是利用简洁凝练的语言来对原文进行翻译，表达出原文的主要信息内容，减少原文的次要信息量，缩短译文篇幅，达到可读性强、外宣效果好的目的。比如，在介绍彝族地区的旅游景区时，对原外宣材料进行一定程度的缩水，删除其中一些过于夸张的宣传文字，客观地展现彝族当地的独特自然风光和文化习俗。合并翻译是对内容中的同类或者存在先后逻辑关系的内容进行整合，将其看作一个整体进行的翻译。这种方法考虑连贯性和译语受众对译文的理解与接受。一般来说，在对外宣传时，外宣译者应时刻谨记一条——"内外有别"，在翻译过程中运用减译策略，努力做到维护国家形象与利益。

（三）编译

编译，顾名思义就是"编"和"译"的结合。《现代汉语词典》（1999：75）对"编译"的解释是："编辑和翻译"。笔者认为，编译就是译者通过一些具体的步骤对外宣材料在内容及形式上进行的编写和翻译。采取的步骤可以是对原句子、段落或篇章在层面上摘取、整合、理顺与翻译等，目的是能够使翻译内容更加明确顺畅、条理清晰，其要义就是使信息的主旨更加鲜明，内容更为集中。在进行编译时，外宣翻译人员应使用专业的译语，不带个人偏好或主观情绪，将外宣材料的主要内容进行转述或复述。编译法可以不拘泥于原文的结构形式，从而做到"从心所欲而不逾矩"，因此在一定程度上可以带来使读者满意的内容和结构形式。

对于编译，不同学者也各自表达了自己的见解。编译是先编辑后翻译。加工是对原文进行提取、加工，传达其中心内容，目的是满足读者的不同需要，从而达到其交际效果。赵树雯（2010：147）指出，"编译是以读者为导向，根据其需求来进行翻译，是促使译者实现更好译作的动力"。刘丽芬、黄忠廉（2001：42）认为，编译主要是一种根据翻译对象的要求对原作的加工整理以及翻译的编译活动。加工是对原作的完善，从而能够达到读者的要求，使之接受。整理则是根据译者（或读者）的要求进行有针对性的秩序调整，使之有序化。田传茂则认为，编辑是服务于翻译的，是先编写后翻译。编译是以原作为基础，在内容和形式上，编译文跟原作都会有一定的差别，但是其宏观篇章结构和其主题思想不会发生改变。"就两者之间的比例来说，是属于译大于编，其编写的内容服务于翻译的内容。"（田传茂，2005：41）黄志凌认为，编译就是"编"和"译"相结合，是在对原文深入了解的基础之上，对原文进行重新编辑然后翻译。这个过程不是逐字逐句翻译（Word-for-word Translation），对于那些相对不太重要的材料，外宣翻译人员可以灵活删减，但是对于那些具有中国特色的词汇和事物，外宣译者要进行扩写来提供一些必要的解释性背景材料，甚至可以在基本忠实于原文的基础上，调整原文段落结构，用外文来重新改写原文（黄志凌，1999：55）。王涛认为，编译其实是一种特殊的翻译形式，其基本的步骤就是，在紧扣原作主题思想的前提下，选取其最有价值的内容，按照篇章构建的一般规律以及翻译的一般原则，将原作翻译成目的语的过程（王涛，2000：15）。

纵观上述诸学者的论述，笔者认为，编译是一个译者在领会了原文主旨及精髓的前提下，根据译语受众的需求，从原文的主题思想、信息价值、篇章结构和语言风格等方面出发，生产出既符合译语受众又忠实于原文的"信、达、雅"的译文的过程。

（四）其他译法

1. 直译

直译（Literal Translation）其实是在不考虑上下文时，对原语言的语法结构进行最相近译文语言结构的转换，其词汇是一一对译的（陈德鸿、张南峰，2000：59）。

直译的优点是在表述方面能更加准确地体现"忠实"和"对等"的原则，可以明确无误地表现出原文的形象意义、隐含意义、表层意义以及深层意义，更加接近原文的具体内容含义。在不易引起读者误解以及不违背译语语言规范的前提下，外宣翻译人员可以对原文的形式、内容进行保留。特别是修辞手法、民族色彩等方面。如果原文比较容易懂，那么译者只需要仔细推敲就可以完成翻译。对于那种忠实于原文的译作，也很容易趋于平淡，译文的生动性和形象性也会变得相对较弱。

2. 意译

意译（Free Translation）是相对于"直译"而言的，即对原文的内容进行一定的选取与舍弃，在此基础上又经过一定的消化和创新而形成的一种"语内翻译"，但是并不否定原文的基本信息（陈德鸿、张南峰，2000：60）。意译要求译者在进行翻译时，必须正确地表达原文内容，只要能把原文的主题思想表现出来，可以不拘泥于原文本的语言结构，译者可以在词句或者结构上添加自己的见解和创意，从而使译文更加符合受众的心理和思维习惯。意译法的优点是实现了尤金·奈达主张的动态对等、灵活对等的原则。译者从译语受众的角度出发，在经过对译文的可接受性反复思量后，精巧加工，高度提炼，使译文在语言表现上灵活、形象地再现原文本的深层含义和主题思想。例如，"吃新节"，也就是品尝刚成熟的新稻米饭的节日，其译文被有些学者翻译成"Eating New Things Festival"，然而，笔者并不认为这是最佳的翻译，根据译文"Eating New Things Festival"，其意思是品尝新东西或新食品的节日，但是这跟"吃新节"的含义意思不同，因此不能实现跨文化的交际意图。

当通过直译可能会产生误导的时候，意译就成为译者首选的一种策略。意译是从传达原文的内涵意义处着手，不用太考虑语言的形式和含义。将彝族文化特色词汇具有丰富的含义清晰准确地展现给译语受众，从而更好地实现外宣翻译的交际目的。"吃新节"被误译为"Eating New Things Festival"，此种翻译没有顾及民族文化的内涵，误导译语受众对彝族文化的准确理解。其实，"吃新节"是传统节日，每年农历的六七月间人民把刚成熟的谷穗做成"新米饭"，先敬祖宗，以求风调雨顺、人畜兴旺，然后再全家品尝。笔者认为可将"吃新节"意译为"Tasting Newly Havested Rice Festival"或"First Harvest Day of the Year"，即庆祝一年里首次丰收的节日，这样的表达才准确切意。总之，恰当得体外文翻译才是实现翻译交际意图的最佳翻译。

3. 创译

创译，是指创造性翻译（Creative Translation），创新是其核心，强调译者要基本脱离原外宣文本的语言形式束缚而进行创造性翻译，主要是从词义和语义上对原外宣文本进行相似度比较低的翻译，但译文文本不论在修辞方面还是在意境方面一般都会超过原文（李克星，2010：71—72）。对于使用创译的译者而言，原作将不是首要的标准，而只是一个获取信息的手段。创译并不是随心所欲地进行创作，它是作者为了实现原文的实质内容而进行的创作，正如刘宓庆先生所言："其实无论是重写还是改写，原理上如同瓶瓶罐罐之碎片粘合。尽管这些碎片可能有的大些，有的小些或少一些，粘合技术也可能精细一些或粗疏一些等等，但粘合以后的'瓶瓶罐罐'也必须与'原来物件'基本相似。"（刘宓庆，2008：274）因此，如果译文的外宣效果好则可以说外宣翻译有一个好的结果。例如：对于民族节庆名称的外宣翻译则要视具体情况而进行相应的变通。云南彝族的赛装节即彝族妇女的时装表演，从一开始就有比赛的性质，这可谓是最早的时装表演。彝族少女既是服装的设计者，也是制作者，更是表演中的"时装模特"。赛装节除了展示服饰之美，青年男女也借这一契机传情递意、谈情说爱。由此，赛装节采用音译加释译的策略翻译为 Saizhuang Festival（或者 Costume Competition Festival）比 Costume Festival 更能体现赛装节的节日内涵。跳弓节音译为 Tiaogong Festival，它是居住于广西那坡县滇桂交界地带的彝族人一年一度最隆重的传统节日，是彝族对击败外族侵略者取得胜利时的一种重大庆祝活动。跳弓节大概要进行三天时间，内容主要就是祭天地祖先山神、讲本民族历史文化、唱歌跳舞欢庆等。舞蹈对于彝族来说，是具有民族特色的活动，集体舞蹈则是一个盛大的活动。对于跳弓节来说，其内容丰富，如果用词语来概括的话会比较难，因此如果采用意译或者直译的方法，不如采用音译的方法。

　　当然，没有任何一种翻译方法是万能的，可以毫无顾忌地择一而从。在彝族文化外宣翻译过程中，由于语言、文化之间的差异，外宣译者经常都会遇到各种障碍。而对于那些无法逾越的障碍，译者可以利用语料库来进行翻译研究，避免译文的晦涩难懂。相对于传统的方法来说，利用语料库进行翻译研究有例证丰富、检索方便以及信息量大等特点。与此同时，利用语料库进行外宣翻译时，必须对民族的文化性、历史性以及民族性进行考察。总而言之，借助一定的手段对彝族文化进行外宣翻译，能更好地推动少数民族文化的外宣翻译活动，与此同时也为开展更深的研究提供了条件。

本章小结

　　在第二、三章论述的基础之上，本章依次论述了彝族文化外宣翻译的过程、所遵循的原则以及可采取的翻译策略等。生态翻译学视域下彝族文化外宣翻译的过程是译者对翻译生态环境的适应与选择的过程；生态翻译学视域下彝族文化外宣翻译应遵循适者生存原则和三维转换原则；生态翻译学视域下彝族文化外宣翻译策略——归化和异化具有宏观指导性意义，增译、减译、编译、创译等具体翻译策略在彝族文化外宣翻译的实际操作中则更加具体实用。

第五章　生态翻译学视域下彝族文化外宣翻译译例分析及质量评估

第一节　语言维的适应性选择转换

　　胡庚申把"语言维的适应性选择转换"定义为译者在翻译过程中从不同方面、不同层次对语言形式的适应性选择转换。译者在充分掌握了翻译生态环境之后，首先应该关注的是原语和译语语言层面上的等效转换。通常情况下，对少数民族文化进行外宣翻译时，译者首先需要适应翻译生态环境，在适应翻译生态环境之后，以翻译生态环境适应者的"身份"选择比较理想的译文。换句话说，译者若想产生比较理想的译文，翻译之前需要先把原文吃透，了解原文的基本含义、所处环境以及背景等。然而，不同民族使用的语言不同，而语言又反映着一个民族的文化、习俗、历史、思维方式和价值观等。一个民族语言中特有的词汇或句子，在另外一个民族的语言中可能会缺乏对应的表达，或者与另一民族语言中的词语形式相似而意义却相差较大的表达。如果遇到这种情况，我们就要灵活变通，采取音译加注、直译加注、意译或创译等翻译策略（孙洁菡，2014）。就英汉语言差异而言，英语注重形合，汉语注重意合。连词、介词和省略现象在英语中比较常见，而汉语句子中修饰语多，修辞手法如排比、对仗也较为常见。因此，在翻译的过程中，译者对此应有充分的认识，掌握译语的语言特征，才能更好地做好文本翻译。

　　例1：

　　原文：石林不仅仅只是石林，壮观奇特的丛林之间就是美丽善良的阿诗玛的故乡。彝族的一个支系撒尼人世世代代生息在这里。深厚的历史文化、优美动人的传说、如火如荼的歌舞、精致的刺绣，使得这片得天独厚的石林有了格外的灵性和活力。每年农历六月二十四日的火把节，石林都要举行盛大的大三弦舞蹈、对歌、摔跤和斗牛以及经贸交流，那精彩热闹的场面、那欢快热烈的气氛以及种种浓郁的彝族撒尼人风情将使您流连忘返。

译文：The Stone Forest does not only rely on its natural beauty. The home-town of the beautiful and kind-hearted girl Ashima lies in the marvelous forest. It is the home of the Yi people who have been living here for generations. Their rich culture, history, touching legends, impressive dances and songs and delicate embroidery add much inspiration and vitality to this land. In the Torch Festival which falls on the 24th day of the sixth lunar month, a grand celebration is held in the Stone Forest: the singing is in an antiphonal style, there are the perform-ances of big three-stringed instruments, wrestling, and bull-fighting. They will create a cheerful and wonderful atmosphere. In addition, the unforgettable customs of the Sani people and the beautiful scenery will always remain in our heart. (成应翠，2008：95)

首先，此文译者更多地采用直译策略。原文中的修饰语达 11 处之多，对仗句式 2 处。译文基本保留了原文的对仗结构，对原文的众多修饰语处理也十分恰当，较好地做到了语言维的适应性转换，再现了原文的思想内容，向国外受众传递了石林这片土地古老神奇和充满魅力的特征。其次，英语是形合语言，汉语是意合语言。英汉两种语言在句式和语法层次上风格迥异。译者通过添加连接词"and""in addition"等来实现其"形合"，使其更具有可读性。还有，在翻译"石林都要举行……"采用"there be"结构，使其更符合译语的习惯。

例 2：

原文：挑花刺绣是一种传统的民族民间工艺品。挑花是撒尼人美化服饰用品的一种艺术手段。有单面挑花、双面挑花、素色挑花及彩色挑花。主要产品有挎包、桌布、窗帘等。

译文：Cross-stitch craft is a traditional handcraft. It is an artistic means to beautify the Sani people's garments. The method employed in this work consists of single and double-faced cross-stitch products of one or more courlors. The main products are bags, table cloths and window curtains. (成应翠，2008：210)

例 3：

原文：入夜，熊熊火把照红夜空，青年男女尽情狂欢，欢庆丰收的好年景，欢庆火红的新生活。

译文：At night, in the light of the burning torches, they gather to enjoy themselves to their hearts' content, celebrating their harvest year and their prosperous new life. （成应翠，2008：34）

在汉英翻译中，因英语句子要尽量避免重复，故省略是一种常见现象。为此，在翻译过程中要适当作出省略或填补。以上两个句子能充分说明这一点。例 2 原文中多次出现"挑花"一词，译文里分别用"it"和"the method"来替代；在翻译"单面挑花、双面挑花、素色挑花及彩色挑花"时，译者采用直译策略翻译为"single and double-faced cross-stitch products of one or more courlors"来简短解说，避免了汉语里"挑花"一词的重复。例 3 原文中出现了两次"欢庆"一词，在中文里这是典型的排比修辞手法，但是在英语行文里却需要回避这种重复，即同一个句子中不能出现两次"celebrating"，因此译者通过使用连词"and"将排比句翻译成英语的并列句，避免了这种重复。

例 4：

原文：彝族的主要传统节日就是火把节，又称彝家的狂欢节。《禄劝县志》记载如下："六月二十四日为火把节，亦谓星回节①，夷人以此为度岁之日，犹汉人之星回于天而除夕也。"

译文：Also known as the Yi Carnival, the Torch Festival is a major traditional Yi festival. It is recorded in the Luquan County Chronicles："The Star Regression Festival, or Torch Festival falls on June 24th, the last day of the Yi year, just like New Year's Eve for the Han."（吴宝章、霍永寿，2006：184）

原文里有一段古文。由于古汉语的语言形式特殊，对古文进行英译要比对现代汉语英译复杂。首先译者需要先准确、深刻地理解古文所要表达的意思，然后将古文翻译为现代汉语，最后又把现代汉语翻译为英语，这一过程比普通翻译多出了一个步骤。也就是说，译者先要做语内翻译，然后再做语际翻译。因此，古文英译时要做到原文和译文在形式和意义上完全对等并非易事，这要求译者精通双语文化，在充分理解原文句意、上下文的衔接和逻辑关系的基础上，选择恰当的翻译策略，产生最佳译文。从

① 星回节即彝族的火把节。

例4可以看出，译者充分理解了原文内涵，采取了直译的方法，通过意义重组等实现了译文的忠实性和可读性。

例5：

原文：直苴、三台、昙华彝族地区谷深山高、交通闭塞，"对面叫得应，相见走半天"，就是过去真实的写照。受到客观条件的制约，居住分散的人们经常性的往来几乎不可能，因此，赛装节给四乡五邻的人们提供了交友、娱乐的条件和场所。

译文：Since Zhiju, Santai, Tanhua, and some other places where the Yi people live are located in mountainous regions with underdeveloped traffic and transportation, it is difficult for residents scattered in the areas to frequently visit each other. As the old saying goes, "Although people can hear each other when shouting, it actually takes half a day to reach each other". Therefore, Saizhuang Festival is an opportunity for social gathering and entertainment. （李松，2014：170）

例6：

原文：彝族有句俗语："会说话就会喝酒，会喝酒就会唱歌。"酒歌是彝族生活、思想和性格的呈现，具有多重象征意义。

译文：A popular saying goes among the Yi people, "If you can talk, you can drink, and if you can drink, you can sing." Wine and songs, of multiple importance, are the manifestations of the life, thought and characteristics of Yi people. （李松，2014：104）

首先，例5和例6涉及两句彝族俗语的翻译。俗语也称俗话，指群众所创造，并在群众日常生活中流传，反映人民生活经验和愿望，具有口语性和通俗性的语言。因俗语具有高度概括性、音韵美、地域性强等特点，所以在少数民族文化外宣翻译中，要将俗语翻译到位并非易事。译者在做俗语汉译英时，要尽可能做到忠实于原文意思，选择语言朴实的文风，产生出具有一定节奏感的译文。以上例6的译文基本保留了汉语俗语的对仗结构，连词"and"的使用也非常适合译语的表达习惯。其次，在逻辑思维表达方面，汉语往往重心在后，遵循从因到果、从假设到推论、从事实到结论的规律；英语句子则相反，通常重心在前，把判断、结论等置于句首，把辅助描写等置于句末。汉语中起修饰限定作用的短语结构往往放在被修饰的中心词之前，而英语的习惯正好相反，太多修饰成分则放于中心词之后。上述例 5 便是将此英汉差异体现得淋漓尽致。

第二节　文化维的适应性选择转换

　　文化的适应选择转换是指译者在翻译过程中应努力传递两种语言的文化内涵（胡庚申，2008）。每个民族都有其各自独特的历史和文化习俗，译者在翻译少数民族文化时需要深度把握并适应原文所处的生态环境，对译文进行选择，力图传递民族的文化内涵。彝族文化外宣翻译就是对彝族文化内涵的传递。译者在对外推介彝族文化过程中要处理好"彝族"与"世界"之间的平衡关系，力求传递彝族富有鲜明民族特征的文化信息，这也正是译语读者想要获得的东西。当然，在这一过程中，译者一定要厘清原语文化和译语文化的异同，既不能只站在原语文化的立场去选择译文，也不能只站在译语文化的立场来曲解原文。然而，中英文化的差异给翻译工作带来了巨大挑战。英语和彝语是两种不同的语言，双方在社会、历史、政治、经济和文化构成方面有着完全不同的背景，因而也产生了各自特有的风俗习惯、意识形态等。三维转换过程中的文化适应性选择，要求译者在整个的翻译过程中要关注双语文化的内涵和文字背后的文化释义（胡庚申，2008：3）。彝族文化外宣译者不仅仅要关注译语与原语之间的转换，更应该深入整个彝族文化系统里去理解和把握。

　　下面笔者以彝族敬酒歌的英译为例，讨论译者对其进行英译时该如何处理因东西方文化环境不同而造成的两种语言语义差异的问题。

　　例如《喜欢也要喝，不喜欢也要喝》是男女对唱的彝族敬酒歌，将彝语歌词直译成汉语是这样的：

　　（女）阿佬表端酒喝，

　　（男）阿表妹端酒喝，

　　（女）阿佬表喜欢不喜欢也要喝，

　　（男）阿表妹喜欢不喜欢也要喝。

　　（合）喜欢呢也要喝！不喜欢也要喝！

　　　　　管你喜欢不喜欢也要喝！

　　　　　管你喜欢不喜欢也要喝！

　　在彝族社区的"阿佬表"和"阿表妹"虽然有汉语的"表哥/弟"和"表姐/妹"之意，但其内涵和外延却丰富得多。最初，"佬表""表妹"专指姻亲基础上的表哥/表弟、表姐/表妹。随着社会的发展、观念的更新和交往的扩大,越来越多的彝族青年男女频繁聚会。为了体现交往中的平等、避免交往中不必要的尴尬和拘束,彝族青年男女便以"佬表""表妹"相称。后来,"佬表""表妹"已逐渐成为彝族青年男女恋人之间或情人之间的一种互称形式。如今,彝族人民在公众筵席和大型招待会上会用"阿佬表"和"阿表妹"来泛称各民族的男女(无论年龄老少、无论职务高低),一方面用平等的态度对待所有来宾、消除彼此间的拘谨;另一方面表达彝族人民的情意(亲如一家、情如恋人)、展示彝族人民的好客(来者都是客、聚者都是友),用敬酒歌的方式表达出来更是如此。因此,在英译"阿佬表"和"阿表妹"时,就不能简单地用英语的"cousin"来译之,因为英语中"cousin"的内涵和外延都无法包容彝族"阿佬表"和"阿表妹"所要表达的寓意。此时,我们就必须转换文化信息。通过分析,笔者认为,用"friend"来译"阿佬表"和"阿表妹"较为贴切,因为"friend"有很大的拓展空间,而且该词是个中性词,其寓意也比较接近"阿佬表"和"阿表妹"。故在实践中,译者可以将第一句对唱词"(女)阿佬表端酒喝,(男)阿表妹端酒喝"的文化信息转换为:

(Woman):My dear friend,cheers!

(Man):My dear friend,cheers!

事实上,以酒代茶是彝族社区的礼节,选唱敬酒歌来敬酒是彝家人民对客人的极大尊重。换言之,彝家人敬酒,要表达的是浓浓的真情、深深的敬意、由衷的祝福、美好的心愿,其目的在于让亲戚开心、使朋友尽兴。而且只有特殊的亲戚来了彝家人才会唱敬酒歌敬酒,只有尊贵的朋友才会有幸听到彝家人的敬酒歌。更何况,在地地道道的彝族社区,彝家人是敬酒不劝酒的,客人能喝多少喝多少,不会喝酒不勉强,以茶代酒情亦在。因此,在我们英译敬酒歌时就要考虑到英语民族的文化心理,进而对译文的文化信息进行重组,转换原文与译文相悖的信息,使译文尽量符合译语受众的文化观念和语言结构。

在英译中,若把"喜欢呢也要喝,不喜欢也要喝,管你喜欢不喜欢也要喝"直译为"If you like it, you have to drink it. If you do not like it, you also have to drink it"或"No matter you like it or not, you should have a drink"之类,则真是对人不恭、强人所难了。此时,对文化信息进行重

组就显得极其重要了。在实际操作中，可以把"阿佬表，喜欢不喜欢也要喝，阿表妹，喜欢不喜欢也要喝"这两句的文化信息重组为"阿佬表，为我们的友谊干杯，阿表妹，为我们的幸福干杯"，把彝族人民的豪爽好客和热情洋溢的敬酒与世界人民珍惜友谊、追求幸福的共同愿望有机结合起来。在经过文化信息重组后，朱元富将这首敬酒歌做了如下翻译：

（Woman）：My dear friend，cheers！

（Man）：My dear friend，cheers！

（Woman）：My dear friend，cheers for our friendship！

（Man）：My dear friend，cheers for our happiness！

（Chorus）：For our friendship，cheers！For our happiness，cheers！

For friendship and happiness，cheers！

For friendship and happiness，cheers！

［朱元富，2012（2）：180—187］

第三节　交际维的适应性选择转换

交际的适应性选择转换，是指翻译过程中译者除语言信息的转换和文化内涵的转换以外，把选择转换的侧重点放在交际层面上，注重原文中交际意图是否在译文中得以体现（张艳等，2010）。大多文本的功能通常都不是单一的，往往具有多重功能，除语言和文化信息传递的功能外，还体现着交际信息传递的功能。译者在进行翻译的过程中，不仅要进行语言和文化信息的有效传递，更要注重实现交际意图。鉴于此，除了语言和文化两个层面外，彝族文化外宣译者的首要任务是要实现交际的目的，换句话说，就是要落实原文所要传递的信息与译文读者的意图是否吻合，如不吻合，则翻译时要做相应的处理，如适当增补、删减等。因此，彝族文化外宣译者首先需要了解原文所处的翻译生态环境，分析原文所要传递的交际功能，然后选择产生出恰当的译文。

例1：

彝族敬酒歌《一杯酒》的歌词大意：

（男）一杯酒一座山哟，啊哩拉喏哎，一杯酒一条江哟。啊哩拉喏哎！

（女）一杯酒一呀一朵花，啊拉拉耶！一杯酒一呀一句话。啊拉拉耶!

彝族人民绝大多数聚居或杂居于山峰秀绿水清的山区和半山区。高山大川哺育了他们,他们在山水里长大,在山水里成人。高山塑造了他们坚韧不拔的性格,大川培育了他们海纳百川的胸怀。他们对雄伟的大山无比尊重,对延绵的江河极为依恋。因此,不少彝族民歌都以高山、流水类比或暗喻尊敬、爱戴、珍爱、友情。

这第一节对唱表达的是彝族人民情真意切的思想感情:"我对你的敬重犹如我对巍峨大山的敬重,我对你的友谊就像江河奔流不息,我对你的情感好比花朵纯洁无瑕,我要对你说的话浓缩在杯中让你细细品尝。"这里,如若把"一杯酒一座山""一杯酒一条江""一杯酒一朵花""一杯酒一句话"简单直译为"a cup of wine, one mountain", "a cup of wine, one river", "a cup of wine, one flower", "a cup of wine, one word"之类,不了解彝族社区及彝族文化的西方人就会感到莫名其妙,百思不得其解,这样的译文完全体现不了原文的交际意图。因此,朱元富通过灵活变通,采取意译的策略来传达其内涵:敬一杯酒代表我的尊重,敬一杯酒代表我的友谊,敬一杯酒代表我的情意,敬一杯酒倾诉我的衷肠。

(Man): A cup of liquor to show my respect, A Li La Nuo Ai!

A cup of liquor to witness my friendship, A Li La Nuo Ai!

(Woman): A cup of liquor to express my feeling, A La La Ye!

A cup of liquor to disclose my heart (love), A La La Ye!

[朱元富, 2012 (2): 180—187]

例2:

交杯小酒我俩喝

小小三弦脆生生,小哥弹弦妹来听,

隔山隔水来相会,不唱两调咋忍心。

小小酒杯团罗罗,小妹端酒大哥喝,

爱说爱笑我两个,交杯小酒我俩喝。

爱唱歌来就唱歌,不爱唱歌端酒喝,

小小酒杯情义深,话在酒中不多说。

同样,在英译《交杯小酒我俩喝》时,朱元富采取变通、增译、意译等策略使外国听众感受到了其中"如饥似渴来相聚,交杯小酒传情意"的思想,在实践中对《交杯小酒我俩喝》做了如下英译:

Let's Drink Cheerfully with Heart

The three-stringed Yukin is excellent and I love to hear my honey playing it.

We come here to meet with great efforts and we should sing our songs at will.

The wine cup is nicely round and I will fill it up and offer it to my sweet-heart.

Chatting and laughing two of us and let us cheerfully have the wine drunk up.

Sing together, merrily we sing; and drink together, heartily we drink.

My love and wishes are in the wine and they are in you when you drink it.

［朱元富，2012（2）：180—187］

根据生态翻译学理论的翻译原则，翻译生态环境中的各典型要件在翻译过程中需要相互协调配合。上述译文从字面上看虽与原文不能一一对应，但显而易见，经过各典型要件协调合作后生产出来的译文，更能准确传递彝族文化信息，最终实现了原文的交际意图。

第四节　彝族口传叙事长诗《阿诗玛》英译探讨

一　《阿诗玛》介绍

口传长篇叙事诗《阿诗玛》源于一个流传于云南石林地区的民间古老传说，讲述的是阿诗玛和阿黑兄妹俩反对不合理的婚姻的故事。主要情节为：阿诗玛和其父母的养子阿黑两人情投意合，但富家子弟阿支很早就看上了阿诗玛。阿支趁着阿黑外出放牛时把阿诗玛抢走，但阿诗玛誓死不从。阿黑和阿支通过对歌、比武和打虎等来决定输赢，阿黑获胜，于是阿支只得放了阿诗玛。就在他们高兴而归时，阿支放洪水淹没了他们。当洪水退去，阿黑醒来时，阿诗玛已变成了一座石崖，变成了山谷里的回声。

民间传说的《阿诗玛》通过彝族撒尼人用自己的语言——彝语口头讲述，一代一代流传下来，后经收集、整理、翻译成汉语本。《阿诗玛》在国内曾被改编成各种艺术形式如电影、京剧、滇剧、歌剧等。1964 年，根据同名民间长诗改编，由刘琼导演执导、杨丽坤等主演的电影《阿诗玛》上映。这部中国第一彩色宽银幕立体声音乐歌舞剧曾于 1982 年获国际音乐最佳舞蹈片奖，1994 年该片又获文华大奖，并被确认为"20 世纪经典"。随着现代社会经济发展的需要，以"阿诗玛"来命名的商品也越来越多，如阿诗玛香烟、阿诗玛女装等。

本书所使用的《阿诗玛》汉语本为 2009 年云南人民出版社出版的由黄铁等编写的诗歌体版本，英语本为 1957 年由戴乃迭翻译、1981 年北京外文出版社出版的 Ashima 精装本。《阿诗玛》全诗共 1500 行，诗中字里行间折射出撒尼人的历史，表述着撒尼人的愿望和思想感情，而阿诗玛和阿黑的形象已成为撒尼人心目中的人格代表。全诗共 13 章，分别是：一、应该怎样唱呀；二、在阿着底地方；三、天空闪出一朵花；四、成长；五、说媒；六、抢亲；七、盼望；八、哥哥阿黑回来了；九、马铃响来玉鸟叫；十、比赛；十一、打虎；十二、射箭；十三、回声。

二 《阿诗玛》英译概述

自 1954 年首发于《云南日报》以来，《阿诗玛》被翻译成英、法、日、韩等多种语言流传于海外。《阿诗玛》之所以能够闻名于英语世界，离不开汉学家戴乃迭（Gladys Yang）的成功翻译。戴乃迭将《阿诗玛》界定为方言文学（vernacular literature）。根据 1955 年人民文学出版社出版的汉文本的《阿诗玛》，戴乃迭按照自己的翻译思想和方法于 1957 年独立完成了英语本 Ashima 的翻译，该译本分别于 1957 和 1981 年由外文出版社首版和再版。戴乃迭以诗译诗，成功地采用英国民谣体四行诗的形式译成了 Ashima。该译本配有我国著名的国画大师黄永玉的插画，分别由导言和正文组成，正文共 13 章。导言部分主要介绍了《阿诗玛》的由来、故事简介和语言特点等。时至今日，戴译本 Ashima 是唯一保存下来的《阿诗玛》完整英译本，大英博物馆、哈佛大学、多伦多大学等都收藏有该译本。

三 《阿诗玛》部分内容英译探讨

《阿诗玛》作为撒尼人的一部民间叙事长诗，是全人类所共享的精神财富。戴乃迭以英国民谣体四行诗的形式翻译《阿诗玛》，译出了诗歌的韵律，宏观上形成了统一的叙事诗歌文体。译者选词民间化，创造性地采用了较为对应的英国四行诗诗体进行翻译，经过译者的再创造，译本在形式、语义上都相当接近原作。最重要的是，笔者在对《阿诗玛》英译本进行分析时，发现译者所采取的英译策略更体现了生态翻译学理论的"三维转换"翻译原则。也就是说，在对《阿诗玛》英译的过程中，译者不仅注重语言层面上的转换，还特别注重其文化内涵的传载和交际意图的实现等。

由于《阿诗玛》汉语本和英译本较长，笔者在此只是提取了一些与本研究相关的诗节或句子进行分析。

（一）语言的适应性选择转换

1. 复沓式语言的适应选择

复沓即重复，是一种重复使用同一词语、句子或句群的艺术表现形式。复沓句式语言精练、结构清晰，句子与句子之间可以更换少数词语，节奏和音韵协调，语言浅显明白，一句扣一句，显示出一种整齐美。我国《诗经》中常用到这种艺术形式，给人一种回环美。《阿诗玛》汉语版在韵律和节奏上采用我国《诗经》中的五言诗体，文中复沓句式极为常见。

例1：

原文：

①格路日明家，／花开蜜蜂来，／蜜蜂嗡嗡叫，／忙着把蜜采。

②院子里的松树直挺挺，／生下儿子像青松；／场子里的桂花放清香，／生下姑娘像花一样。

③热布巴拉家，／有势有钱财，／就是花开蜂不来，／就是有蜜蜂不采。

④场子里的树长得格权权，／生下的儿子长不大，／他叫阿支，阿支就是他，／他像猴子，猴子更像他。

（黄铁等，2009：6—7）

译文：

①To find the flowers Geluriming grew, ／ Bees came from far away, ／ They came to sip the nectar sweet, ／ Throughout the livelong day.

②Fragrant osmanthus trees they had, ／And sweet their daughter fair; ／ And straighter them a sapling pine, ／The son they nurtured there.

③The household of Rebubala, ／Was rich beyond compare, ／But to his flowers no bees would come, ／To sip the nectar there.

④His courtyard trees grew all awry, ／His son was just the same; ／A surly, wizened ape was he, ／And Azhi was his name.

（Gladys Yang, 1981：8—9）

要洞察并译出汉语中的复沓句式并非易事，译者需要有较好的汉语文化修养。上述原文是复沓句式使用较为明显的诗节，戴乃迭较好地洞察到了诗行里的复沓句式和原作者使用复沓句式的意图，将其进行了较好的传达。比如，为了把原作里的复沓句式体现出来，译者将原诗里的"桂花"译成了"osmanthus trees"，目的是要让其与第四节里的"场子里的树"（courtyard trees）前后照应，形成对比。还有，在翻译第三节的"就是花开蜂不来，就是有蜜蜂不采"时，为了译出复沓句式的内涵，译者用了"but"来作转折，正好与第一节的"花开蜜蜂来，忙着把蜜采"形成对比。译者将阿诗玛家与阿支家的人缘关系作了鲜明的对比，这样的翻译与原作者的目的是完全一致的。可以说译者对原作的复沓句式处理得恰到好处，有效传达了原作的交际意图。

例2：

原文：

①阿诗玛像荞叶，／长的嫩汪汪，／只知道高兴，／不知道悲伤。

②阿诗玛像玉米叶，／长得油亮亮，／只知道高兴，／不知道悲伤。

（黄铁等，2009：35—36）

译文：

①And Ashima, too, so young and fair, ／Was like a buckwheat leaf; ／Untouched by sorrow all her life, ／She knew nor care nor grief.

②Oh, like a leaf of golden maize, ／Was Ashima young and fair, ／Untouched by sorrow all her life, ／She knew nor grief nor care.

（Gladys Yang, 1981：31—32）

上述两个诗节里复沓句式的使用非常明显。原诗在字面上仅仅变换了两个词，即"荞叶"和"嫩汪汪"变成了"玉米叶"和"油亮亮"，这些词也都是彝族撒尼人特有的比喻语言。为了译出原作复沓句式的特点，译者将这两节诗行进行了对应的翻译。首先，译者将"长得嫩汪汪"和"长得油亮亮"都译成了英语里常用来描述女孩年轻漂亮的词"young and fair"，巧妙地强化了阿诗玛这一年轻美丽的生动形象。另外，原作里两次出现"只知道高兴，不知道悲伤"的复沓诗句，译者在此并没有像普通翻译所采用的省略翻译方式，而是将其重复翻译出来，只在词序上些许调整：untouched by sorrow all her life, ／ she knew nor greif nor care。如此翻译不仅满足了译者所采用的英国四行诗民谣体的结构需求，而且也与原作者所要表达的意图正好吻合，意在突出阿诗玛此时此刻的快乐心情。如此复沓式的翻译更能体现原作的回环之美。

2. 修辞语言的适应选择

从语言特色上看，叙事长诗《阿诗玛》中的诗性语言有很强的地域性和民族色彩，原诗大量采用撒尼人特有的比喻、拟人、夸张和复沓等修辞手法，这种撒尼人特有的身份语言增强了《阿诗玛》原作的形象性和诗歌韵味。戴乃迭将原作中所表现出的修辞手法尽量保留，除了作适当省译、增译和其他的翻译处理外，译者尤其注重再现原作的比喻修辞手法。彝族撒尼人的比喻真实且具体，比如，诗中把阿诗玛比喻为"花"、把阿黑哥比喻为"青松"等。笔者下面着重以比喻为例来说明《阿诗玛》英译修辞语言的适应性选择转换。

例3：

原文：

脸洗得像月亮白，/身子洗得像鸡蛋白，/手洗得像萝卜白，/脚洗得像白菜白。

（黄铁等，2009：11）

译文：

No moon is whiter than her face, / Or tiny form so sweet, / No tunip whiter than her hands, / No egg shell than her feet.

（Gladys Yang, 1981：12）

这节诗描述了阿诗玛小时候长得白白胖胖，原文作者用撒尼人特有的比喻语言把阿诗玛的脸、身子、手和脚的肌肤之白比为月亮、鸡蛋、萝卜和白菜之白。这样的比喻呈现给人们的是一个纯朴自然、乖巧可爱的农家小女孩——阿诗玛的形象。译者在翻译这类比喻时，尽量保留了原作的修辞手法，但也没有采用字字对应的翻译方法，而是采用灵活变通策略将直译、意译、省译等相结合，通过把握这些比喻的实质内涵，用英语的固定句型如"No more...than..."结构来翻译这些比喻语言，表达恰到好处。当然，在翻译过程中译者做了适当增加和删减信息的处理。因考虑到英语四行诗体的结构需要，译者就没有把原作中的喻体——翻译出来，比如译者没有将上述诗节第四行里的喻体"白菜"译出来，而是借用第二行里"鸡蛋"的白来做喻体替换。由于中西语言的差异，汉语的比喻语言里所说的"鸡蛋"其实就是指"像鸡蛋壳一样的白",如果逐字将"鸡蛋"翻译成"egg",势必会让译语读者产生疑惑,以为是指餐食里可食用的鸡蛋,怎会用来比喻阿诗玛的"白"呢?戴乃迭充分意识到了这一点,翻译时做到了适当增加信息,将"鸡蛋"译成了"鸡蛋壳"(egg shell),满足了译语读者的信息需求。

3. 篇章结构的适应选择

很多中国人都熟知的英国民谣 *Auld Lang Syne*(中文译名:《友谊地久天长》),其实,这是一种短小的叙事诗,原是苏格兰民间小调。其情节单纯,富有戏剧性,有音乐的配合,有的还与民间舞蹈有关。在形式上采用"民谣体",即四行诗节,二四行押韵,以叠句和重复来增强其音乐效果。彝族民间口传叙事长诗《阿诗玛》与英国民谣体诗歌在文体形式上几乎近似。然而,现代整理出版的《阿诗玛》由导言和 13 章正文组成,各章的诗节行数不完全一致,大多为四行,但也有六行和其他数目的诗节。要把中文长诗《阿诗玛》翻译成英语民谣体四行诗的形式,译者需要作出删减和其他翻译处理。戴乃迭经过认真思考,决定把《阿诗玛》移植到英国民谣诗体四行诗上。在翻译过程中,当遇到诗节不统一的地方,译者作了大幅度的调整。有时,把原文有六行的诗节变成四行诗节,中间删掉一些重复的诗行或者不必要的信息;有时把原文的一个四行的诗节改变为两个四行的诗节,中间增加一些必要的信息,主要目的是满足英语诗节的格局和韵律要求。翻译中做出这样的调整,充分体现了译者的主体性和再创造性。

例 4:

原文:

小姑娘日长夜大了,/长到三个月,/就会笑了,/笑声就像知了叫一样。/爹爹喜欢了一场,/妈妈喜欢了一场。

(黄铁等,2009:14)

译文:

From day to day sweet Ashima grew,/Till three months old was she,/When gay as cricket was her laugh,/She crowed so merrily.

(Gladys Yang,1981:15)

在翻译以上这个原文为六行的诗节时,戴乃迭的译文删掉最后重复的两行:"爹爹喜欢了一场,妈妈喜欢了一场"。因为原文重复的诗节内容在其他诗节已做过翻译，因此此处的删译不会对原诗信息的传达造成任何影响。然而，删译并非始终奏效。下面这个例子说明：必要时，译者采用压缩和精练的处理方式最为适合。此法一举两得，既避免了原诗语义上的重复啰唆，又满足了英文四行诗的格局要求，但也能收到同样的翻译效果。

例5：

原文：

小姑娘日长夜大了，/不知不觉长到十岁了，/手上拿镰刀，/皮条肩上挂，/脚上穿草鞋，/到田埂上割草去了。

（黄铁等，2009：15）

译文：

From day to day sweet Ashima grew, /Till she knew summers ten, /In shoes of straw she took a scythe, /To mow the hillside then.

（Gladys Yang，1981：16）

在这一节里，译者把原文的第三、四、五、六句作了压缩精练处理，合译为两句。这不仅使译文在形式表现得工整，语义上得到了诠释，更重要的是，译文更具有诗性，达到了英国民谣四行诗体例的韵语效果。

（二）文化的适应性选择转换

1. 撒尼数字文化的适应选择

数字文化是《阿诗玛》诗歌语言的一大特色。彝族撒尼人的口传诗歌语言里有一种特殊的修辞现象——数字使用较为频繁。频繁使用数字的目的只是增强诗歌的节奏和韵律，以方便吟唱者记住歌词，朗朗上口。这些数字并非一定指确切的数量，很多时候只是一种泛指。

例6：

原文：

三岁的小水牛，/四只脚落地，/后脚踏前脚，/跟着妈的脚印走。

（黄铁等，2009：3）

译文：

A little water buffalo, /Plods onward unafraid, /And palnts its four hooves in the tracks, /The mother cow has made.

（Gladys Yang，1981：4）

因译者的双语文化造诣颇高，此处，她深知原作中"三岁的小水牛"

里的"三"只是一个虚数，因此没有将其直译为"three"，而译为"little"，表示水牛还小。译者采用"模糊"翻译也正是原文所要表达的意图，体现出译者对原诗的把握程度较高。如此翻译呈现在人们脑海里的是一只可爱的小动物形象，容易被译语读者所接受。

彝族文化历史悠久，彝族祖先很早就认识到了数字中蕴含着博大精深的知识。彝族有"三数文化"和"九数文化"。数字文化早已融入彝族人民生活的各个方面，尤其是运用在诗歌的语言上。类似于"没事每天找她三遍，有事每天找她九遍"这样的诗句在《阿诗玛》中很常见。其中，"三、七、九、九十九、一百二十"等数字出现的频率很高，如"三箭、三调、三声""七天、七山、七林""九山、九林、九斤""九十九桌客、九十九坛酒"和"一百二十桌客、一百二十盆饭"等。

在彝族文化中，有"天一、地二、人三"之说。"三"有时是个虚数（如上述例6），但有时确实指具体的数量，也有时表示数量多或多次的意思。在彝族撒尼人心中"三"是一个阳数。在我国的风水学说里"三"表示"天、地、人"和谐之说中的"天"，因此，"三"在中华汉文化中也是一个吉祥的数字。更为重要的是，西方人偏爱数字"三"，这与基督教文化关系密切，如耶稣降生时"三王来朝"① 等，因此在他们眼里"三"也是一个吉利的数字。译者戴乃迭是西方人，但又长期生活在中国，对两种文化的认知程度颇深，她适应了中西文化之不同，视不同情况对"三"进行了不同的翻译。

例7：

原文：

①在撒尼人阿着底地方，/在阿着底的上边，/有三块地无人种，/三所房子无人烟。

②那三块地留给谁种？/要留给相好的人种；/那三所房子留给谁住？/要留给相好的人住。

③没吃过的水有三塘，/塘水清又亮。/三塘水留给谁吃？/要留给相好的人吃。

④没有人绕过的树有三丛，/树丛绿茸茸。/三丛树留给谁绕？/要留

---

① "三王来朝"是个流传很广的圣经故事，是讲小基督出生后，有三位从东方来的客人知道救世主降生，便去朝拜圣母子，献上带去的羔羊美酒等礼物。

给相好的人绕。

（黄铁等，2009：5—6）

译文：

①We Sani folk live in Azhedi，/And there in high Azhedi，/There were three plots untilled by man，/And smokeless buildings three.

②For whom were these three holdings left？/None but a loving pair；/And whose were these three empty rooms？/True lovers should live there.

③There were three pools untouched by man，/With water bright and clear./Oh，who would drink of these three pools？/Why，none but lovers dear.

④Three groves where never man had walked，/Had leaves of emerald green./For whom were these three orchards left？/For love to walk between.

（Gladys Yang，1981：7）

在以上诗节里，译者把"三"全部对等翻译成了"three"，译者认为"三"这一数字概念在两种文化语境里的含义是相通的、对等的。

例8：

原文：

①左门雕金龙，/右门镶银凤，/粮食堆满仓，/老鼠有九斤重。

②黄牛遍九山，/水牛遍七山；/山羊遍九林，/绵羊遍七林。

③热布巴拉说的话，/好比石岩压着嫩树芽。/热布巴拉家要娶你，/你不愿嫁也得嫁！

④不嫁就是不嫁，/九十九个不嫁，/有本事来娶！/有本事来拉！

⑤九十九挑肉，/九十九罐酒，/一百二十个伴郎，/一百二十匹牲口。

（黄铁等，2009：34—35；38—40）

译文：

①In gold and silver ornaments，/His massive gate abounds，/His barns are stacked so high with grain，/The rats weigh nine full pounds.

②His cattle roam nine mountain sides，/His goats nine forests steep；/On seven hills his oxen graze，/In seven woods his sheep.

③Rebubala，like some great rock，/Can crush a tender tree，/"Tis his command you wed his son，/And you must come with me."

④I answer：Ninety-nine times No！/I will not go with you！/He cannot make me wed his son. /No! That he cannot do!

⑤See ninety-nine full loads of meat, /And kegs of wedding wine, /Five score and twenty bridegroom's men, /Five score and twenty kine.

(Gladys Yang, 1981: 30; 34—35)

在彝族文化中，奇数属于阳性数，偶数则属阴性数。在以上诗节里，数字"七""九""九十九"和"一百二十"出现多次。除"三数文化"外，彝族认为数字"七"含有万物循环周而复始之意，数字"九"表示数量极多之意。这些数字在中华文化和英语文化中也同样含有数量多且吉利之义。因译者戴乃迭精通中英双语文化，在对以上数字进行翻译时将这些数字进行了对等翻译。

2. 撒尼彝族民俗民风的适应选择

撒尼族（彝族的一个支系），居住于云南省石林彝族自治县。撒尼人民将《阿诗玛》称为"我们民族的歌"，这是一部承载着上千年彝族传统文化底蕴的口头文学经典。在一代又一代彝族人的传唱中，《阿诗玛》传递着本民族的历史、文化、价值观念和思维方式等，阿诗玛的形象已然成了撒尼人理想追求的人格。《阿诗玛》中蕴含了太多彝族撒尼人民的传统民俗元素。

在撒尼民俗里，当婴儿满月时，主人家里就会请"祝米客"，娘家人来祝贺称为"送祝米"，这是一种庆祝家里添丁的农家传统习俗。在请"祝米客"当天，主人会请亲戚朋友和乡邻到家里做客，并请德高望重的长者给孩子取名。

例9:

原文:

①满月那天早晨，/爹说要给我囡请请客人! /妈说要给我囡取个名字! /哥哥说要给我妹热闹一回。

②这天，请了九十九桌客，/坐满了一百二十桌。/客人带来九十九坛酒，/不够，又加到一百二十坛。

③全村杀了九十九个猪。/不够，又增加到一百二十个。/亲友预备了九十九盆面疙瘩饭，/不够，又加到一百二十盆。

④妈妈问客人：/"我家的好囡取个什么名字呢?"/爹爹也问客人：/"我家的好囡取个什么名字呢?"

⑤村中的老人，/齐声来说道：/小姑娘就叫阿诗玛，/阿诗玛的名字

如香草。

⑥可爱的阿诗玛，/名字叫得响，/从此，阿诗玛，/名声传四方。

（黄铁等，2009：12—13）

译文：

①The day she was one mouth old，/Up spoke her father dear：/ "To celebrate this happy day，/Let friends be gathered here."

We'll choose a name to give the child，/Her loving mother said，/ "Let all rejoice," said young Ahei，/ "And food for guests be spread."

②For ninety-nine the board was laid，/But by six score was filled；/A hundred pigs were brought as gifts，/But twenty more were killed.

③The guests brought wine kegs ninety-nine，/But drank a full six score；/And to the hundred dishes brought /They added twenty more.

④ "How shall we name our little one?" /The mother asked each guest./ "Pray choose my pretty babe a name，" /The father made request.

⑤Then all the village elders spoke，/Their answer was the same：/ "As Ashima let the child be known；/Let Ashima be her name."

⑥ "Ashima！" they shouted one and all，/The very rafters rung；/And ever after，Ashima's name /was heard on every tougue.

（Gladys Yang，1981：13-14）

在以上诗节中，译文首先将"满月那天早晨"译为"day"，并将该词放于译文之首，不仅取得压脚韵的效果，还突出了满月这天是一个特别的日子。其次，原文和译文里都出现了"九十九桌客"和"一百二十坛酒"之类的夸张描写的修辞手法，译者将彝族这一数字文化对等地翻译出来，烘托了"祝米客"这一民俗喜庆热闹的气氛。另外，在翻译"要给我囡请请客"时，译者采用了自然、通俗的语言"let friends be gathered here"，而没有使用译语文化语言如"invite guests to dinner party"来翻译，这样的翻译更贴近撒尼人请满月客的习俗，保留了撒尼人自然淳朴的民俗风格。还有，译者将"热闹一回"译为"let all rejoice"，译语读者很快就能感受到了这种场合的热闹氛围。

此外，在翻译阿诗玛的父亲请长者给女儿取名时，译者使用了"pray"（正式的请求）一词而非"ask"，把对长者的尊敬和请长者帮忙取名的语气翻译得淋漓尽致，体现了译者在翻译时尽量保留彝族文化的可贵品德。

（三）交际的适应性选择转换

1. 文化意象的适应选择

戴译本《阿诗玛》的语言通俗易懂，尽量接近译语普通大众，原作中的大多数比喻和意象性语言也都尽可能得到了保留。然而，为较好传达原作精神和取得较好的交际效果，译者在必要时也采用了意象替换的处理手法。

例10：

原文：

圭山的树木青松高，／撒尼小伙子阿黑最好，／万丈青松不怕寒，／勇敢的阿黑吃过虎胆。

（黄铁等，2009：8）

译文：

No tree grows taller than the pine, ／It fears not winter's cold, ／As if he'd supped on tiger's blood, ／Ahei was lithe and bold.

（Gladys Yang，1981：10）

在这里，为避免读者误解以为阿黑真的吃过虎胆，译者没有把"虎胆"一词直译为 tiger's gallbladder 等。在英语文化中，表示强大的精神力量时与是否"吃过虎胆"没有关联，因而译者将其作了文化语义的转换，将"吃过虎胆"译为"supped on tiger's blood"，似与中文里"浑身是胆"的语义相近，从而实现了原作的交际效果，把勇敢正直的阿黑形象树立在读者眼前。

例11：

原文：

从小爱骑光背马，／不带鞍子双腿夹；／拉弓如满月，／箭起飞鸟落。

（黄铁等，2009：8—9）

译文：

Ahei from boyhood rode bareback, ／None sat a horse so well; ／When in the chase he bent his bow, ／His quarry always fell.

（Gladys Yang，1981：10）

在英语文化中，人们通常把月亮比喻成弯弓（bow），但在撒尼文化里，人们把弓拉弯的程度比喻成满月（full moon）。由于两种文化的喻体相反，译者在翻译"拉弓如满月"时，就采用了灵活变通语义的策略，用通俗的语言将其翻译为"he bent his bow"。这样翻译才不会引起译语读者费解，反而更贴近译语读者的接受习惯。

例 12：

原文：

十二崖子上，/站着一个好姑娘，/她是天空一朵花，/她是可爱的阿诗玛。

（黄铁等，2009：88）

译文：

Above these twelve crags Ahei saw，/A lovely maid appear，/A flower of paradise she seemed，/And she was Ashima dear.

（Gladys Yang，1981：78）

在这一诗节里，原作将死后变成石神的阿诗玛比喻成"天空中的一朵花"，照字面意思应译为"a flower in the sky"，然而译者戴乃迭通过恰当处理中英文化差异将其译为"a flower of paradise"（天堂里的一朵花），因为在英语基督教文化里，人们相信善良的人死后能得到主的拯救进入天堂。这样的翻译更适应英语世界读者文化的认知能力和水平，体现了译者精通中英双语文化，具有透过字面信息挖掘两种文化的深层同质对等意义和再创造的能力。戴乃迭通过语言重组，把撒尼民族文化意象移植到基督教文化意象中去，使之发生了脱胎换骨的变化，最终实现了文化对等传真的交际效果。

2. 情感和心理传递的适应选择

口传叙事诗是很多民族表达情感的方式之一，《阿诗玛》正是彝族撒尼人民表达情感的经典之作。戴译本《阿诗玛》在对人物情感和心理语言进行翻译处理时，同样也保留了原作的夸张等修辞手法，将这部口传文学作品中的情感意义作了较好的传递。

例 13：

原文：

一口气跑了两座山，/两口气跑了五座山，/马嘶震动山林，/四蹄如飞不沾尘。

（黄铁等，2009：60）

译文：

He rides two journeys in a day, /And five days'course in two; /The woods and hills are left behind, /As he comes hurtling through.

（Gladys Yang, 1981：56）

在这一诗节中，原作运用了夸张的修辞手法，描述了阿黑心急如焚地急于去救阿诗玛的焦虑心情。译者充分把握到了阿黑这一人物的心理状态，在翻译阿黑"一口气跑了两座山，两口气跑了五座山"时采用意译策略将这一情感传递得相当到位；另外，从文化维转换层面看，"Two journeys in a day/And five days' course in two"更符合译语读者的文化接受需求。事实上，译者在翻译情感和心理语言时，关键是要传达出原作中人物的情绪和内心活动，让译语读者产生共鸣。

例14：

原文：

①妈听见这句话，/心里想一想：/妈的女儿呀，/你不嫁不行了。

②爹听见这句话，/心里想一想，/爹的女儿呀，/你不嫁不行了。

③阿诗玛的妈说："嫁是要嫁了，给是要给了，要嫁好人家，不嫁坏人家。"

（黄铁等，2009：31—32）

译文：

①And Ashima's mother pondered well, /On all Haire had said, / "Yes, every mother's daughter dear, /Content or not, must wed."

②And Ashima's father pondered well, /On all Haire had said, / "Yes, every father's daughter dear, /Content or not, must wed."

③ "Then wed she shall," her mother said, / "And join another clan. / But let her wed a trusty lad, /And not a wicked man."

（Gladys Yang, 1981：28）

在以上这节诗里，原文是一段阿诗玛的父母在看待女儿出嫁问题上的心理活动描写。在翻译"心里想一想"时，译者用了"ponder well"而不是"think over/about"，表达了阿诗玛父母对待女儿出嫁问题的慎重态度。此外，在翻译"好人家/坏人家"时，译者将其具体表述为"a trusty lad/a wicked man"（好人/坏人），不仅便于读者理解，而且还很好地传达了什么是"要嫁好人家"的这一想法。

四　本节小结

本节从生态翻译学视角出发，探讨了戴乃迭的《阿诗玛》英译本 *Ashima* 中的三维转换程度和原则。分析结果表明：戴乃迭英译《阿诗玛》的实践基本是成功的，译出了原作的特色和意蕴。译文在语义和结构上几乎与原作保持一致。译者采用英国民谣四行诗体的形式来翻译彝族文化精髓《阿诗玛》，不仅顺应了译语读者的接受能力和阅读习惯，而且还保全了彝族文化的本质内涵。在翻译的过程中，译者对原作的把握较深，尽量靠近原作，同时也不忘考虑译语读者的需求，采取近似"对等"的以诗译诗的翻译方法，体现了译者具有极高的整体思维意合性、逻辑性、创造性、鉴赏力和双语文化修养。译者以增译、减译、删译、编译、直译、创译、音译、意译等多种翻译手段，将生态翻译学的三维转换原则和译者为中心原则体现得淋漓尽致。译者成功地将彝族特色文化"阿诗玛"传播到英语国家，在传递文化的同时还充分尊重和保留了我国彝族人民的文化和不屈不挠的抗争精神。最重要的是，译者在向英语国家读者带去独特的异域风情的同时，对中国民族文化的向外传播作出了巨大贡献。

第五节　彝族民歌《小河淌水》英译探讨

众所周知，歌曲翻译并非易事，这是一种专业性和技术性很强的涉及多门交叉学科的特殊翻译，而少数民族民歌英译更是难上加难。彝族民歌是极富特色的民歌类型，其代表作品如《小河淌水》《远方的客人请你留下来》等在中华民族音乐史上有着非常重要的地位，体现着彝族的民族精神、气质、性格、情感等，在中华民族辉煌的文明史中夺目璀璨，深刻影响着我国人民，并已被许多外民族所接受和喜爱，因此通过对彝族民歌的歌词进行英译及歌曲进行传唱，对实现文化的国际传承、共享、交融和构建社会主义文化强国具有重要意义。

一　彝族民歌英译的研究现状

直至目前，国内文献对民歌的翻译研究并不多。国内译界对英文歌曲进行中文翻译居多，且大多数研究倾向于对英文歌曲的汉译理论和策略的分析，对于中国本土的优秀歌曲尤其是那些脍炙人口的民歌的英译却很少。郑茹雪、刘宏泉（2008）探讨了中国民歌的翻译现状及未来发展，却未探讨民歌的翻译方法及理论；李艳（2010）对陕北情歌英译技巧做了初步探讨并提出几点建议，但也未涉及民歌的英译理论；沙马拉毅（2009）编译的《原生态彝族民歌》只是把原生态彝族民歌从彝文翻成了汉文；歌曲翻译家薛范的《歌曲翻译探索与实践》（2002）是我国首部歌曲翻译研究专著，重点探讨歌曲翻译方法论和对策论，然而，此书仅限于对英文歌曲的中文翻译，并未触及中文歌曲的英译问题。幸而，朱元富（2012）以彝族《敬酒歌》为例讨论了英译中该如何对待社会文化因素的影响和灵活处理东西方文化的不同造成的语义差异问题，然而此文并未涉及民歌英译时该如何处理原语乐感与译语乐感的同感同效性问题。

　　除下文提到的盛宗亮（Bright Sheng）和陈璐璇（Lu-Hsuan Lucy Chen）外，国外有关中国民歌的英译研究文献尚为鲜见，表现为：（1）国外学者倾向于研究他们本国的民歌，如苏格兰民歌、美国民歌等。偶有学者对中国民歌中的思维原型进行中西对比研究或从中国民歌中谈中西文化差异。（2）即使少数学者将中国民歌的内容和精髓介绍给西方，但他们的研究均未触及中国民歌的英译理论及方法等。

　　综观国内外有关民歌翻译的研究，虽已取得一定成果，但这些研究，或偏向于将外国英文歌曲汉译，或简单地将中国民歌精髓介绍给西方，几乎尚未涉及彝族名歌英译理论等问题。然而，彝族民歌是中华民族文化中独具风格的重要载体之一，饱含彝族民族生存与发展的务实哲学精髓，推动了彝族历史的发展，值得通过翻译的方式向外界进行介绍和宣传。

二　生态翻译学与彝族民歌英译

　　生态翻译学就是从生态学视角对翻译进行综观的整合性研究（陈志坚，2012）。狭义的生态翻译学是指一种基于生态学视角的翻译研究方向。与之前的文化转向翻译观不同，它是将翻译放在更广阔的视角下，充分关照到各个维度（即语言维、文化维和交际维）的综合性翻译观。胡庚申教授（2001）提出的生态翻译学理论为翻译学研究提供了一个全新的视角。与以往的功能语言学、多元系统、解构主义、美学翻译理论等不同，生态翻译学理论提倡的翻译方法侧重"三维"间的转换——语言维、文化维和交际维的适应选择转换。也就是说，在翻译过程中译者不仅要注重语言层面上的转换，还要注重实现文化层面和交际层面的传递。生态翻译学是一个全新的翻译研究范式，其理论体系已日趋完备，研究队伍在不断扩大，越来越显示出强大的生命力，为中国的译学建设乃至人文社会科学发展作出了积极的贡献。

作为一种音乐文学翻译，彝族民歌英译时既要服从一切文学翻译的规律、方法和原则，也要符合音乐学的原理和规律，更需要有强大的理论指导。彝族民歌英译时既要克服两种不同语言文化的差异和障碍，也要协调译词和音乐的关系，使其相配，唱词易懂，且朗朗上口，这是彝族民歌英译的根本目的。因此，以生态翻译学为理论指导，借鉴其跨学科研究的特点，注重译者和翻译生态环境之间的紧密联系，从语言维、文化维、交际维和音乐维等多维转换角度对彝族民歌进行综观整合性英译研究，将能得到"整合适应选择度"较高的最佳译文。

三　彝族民歌《小河淌水》英译的生态环境

笔者将以胡庚申教授所提出的生态翻译学理论为指导，结合彝族文化的特征，采用多维转换对彝族民歌《小河淌水》的三个英译版本进行深入的比较分析。

（一）《小河淌水》介绍

《小河淌水》是一首人们耳熟能详的云南彝族民歌，最早流行于产生于大理白族自治州弥渡县密祉乡，当地人称其为弥渡"调子"。《小河淌水》这个名字是尹宜公于1947年在民歌《放羊调》和《月亮出来亮汪汪》的基础上整理改编并填词而产生的。歌词自然朴实，让人遐想。全曲速度缓慢、回环起伏、节奏自由、从容舒展、清新优美，是一首具有典型彝族风情特点的地方民歌。它借景抒情，表达了彝族少女对爱情的追求、思念情郎的美好情感。这也是一首经久不衰的彝族经典民歌，汉语演唱有多个版本，宋祖英、彭丽媛、黄虹、张也、谭晶、腾格尔、韦唯等歌唱家都曾经演唱过，其中李谷一演唱的《小河淌水》以轻松、优美、抒情、浪漫为特点，让人浮想联翩，陶醉在诗一般的情景之中，可以说是《小河淌水》最经典版本。然而很多人更喜欢宋祖英的版本，原因是她本人是少数民族，她的音色更为清靓、凝脂、甜美，从中更能体现出彝族民歌的味道。

（二）《小河淌水》英译概述

作者查遍整个学术资料库，找到彝族民歌《小河淌水》的英译版本很多，其中，网上的几个英译文本错误很多，不足以与其他版本作比较。笔者选取了三个比较有学术价值的版本进行比对，它们分别是由盛宗亮（Bright Sheng）、陈璐璇（Lu-Hsuan Lucy Chen）和索菲娅·格林（Sofia Kallgren）翻译或传唱的。在此，笔者将以生态翻译学的多维转原则来分析这三个代表性的《小河淌水》外宣英译本在"多维"转换方面的得失。

1. 盛宗亮

美籍华人作曲家盛宗亮 1955 年出生于上海，集作曲家、指挥家及钢琴家于一身，在国际乐坛享有盛誉。他曾描述自己："我是一个百分之一百的中国人，也是一个百分之一百的美国人。"1982 年获得上海音乐学院作曲系学士学位，之后移居美国，先后获得纽约市立大学音乐硕士和哥伦比亚大学作曲博士学位。1995 年起至今，在美国密歇根大学音乐学院作曲系任职终身作曲教授。在美国求学期间，他师从著名导师 Leonard Bernstein、George Perle、Hugo Weisgall 和周文中等。盛宗亮是"一个极具天赋和创造力的作曲家，他的音乐既熔不同文化为一体，又超脱传统美学范畴，是一种跨越文化的新声"。他在繁荣和传播中国传统文化与现代音乐上成为一个重要的桥梁人物。麦卡瑟基金委员会称赞他的音乐深受中国传统民间音乐和戏剧音乐的影响，"既有肖斯塔科维奇式的乐感，又具有巴托克式的节奏动感，同时透射出中国音乐特有的抒情而明快的旋律"。他的代表作包括《小河淌水》《南京啊！南京》《中国梦》《号角》《前奏》《痕》《长江三峡》《钗头凤》《声声慢》等。

2. 陈璐璇

陈璐璇，一位接受过长期西方教育的华人音乐家，2000 年获美国马里兰大学音乐学博士学位时，她的博士论文《中国民歌：古老民族的瑰宝》（*Chinese Folk Song：Hidden Treasures of an Old Nation*）里收录和整理了中国民歌英译达 30 首之多。她精通乐理，有熟悉中国语言和文化的优势。作为中西文化的桥梁，她通过对中国民歌英译和传唱，让更多西方人了解到中国民歌甚至迷上了中国民歌。用她的话说，"Since I am Chinese and a Western-trained musician in the United States, I have advantage of knowing both languages and musical cultures. I want to serve as a bridge to both cultures and be able to share my culture knowledge through folk songs"（Lucy Chen，2000：2）。她的代表作主要有：《小河淌水》（*The Streamlet*）、《小路》（*Little Path*）、《猜调》（*Guessing Song*）、《燕子》（*The Swallow*）、《手挽手》（*Hand in*

Hand）等。

3. 索菲娅·格林

索菲娅·格林是瑞典著名歌手，曾有"瑞典银狐"和"北欧的莎拉·布莱曼"之美称。她是萨米族人（世界上最古老民族之一），是第一个录制经典中国歌曲英文版专辑的西方歌手。她以完美声线演绎中文经典歌曲，通常选唱那些流行经典歌曲，所选歌曲曲风跨度很大，不仅有忧伤哀婉的民歌，还有中国传统特色的民族小调，更多的是绮丽缠绵的经典情歌，索菲娅都能把这些歌曲用看似不经意的低吟浅唱演绎出来。索菲亚的歌给人一种疗伤和治愈的感觉，能让人在倾听中忘掉忧伤，以平静的心态去看待世界。她录制的华语英译代表专辑有《索菲娅·格林》和《东方西方》。其中，*Source of Love*（《小河淌水》）就收录在她的《索菲娅·格林》专辑里。她的代表作品还有 *Jasmine*（《茉莉花》）、*From Afar*（《在那遥远的地方》）、*Why Are The Flowers So Red*（《花儿为什么这样红》）等。他的音乐制作人王厚明曾透露说："索菲娅对中国十分热爱和向往。她凭着自己对中国的了解和对生活的感悟，对许多经典的中文歌曲填写出英文歌词，尤其在 *Early Morning*（《2002 年的第一场雪》）、*Source of Love*（《小河淌水》）、*Life*（《后来》）等歌曲中，索菲娅配合中文原曲的发音、押韵等填词、演唱，令中国歌迷倍感亲切。"[①]

（三）《小河淌水》原文和三个英译文本

原文：

哎！月亮出来亮汪汪亮汪汪，

想起我的阿哥在深山；

哥像月亮天上走天上走，

哥啊哥啊哥啊！

山下小河淌水清悠悠。

哎！月亮出来照半坡照半坡，

望见月亮想起我的哥；

一阵清风吹上坡吹上坡，

哥啊哥啊哥啊！

你可听见阿妹叫阿哥？

---

① 索菲娅·格林：http://blog.sina.com.cn/s/blog_ 48b324e80100071y.html。

译文 1　　　by Bright Sheng

The Stream Flows

Ay! The moon has come out and shines brightly, brightly,

I think of you, my love that you are in the deep mountain;

You are like the moon walking in the sky,

My love, my love, my love!

At the foot of the mountain, the stream flows, clearly and slowly.

Ay! The moon has come out and shines on the side of the hill, of the hill,

The moon reminds me of you, my love;

The gentle wind is stroking the side of the hill,

My love, my love, my love!

Can you hear me calling you?

译文 2　　　by Lu-Hsuan Lucy Chen

The Streamlet

The moon comes out and shines brightly, brightly.

Shines on my brother in the deep mountain.

Brother, you are like the moon wondering high in the sky.

Oh, brother, have you ever heard the streamlet running at the bottom of the mountain.

The moon comes out and shines on the middle of mountain.

Looking at the moon, I think of my brother.

A flow of breeze blows up the hills.

Oh, brother, have you ever heard the sound of your sister calling you?

Ahi! Brother!

("brother" and "sister" in this song are names lovers call each other)

(Ahi: sighing sound)

译文 3　　　by Sofia Kallgren

Source of Love

Ay, I am really wondering, I'm wondering, just why,

Why the moon is rising still even when you've come.

And the river is flowing, it is flowing so bright.

You're as my love, as my love tonight,

Can you hear me calling loud your graceful name?

I really want the answer, the answer, my love,

Waiting to the end of time for my love to come.

But the wind is blowing, it is blowing so cold.

Hear, I'm calling, I'm calling for you.

Sister Moon will be my guide to the source of love.

But the wind is blowing, it is blowing so cold.

Hear, I'm calling, I'm calling for you.

Sister Moon may be my guide to the source of love.

Sister Moon may be my guide to the source of love, love!

四　生态翻译学视域下的彝族民歌《小河淌水》英译探讨

生态翻译学理论把翻译的基本方法概括为"三维"转换，然而翻译过程中的适应性选择转换绝不仅限于此三维，对不同的翻译内容应从不同的维度去考虑。翻译生态环境中因素的多样性决定着译者应该做出的是多维度、多层次、多方面的适应与选择，而且每个维度、每个层次、每个方面又都有多种相互交织、互联互动的不同内容（时园园，2013；胡庚申，2006：53）。笔者认为，译者在翻译彝族民歌《小河淌水》的歌词时，不仅仅只是在翻译生态环境中注重语言、文化和交际的适应性选择转换，还应注重音乐、情感传递等多维度的适应性选择转换，从而才能译出整合度较高的入耳、入心、入情、入境的英文歌词。

（一）语言维

首先，笔者将从语言维层面对三个译本进行比照。所谓"语言维的适应性选择转换"，即译者在翻译过程中对语言形式的适应性选择转换（胡庚申，2011：8）。汉语和英语在语言方面存在着显著的差异。在研究翻译时，外宣译者不仅应对英汉语言体系作深入比较，还需深知各个民族有各自不同的文化背景，小至字词，大至与语言有密切关系的经济、文化、历史等方面有一个总体认识，以尽力避免文化的冲击（cultural shock），这样我们就能达到知其究竟，译而不乱。

从歌名的翻译层面看，译文 1 的标题 The Stream Flows 是一个完全直译的句子，能完全体现出原语作者的意图，即"爱情就像小河的水慢慢流淌"。译文 2 的译者使用省译法，仅用一个名词短语 The Streamlet（"小河，细流"）翻译标题，虽短小精悍不啰嗦，也比较符合英文作品的标题形式，却不能完全体现出小河"淌水"的动态意境来。电影名、书名的翻译是仁者见仁智者见智，歌曲名的翻译也不例外，都是为了讲求市场效用，因此意译、创译的方法的运用比较常见。译文 3 的译者用意译方法将标题翻译为 Source of Love，虽与"小河淌水"不搭边际，但 source 一词与"水"仍有着千丝万缕的联系，更会让人产生遐想。

从选词方面看，汉语和英语虽属两种不同体系的语言，也都具有词汇量丰富且词意深刻的特点，但两种语言的词汇却都有着词义多少、宽窄的不同。例如，汉语中的"山"一词基本可表示大部分的山，但英语里的"山"的选词却有不同。hilll 指小山（从近处看），mountain 指高山（从远处看）。译文 1 和译文 2 里都用到了 mountain，译语读者应能体会到少女在月下对情郎的思念漫漫而悠远。然而，在译文第二段，两译者都将mountain 换成了 hill，这说明译者想表达月下少女的视线由远转近，对情郎的思念之情也从模糊到具体，不断加深，这也正是原语作者想要表达的意境。

从句子结构看，译文中的介词使用较之原文更为活跃，汉语歌曲往往不用介词就可以把情景及心情表达得淋漓尽致。虽然英汉两种语言同属分析语系，在主谓结构上二者词序却基本相同，但英语中的介词使用要比汉语多而频繁，并在其间起着不可忽视的作用。如在上述三个译本中，"in the deep mountain""in the sky""on the side of the hill""I'm calling for you"中介词"in""on"和"for"等是必不可少的，三个译文在介词使用上都处理得恰到好处。

（二）文化维

其次，我们再从文化层面的转换来分析这三个译本。文化维的适应选择转换即原语与译语在文化内涵层面上的传递。英汉两种语言文化在性质和内容上存在差异，译者需避免从译语文化出发去曲解原语文化。美国著名语言学家奈达认为，文化之间的差异比语言结构之间的差异给译者带来更多和严重的复杂情况（黄敏，2010）。翻译实质上是一种跨文化的语言交际活动；不同的民族因地理环境、自然条件、风俗习惯、宗教信仰、思维方式等方面的不同而形成了不同的文化（黄朝晖等，2015）。因此，要做好外宣翻译工作，译者必须了解两种语言所承载的文化背景和差异，才能真正做好文化交流。

歌曲译文里的呼语选择与情感表达是紧密相关的。众所周知，在封建礼教的束缚下，我国古代年轻人缺乏直接表达爱情的勇气，时至现今很多青年人对爱情的表达也比较委婉，而当今的西方人对爱情的表达却比较直白。有人说，西方人的爱情表现为"爱"，中国人的爱情表现为"思"，似乎很有道理。在《小河淌水》里，"看见月亮想起我的哥"由月亮引起对情人相思之苦，而"哥像月亮天上走"，也映射出少女淡淡的思愁。译文 1 和译文 3 里译者用意译策略将"阿哥"翻译为"my love"，直截了当，符合西方人的表达习惯，易于译语听众接受。然而，彝族人所用的"阿哥""阿妹"就是"情郎""情妹"或"心上人"的意思，这也正是彝族人的"阿哥阿妹文化"之精髓所在。翻译时若只是一味追求交际意图的传达而忽略原语文化的保留，那译文中的原语文化也终将部分流失。译文 2 用直译策略将"阿哥"翻译为"my brother"，之后又加注释（"brother" and "sister" in this song are names lovers call each other），在一定程度上保留了原语文化，对弘扬和传承彝族文化具有实际意义。因此，在保留原语文化这个层面上，译文 2 更胜一筹，但在考虑受众是否易于接受这一层面上却又不如译文 1 和译文 3。

译文中代词的选择和使用也体现出歌曲所强调的主体。译文 1 和译文 2 均以"the moon"起始歌曲，是典型的睹物思人。中国人自我意识大多不是很强，甚至可以为爱牺牲自己，中国歌曲表达这类情感的歌曲居多，歌者更多关注的是对别人的思念之情等。然而，西方人自我意识比较强，歌者更多关注的是自己的想法。译文 3 几乎全曲采用意译策略，以"I"起始歌曲并作为歌曲主导，从这层意义上说，译文 3 便更符合译语文化的表达方式了。

（三）交际维

我们再来分析三个译本在交际维层面的适应选择性转换程度。交际维的转换，即译者在翻译过程中关注双语交际意图的适应选择转换（胡庚申，2011：2）。所谓"交际"指的是读者通过译文能够领会到原文作者的表达初衷，继而与作者在态度、情感、思想等各方面产生共鸣或争议（涂中庆等，2011）。这种交际维的转换要求译者除语言信息的转换和文化内涵的传递之外，还要把选择转换的侧重点放在交际层面上，关注原文的交际意图是否在译文中得以体现（胡庚申，2006：51）。对于民歌翻译而言，歌曲译文质量直接决定了译语听众与原语歌曲作者之间的交际意图是否得以实现。

翻译的目的是相互理解，力求在翻译过程中尽可能地忠实于原文，表达原文的内容和意义。民歌翻译的目的就是让译者能够准确地将原曲所要表达的内容传递给译语听众，并让译语听众体会到其中的意境，从而有更深层次的思考。总之，翻译民歌时必须先适应歌曲的语境，不必拘泥于歌词的表意，而是要准确把握住歌曲所要表达的情感，做到"统摄原意，另铸新词"（薛范，1997：171）。

从实现交际意图层面看，译文 1 比译文 2 更接近作者所要达到的交际意图。为了适应译语听众的文化需求，译文 1 将"阿哥"译为"my love"，更能迎合西方人的思维和表达方式。当然，译文 1 虽然适应了译语文化，但却丢失了彝族的"阿哥阿妹"这一特色文化；译文 2 没有把"阿哥"译为"my love"或"my darling"，而是采用增译策略在译文后加了后注，虽然也表达了同样的意思，但在体现交际意图方面显得琐碎繁杂，因为译语听众听歌时不一定有时间去研读某一歌词的具体含义；译文 3 的歌词虽没有完全忠实于原文，然而它朗朗上口、如诗一般的语言能直射听众的心里，萦绕心中且又经久不散。索菲亚将《小河淌水》以英文歌曲的韵律和词句翻译出来，从语义上讲，原语和译语虽不能一一对应，但西方英语听众在聆听此曲时并不会因文化差异而感到生涩，相反，有的只是与原语作者产生的共鸣。也正是因为交际维的有效转换，才会让异国听众在听歌的过程中有如此之感。

另外，情感表达是人类生活中必不可少的部分，丰富多彩的语言使情感表达五彩缤纷。在英语歌曲翻译中，时态的选用也能表达歌者的情感。一般现在时和现在完成时多表示行为的持续或完成，译文 1 和译文 2 的译者均出生在中国，他们选用一般现在时和现在完成时来体现原语作者所要表达的少女回忆过往、对情郎的思念如流水一般永不停歇。这更符合东方人的性格特征——说话口气平和，心情表达温婉。然而，使用进行时态并不一定是表示行为的持续，有时是用来表达某种强烈的情感如赞美、厌恶等。译文 3 多使用现在进行时，因为译文 3 的译者索菲娅是瑞典人。西方人表达爱意时直白，情感强烈，甚至近乎呐喊。从这一层面看，译文 3 更符合译语听众的情感需求。

（四）音乐维

最后，我们从音乐维层面的转换来分析这三个译本。歌曲是一种文学艺术的结晶，也是一种情感的载体。无论是汉语歌曲还是英语歌曲，除情感表达外，节奏也是其不可或缺的成分，这一点往往体现在歌曲的结构与韵律上。对歌曲翻译而言，为了让译语听众与原语听众感受到同样的情愫，那么原语所具有的特征，译语自然也必须具备。虽说《小河淌水》的歌词犹如一首优美的诗，但必须将其融于音乐的形式之中才能体现出来。换句话说，在音乐中歌词和旋律的地位是不平等的，歌词从属于旋律，只有将歌词融入旋律之中，才能真正表达出歌曲的内涵。优美的歌词对音乐艺术固然重要，但最终起决定性作用的还是音乐本身，歌词只能作为音乐创作的蓝本，启迪演唱者的乐思而已。进一步说，听众在进行歌曲赏析时必须将对文字真实性的追求，变成对音乐美的追求。

上述三个译文虽然风格不同，但三者均使用了复沓句式。复沓是一种文学表现形式，复沓又叫重复，是重复使用同一词语、句子或句群的艺术形式。复沓句式语言精练、结构清晰，对于歌曲情感的烘托功不可没。《小河淌水》全曲共五个乐句，自然流畅，首尾贯通，遥相呼应，形式完整，充分地体现着中国传统的"乐"的精神，作者在结构上多采用重章叠句（复沓句）的形式加强抒情效果。译文1、2、3上下两节都分别两次使用了"The moon has come out and shines..." "The moon comes out and shines..., Oh, brother, have you ever heard..."和"Hear, I'm calling, I'm calling for you. Sister Moon will be my guide to the source of love."这些句子便是复沓句。笔者认为复沓在这里的使用使译文显得节奏和音韵协调，语言浅显易懂，给人一种整齐美观的感觉。

然而，原语乐感与译语乐感具有同感同效性，歌曲句子的规律性和句式长短在一定程度上会对乐感产生极大影响。译文1和译文2的句子忽长忽短，没有规律性，影响节奏与乐感，相对于译文3稍显逊色，这在一定程度上对歌者在歌唱时斟词酌句也会造成一定的障碍。

综上所述，不同的翻译文本侧重于某个层面。译文1、2都注重歌曲含义的传达，译文2更注重原语文化的保留和传播，译文3则注重音乐与唱词搭配。通过对上述译本的多维转换程度分析，三种译文各自有其独到之处，都在不同程度上传达了原歌的意境，然而也各有其短。纵观《小河淌水》的这三个译本，笔者认为，从外宣翻译和宣扬中国民族文化层面看，在适应性选择转换方面相对较高的作品是译文1。但译文1也并非完美，虽其与西方受众的文化接受度更加吻合，但似乎丢失了一些彝族文化气息；译文 2 在语义、结构上与原歌几乎保持了一致，但因句式长短、译词繁杂等因素造成其在交际层面上未能达到较好的交际效果；译文 3 的节奏、乐感等比较协调且也易于吟唱，但其语义却与原歌之间又拉开了一段距离。

五　本节小结

综上所述，由于英语民族和中国彝族的语言背景不同，形成不同的思维方式、意识形态和风俗习惯等，译者想要准确地译出彝族民歌原作的精神、意境、气氛和力量，势必会遇到很多困难。然而，只要我们在文化背景、文本风格、语言措辞等方面充分考虑中外差异和译语听众的需求，从语言的深层内涵出发，运用科学有效的翻译方法，在原文与译文中进行必要的转换或适当增减文化信息，就可以跨越障碍，尽可能忠实地传达原作的大部分信息，最大限度地弥合文化背景上的缺省和冲突，成功完成跨文化交流。简言之，生态翻译学视域下的外宣译者翻译策略的选择是对翻译生态环境作出的适应性选择。外宣译者在做民歌翻译实践时只有真正做到从多个不同维度对原语信息进行转换，使原作适应特定的翻译生态环境，才有可能产生恰当的歌曲译文。

第六节　生态翻译学视域下彝族文化外 宣翻译的质量评估

学术界一直都很重视外宣翻译的研究，但对外宣翻译质量的评估却相对沉寂。James Homes 将翻译研究分为三个模块，即描写、理论以及应用。对于翻译研究中的应用模块而言，翻译质量的评估是其重要的组成部分。纽马克认为，翻译批评是翻译研究的重要组成部分，是联系翻译理论与实践的重要纽带（方仪力，2012）。《中国翻译词典》将翻译批评定义为："翻译批评就是指按照一定的翻译参考标准，对翻译的过程、质量和价值做出综合评价，虽评价标准会随社会的、历史背景发生变化而变化，但其最终目标是要保证译作尽可能忠实于原作，实现良好的社会利用价值。"（林煌天等，1997；冯家佳等，2011）翻译批评过程涉及五个步骤：首先要认真分析原作，重点了解原作者的写作意图，还要弄清楚原作所具有的功能内涵；其次要在原作分析的基础之上，进一步分析译者翻译的目的、所用的翻译方法以及译作可能吸引的读者对象及要点；再次要对原作与译作中有代表性的文字进行重点详细比较研究，找出原作与译作之间的文化内涵异同；再次要从宏观视角综合评价翻译质量，从微观视角评价译者所采用的翻译技巧等内容；最后要对译作在译语文化环境中或者译语学科中的地位与作用进行综合评估（吕亮球等，2012）。

质量评估对于外宣翻译活动而言，是一种对译作产生过程的理性反思，主要包括对译文质量、外宣翻译的本质、技巧、手段、过程、作用、影响的整体综合评判。质量评估的目的不仅在于判别译法或者译作的是非，更在于反思与检讨外宣活动应该怎么进行，什么时候进行，从而能够开拓外宣翻译研究的视野，促进其健康而积极地发展。外宣翻译质量评估是基于一定的翻译标准，以科学的方法对译论或者译本的科学价值或者实际价值进行判断，从而在理论上对其不足之处进行鉴别，以提高译者的翻译能力和读者的鉴别能力。这种质量评估对于促进外宣翻译事业以及文化事业的健康发展起到一定的积极推进作用。

从本质上说，基于生态翻译学视角的彝族文化外宣翻译作品与普通意义上的外宣作品的译本评价标准是一致的。基于生态翻译学视角的彝族文化外宣翻译质量评估进一步开拓了外宣翻译质量评估的新领域和新视界。生态翻译学理论倡导从生态学视角来考量外宣翻译过程中译者的适应、选择及综合协调平衡的过程，评估中主要关注翻译生态环境变化对译本和译者形成的影响及其变化，即从作者、读者、委托者、语言、社会、文化、交际等层面来评估究竟是哪些因素影响着译者的动态适应和选择。生态翻译学厘清了翻译文本的评价标准，从而能够以具体的参考指标去评价译本的质量。

一 生态翻译学视域下多元化译评标准的构建

翻译批评标准有传统批评标准和现代批评标准之分，传统的翻译批评标准有"信、达、雅"标准、"化境"说、"忠实"标准以及"神似"说等，这些都属于一元化的翻译评价标准。然而，实际的翻译活动是一个多元化的翻译生态环境，除了考虑翻译原文，还应当考虑译者所处的其他条件环境。外宣翻译实质上是一种跨文化的交流活动，其自身所特有的性质决定了译者在翻译的过程中，所处的更加广阔和立体化的社会环境会使其面临着更加复杂化、更加多元化的翻译生态环境。因此，外宣翻译的评价体系应该包括以原文和译者为典型要件的翻译生态环境。生态翻译学理论中的整体主义、动态适应以及多维度适应的思想观，在构建全面、动态以及多元化的标准上提供了很好的借鉴和例证。因此，全面公允的评价外宣翻译的标准应该是一个全面、动态、立体化以及多元化的标准，而不是单一、局部以及静态的文字对等判断。

生态学的本质和过程为外宣翻译提供了不同视角下的评论标准，使人们逐渐意识到外宣翻译的研究焦点已经从翻译成果转到翻译过程和译本质量评估上。在生态翻译学视域下对同一部译作进行解读时，不同译者因所处的翻译环境不同，所作出的适应方式和选择结果也都不同。在外宣翻译中，译本都是译者在某个特定的翻译生态环境下，以"原文—译者—译文"所构成的三元关系中相互适应和选择的结果。译本的产生，都是译者动态地适应以原文本、译者所处的特定历史文化语境、译语社会文化环境和译本读者等要素构建的多元化、立体化翻译生态环境的结果。

在生态翻译学视域下，可以构建译者素质、多维转换过程以及多读者反馈"三个参考指标"（three reference values），评价和测定外宣翻译的整合适应选择度；此三个参考指标形成一个有机整体，其中译者素质决定了译品的整合适应度，多维度转换是译品采用的翻译策略，多读者反馈则关注各层级读者对译品整合适应度的反馈评价（张小丽，2012）。

二　译者的素质

在生态翻译学里，译者和原作者是翻译生态系统里面的生产者，处于首要地位。原作者先创造自己的作品，接着译者经过多维转换将原语言转换为另外一国语言，在此过程中同时也进行了民族文化精髓的传承和移植。读者作为生态翻译过程中的消费者消化吸收译作，从译品中得到精神感悟，并做出自己的评价，在评品基础上吸收自认为优秀的东西，将译作转化为读者内在的文化价值观和文化修养。在生态翻译过程中，作为分解者、译者和译作的翻译研究者在总结理论知识和翻译经验基础上，进一步指导译者今后的其他翻译再生产活动。在对译本整体的翻译环境进行考量时，生态翻译学的整体论和系统论的运用对整个译本的影响是深远的。译者决定了外宣翻译中的诸要素，当然，译者的主体性也并不是绝对化的，作者、读者以及译者自身的一些因素都会限制其主体性的发挥。

在外宣翻译实践活动中，译者的素质对于外宣翻译举足轻重。目前对译者素质做一个统一的界定还比较困难，但是，对译者的资历认证已经有了一定的标准和认定程序。译者的资历主要包括学术资历、专业资历、实务资历等。当前，在生态翻译研究中，学者们将译者素质大体分为以下四方面：（1）语言能力尤其是双语转换能力；（2）对翻译主题及背景知识的熟悉程度；（3）翻译生态环境中跨文化感知的敏锐度和判断能力；（4）翻译经验和翻译中的工作态度等。其中，尤为重要的是生态翻译环境中跨文化感知的敏锐度和判断能力以及对翻译主题及背景知识的熟悉程度（张小丽，2012）。

从实质上说，外宣翻译属于跨文化交流的翻译活动。当原作者与译者之间的态度契合、气质个性相似时，在外宣翻译过程中就会产生心有灵犀，译作就能最大限度地传递出原文的意思。反之，如果原作者与译者之间存在太多的不协调，译者在这两种文化穿行中很可能会不知所措，因文化的过滤而无法实现原作精髓的传递。这里的翻译生态环境是指译本和原文所必须呈现出来的整体世界，是微观上读者、作者、委托者和宏观上语言、交际、社会、文化等要素之间相互联动的整体，是译者最优适应和选择的复杂环境（赖德富，2011）。基于生态翻译学视角，作为生产者即译者必须对原作主题、译语文化、读者以及委托者这些因素做出整体性的适应，以便能在原作的基础上对其修改和润色。译者还必须从微观上协调原作者、读者、出版商、编辑以及版权人等与译作相关者之间的关系。在生态翻译复杂环境的诸多要素中，译者虽只是其中的一员，但在某种特定的情况下会对整个翻译环境起决定性作用。在一个完整的生态环境中，市场需求可能会使译者的主体性因素被放大，同样，委托者元素也可能有这样的作用，这样一来，原文的文化异质可能会因各种主客观因素而被译者过滤，从而导致大量的原文意义流失。

总之，在生态翻译学视角下的外宣翻译过程中，译者可以充分展示自己的选择能力、适应能力和创新能力。译者作为语言转换者，必须顺应语境条件和读者对象，对翻译策略和原语文本进行有目的的选择，从而实现外宣翻译的跨文化交流的功能。与此同时，译者在对待异族文化时，包容的胸怀、负责的态度以及科学的精神都是必不可少的，与此同时，以尊重原作为基础，合理发挥自身主体性，用客观准确有效的方式移植及介绍原作的文化精髓也是不可或缺的。

三　译本多维转换的程度

译者是翻译的主体，他在对原文本的文体风格进行整合时需要从语言、文化及交际这三个维度出发，而此时他所适应的程度也决定了译本的总体质量。换言之，译品质量的好坏，就要看这三维转换是否恰到好处。胡庚申教授利用达尔文"物竞天择"的哲学基本原理，从崭新视角诠释了翻译的原则、方法、过程及标准，为在翻译实践中生产出高质量译文提供了新理论和新方法。在胡庚申教授的新理论中，翻译过程实际上是译者不断适应翻译生态环境的变化，并不断做出动态选择活动的过程；具体而言，翻译过程是译者对原文和译文之间的翻译生态环境的"动态适应"和翻译生态环境倒逼译者对译文的"动态选择"。这里所说的"翻译生态环境"是指整个翻译过程中原文与译文之间所呈现的整体世界，即宏观层面语言、交际、文化、社会以及微观层面作者、读者、委托者之间互联互动的整体，是影响译者最佳适应和优化选择的多因素综合体（赖德富，2011）。

前面提到，在翻译中语言、文化、交际这"三维"之间的转换，并进行多维度动态适应和动态互动选择的重要性，而除此之外，一部译作是否可以达到优秀，其多维转换程度也很重要。这需要译者不仅仅要注意语言层面上的转换，同时要注意文化精神的传载和交际信息的传递，后者的实现从宏观上讲可能更重要。只有在不断变化的翻译生态环境中真正做到"多维"适应与选择，译品才有可能是最合适的。译文的"动态适应"和"动态选择"的程度越高，那么，它的质量也就越高。所以，质量最佳的翻译应该是"整合适应选择度"最高的翻译。

四　读者反馈

对译文的"整合适应选择度"进行评价和测评，就是要通过读者反馈进行评价，这里的读者包括一般读者和专家读者，也包括有关翻译活动的委托人、代理人、译品的出版者和评论者等。基于生态翻译学理论，读者反馈这项指标主要包括以下五个变量，即译本分析深度、出版刊印数量、采纳使用情况、译评观点统计、客户委托人取代更替状况等（赵璐，2013）。当译文完成后，读者根据"优胜劣汰，适者生存"的法则对译品的质量做出评判和仲裁。如今，读者的素质越来越高，阅读能力也有所增强，知识储备日益丰富，能够看懂英文和中文的读者越来越多，与此同时，对译文的要求也越来越高。一篇成功的译作，对于读者来说是一件完整的艺术品，深深吸引读者，值得欣赏和回味。成功的译者应该站在读者的角度，体会读者的心思，才能传达出原作之神，往往才会使读者不觉得自己所读的是译作。

　　根据传统翻译批评标准，译者的水平和能力决定了译作的质量，对译作质量的检验则由熟悉双语的专家和学者来完成。但是译作价值的实现离不开读者的评价，译作本身就是为读者所创作的，如果没有读者的接受和反馈，那么高质量的译作也不能实现其实际价值。读者的理解才是作品能够历时性存在的关键。一般来说，对传统习惯的接受和了解是读者期待视野的来源。因此，只有译文与读者产生了互动，译作才能真正显现其自身的价值。那些具有长久生命力和影响力的译作都能够经得起时间的考验，并且能够得到读者的认可和接受。读者反馈评价理论认为，文本可以认为仅仅是白纸上的一系列黑色标记而已，只有通过读者对这些黑色标记的解读，才能使作品具体化和从语言上有意义（Eagleton，2004：66；转引自杨平，2009）。不同的读者在阅读的过程中，对同一篇作品的理解与评价都会受到其时代背景、社会经历、价值观念以及认识水平的影响，这当中还有可能包含了他们自己的观念、经历及信仰。读者是文本意义创造的主动参与者，而不是简单被动地接受知识，并且读者的"期待视域"和"前阅读"经验也影响着作品意义的生成。

　　从本质上来说，翻译其实就是阐释，而外宣翻译的过程就是由阐释、接受、再创造这三个步骤组成的。在实现文本意义的过程中，译者的"前理解"的作用不可忽视，若想产生准确合理的译作，译者需要全面理解原文意义，同时还要带着自己的信仰、知识以及观念去阅读原文。在翻译的过程中，译者若是想译出理想的作品并完美地阐释原文，就要正视读者的感受，同时与读者的"期待视域"融合，牢记译作和原作并不是分开的两部分，也不是彼此毫无关联的静止的客体，更不是前者对后者的"再现"或"等值"，他们是一个整体。

　　严格来说，读者反馈只是评价译作质量的参照因素，并不是衡量译作好坏的标准，与事先所规定的评分标准有一定的区别。译作的好坏，译作的对错，最终都是取决于读者的理解和反应。评判一部译作有不同的标准，就传统角度而言，对原文是否忠实，是否对应原文甚至是否等值于原文是其主要的评判标准；就读者反馈理论而言，译作对读者的影响、被接受和理解的程度才是衡量标准。当然，读者对于译作的发现和领悟乃至评价都与其价值能否得到体现紧密相连。译者的翻译标准并不是完全一样的，当读者所处的时代不同时，翻译标准会发生变化；当读者的类型多样时，也需要有不同的标准。总之，生态翻译学视域下，读者的反馈在外宣翻译的质量评估中绝不容忽视。

第七节　生态翻译学视域下彝族文化外宣翻译的可持续性发展

生态翻译学是一项新的翻译研究范式，其发展的迅速引起了学术界越来越广泛的兴趣。作为第一个在欧洲语境之外发展起来的翻译理论，它的"原创"意义真实且深远，它是一种基于生态视角纵观翻译的研究范式，以"适应选择"理论为基石，以东方生态智慧为依归，以生态整体主义为理念，对文本生态、翻译生态和"翻译群落"生态及其相互关系和作用进行系统的探讨，从而能够基于生态视角对翻译理论本体以及翻译生态整体进行描述和纵观。生态翻译学的研究因其始于中国，且将翻译理论的话语权递到中国的生态翻译学研究者手中，不得不说，这是话语权的回归。

以生态翻译学视角进行彝族文化外宣翻译的研究，拓宽了外宣翻译学科发展的学术视野和理论思维，丰富了其理论知识和表达方式，使译学中不仅仅只有单一的学科，其解释系统功能更强，效率更高，也是译学这一学科的一个新的发展阶段。生态翻译学的发展为世界在语言意义上展开平等对话创造了"对话条件"以及"对话话题"。究其原因，这是因为一旦有了一个东西方学者共同认可并展开言说的"对话话题"，就有可能为语言上平等的对话、讨论，乃至论辩提供一个平台。事实上，长期以来亚洲人大都是西方翻译理论的追随者、实践者和求证者，亚洲的翻译研究多年来总是在"西方规范的操纵之下发展"（孔慧怡、杨承淑，2000：5；思创·哈格斯，2013）。而这种情况随着生态翻译学的产生而改变，翻译理论生态"失衡"的局面也会随着其国际化的发展而结束，此时对构建东西方翻译理论平等对话的平台这一话题提出也是十分有利的。

全球化背景下，为实现彝族文化外宣翻译可持续发展，外宣译者可以借鉴生态翻译学中的有关生态系统的原理，从外宣翻译的地位功能、环境因素、主体身份等方面，强调外宣翻译系统可持续发展在外宣翻译维持文化多样性中的作用，以便继承彝族文化的多种价值功能，同时，外宣译者需注意自身作为文化的传播主体对文化的态度和翻译方式的选择。

一　外宣翻译生态系统本体功能与社会功能相结合

彝族文化外宣翻译未来如何发展，我们可以从生态系统可持续发展的一些必要条件中获得启示，它在一段周期内是否可以平衡稳定，在长期内是否可以持续发展，可以从外宣翻译功能、环境因素、主体身份等方面来考察。

和自然生态系统一样，彝族文化外宣翻译系统作为一种文化生态系统要不断发挥和完善其自身的功能，除了其本体的外宣翻译作品评价功能外，政治意识形态宣传、文化交流等社会功能也必不可少。外宣翻译从一开始就承担着文化宣传、政治意识形态渗透和社会建设等社会功能。在全球化生态环境下，彝族文化外宣翻译作为中华民族文化特殊的组成部分，其功能价值也是多样的，但其文化价值应是主要的。

作为一个动态开放的系统，外宣翻译系统自身要不断吸收新的优质异质元素以保持活力，这是翻译生态系统遗传和变异的演替过程所要求的。政治、社会、经济、文化环境同时也会作用于外宣翻译的传播、翻译和接受，这是该系统特有的外在社会功能。因此可以说，外宣翻译这一生态系统发挥的对外宣传功能主要是建立在与其他各种社会功能相结合的基础之上的，只有这样，外宣翻译生态系统才会成为较完善的、可持续发展的系统。

二　激励译者的主体意识

外宣翻译中的异质因素是影响译语文化的关键，但异质因素不会全都进到文化环境中并与其他因素产生相互作用的，到底多大程度进入呢？这主要由译语文化环境和外宣翻译面临的生态环境适应选择，还有参与主体的主体身份、地位和作用而决定。只有各参与主体间的生态关系能够和谐共融，每一主题的创造性才能尽可能发挥出来，主体地位、作用和主体意识才能很好发挥，唯有这样，外宣翻译生态系统才能够产生出很好的整体效应，实现整体和谐的目标。

随着文化多元化相互融合，在某种程度上文化的趋同性也会随着多元化进程中强势文化霸权主义甚至文化殖民主义的出现而出现。外宣翻译人员对此应有主观上的认识，在对外宣翻译领域中的优秀文化进行适应选择时，有必要通过选择适当的翻译工具和策略，使强势文化和弱势文化之间尽可能平等交流和相互融合借鉴，借此拓宽读者的视野，保护民族文化尤其是弱势文化中的优秀成分。在翻译过程中，译者若要作出适应性的选择转换，就要对翻译的生态环境的不同方面、不同层次做到多维度适应。译者还必须准确地理解原文的意思，适当衡量其翻译生态环境，在此基础上也应该从微观层面考虑读者、作者、资助者、出版者、译评者以及委托者因素等。另一方面来说，译者也兼有协调者身份，其文化主体性地位体现在对翻译生态环境的动态适应和策略的互动选择中。在外宣翻译过程中，译者必须明确文化立场，应当适时表明自己的国家身份、民族身份、地域身份以及译者的团队身份，同时，译者必须在翻译策略上把对语言的字面转换进一步深化拓展为对本土文化内涵的阐释和传播，唯其如此，才能使本民族文化不断得到优化，与时代变迁相适应，具有明显的时代感（陆秀英，2010）。异化策略是韦努蒂推荐的一种翻译策略。在这种策略中，原文的语言文化特色得以保留，所传达的独特魅力更能被译语读者感受到，可以更大程度地满足译语读者对译文"陌生感"的需求。

全球化的趋势引起国家之间的交往越来越频繁，因此，外宣翻译的译介一定是社会常态。为了实现外宣翻译生态系统的可持续发展，系统中的各种功能都应当得到不断完善，使外宣翻译朝着更有利的方向发展。

三　少数民族文化作品由谁来译

少数民族文化作品要跨越语言藩篱进入更广阔的话语系统，翻译无疑是关键。在提升译作质量的问题上，有一个话题是绕不开的，那就是当一个国家的少数民族文化走向世界遭遇困扰时，"谁来译"的话题。

一般情况下，由于少数民族文化作品具有很强的地域性和民族性，仅靠普通外宣译者的一己之力很难做到从多个维度传达出作品的文化精髓。语言活动的实践和体验以及学者们对这一活动的研究总结进一步告诉我们，译者群体中多数人的外语能力常常居于被动地位，相反译者群体对母语语言拥有更明显的先天敏感直觉，相比而言在使用外语进行翻译或宣传时，对外语语言的敏感程度都比母语有不同程度的降低，当然程度上因人而异（史凯、吕竞男，2013）。由此可见，母语翻译原则能在西方翻译界被长期奉行也是有其存在道理的。因此，要向世界推介一国的少数民族文化就必须引入合作机制。只有通过中外双语译者通力合作产生的作品才会吸引读者，具有可读性，更易于读者理解和接受。

四　合作翻译

所谓合作翻译，就是主张不同资源或个体配合方能成就译事。著名汉学家费乐仁认为："翻译不应当仅仅只是翻译，它还是一个不断学习和适应的过程，一个多因素相互合作的过程。"（史凯、吕竞男，2013）自古以来，不论是文本还是思想、概念，它们的传播都不仅是简单的平行移动。它们从原生区域流动到另一个区域时，该区域的知识分子会被分离，重新在本土语境中被消化吸收。这是文化交流史的基本特征，其直接结果就是新含义的生成，被称为"去脉络化—再脉络化"的脉络性转换。这种转换会随着时空坐标的变化而不断发展。而如果仅仅是力图将原文的一切思想和观点完全搬到译语环境，不仅无法实现翻译的目标，反而会不断将译本向着与译文读者需求相反的方向推离，这与外宣翻译的目的背道而驰，并没有实现使译文亲近读者并实际对读者产生影响的目标。具体到外宣翻译，如果译作离开了原语生态环境，文化信息的传递将会天马行空，甚至完全背离原意。提高翻译质量，推动一国文化走向世界，最合理的选择就是合作翻译，这一点无论是在译入还是译出，外宣翻译的特点与翻译史中都已经能很清楚地看到。鉴于当下外宣翻译中生态失衡的现实和不可回避性，合作翻译模式或许可以帮助原语文化系统和译语文化系统最大限度地整合，有助于增强译本在译语体系中的兼容性。更进一步说，只有承认语言之间在事实上有不平等的话语权，只有努力寻求文化之间的契合点，只有重视合作翻译的现实意义，才更能促进外宣翻译的可持续性发展。

本章小结

本章作者首先将许多关于彝族文化的译例放在生态翻译学理论的"三维转换"原则下进行分析；然后详细探讨了彝族叙事长诗《阿诗玛》

"三维转换"的程度和体现；接着在"三维转换"原则的关照下对彝族民歌《小河淌水》的三个英译本进行比较分析；随后提出了生态翻译学视域下彝族文化外宣翻译的质量应该如何评估；最后论述了如何维护外宣翻译生态平衡，以促进其可持续性发展。

第六章 研究结论

第一节 理论总结

一 研究总结

生态翻译学虽然在很多方面如研究方法、理念及其相关架构等还不够成熟完善，但不可否认，它作为一种全新的翻译理论出现在众人的视野中，这种新趋势给外宣翻译研究提供了一个更加广阔的学术视野，使外宣翻译研究向多学科以及跨学科发展存在一定的可能性。这种全新的翻译理论研究是翻译学研究发展的新趋势，同时也是社会文明转型在译学研究方面的一种反映。生态翻译学的出现和发展说明翻译学研究视域已从过去的单一学科开始转向跨学科、多学科发展。生态翻译学强调译者在外宣翻译活动中的主体地位，同时也强调维持翻译生态系统中各个要件间平衡关系的重要性。生态翻译学视域下，译者应该站在保护全球文化生态的高度，通过原语文本和译语间语言维、文化维和交际维的三维转换，使互动、和谐以及良性发展的生态翻译体系得以在原语文化与译语文化、原语作者和译语读者间建立，在世界范围内让外宣翻译系统的生态平衡得到保护。

由于彝族文化具有非凡的独特性，有着丰富的内涵，有多种多样的表现形式，因此其文化的外宣翻译才更容易被误读。而生态翻译学的核心理念是"和谐统一""以译者为中心"，将翻译的生态环境与译者看成一个整体，认为译者要根据翻译的生态环境进行翻译策略的选择。将生态翻译学引入彝族文化外宣翻译的研究，就是让译者适应彝族文化翻译生态环境，译者自身先了解其文化，与其文化融为一体，再根据该文化宣传的需要完成翻译过程，它强调源材料翻译的真实性，确保翻译更准确，受众能更好地理解彝族文化。利用生态翻译学视角对彝族文化外宣翻译进行研究具有较强的实践价值和理论价值。该理论对彝族文化外宣翻译提供全新的理论视角的同时，也对彝族文化外宣译者提出了新的标准和要求。在该理论的指引下，翻译过程中不同的翻译策略被赋予了不同的含义。深入了解、掌握并且提升这些策略在实际翻译过程中的运用水平，是真正掌握生态翻译学理论的关键所在。

从翻译生态环境出发进行外宣材料翻译时，译者需要在语言、文化、交际三个维度上构筑译者的适应与选择，达到翻译生态环境中各个因素的平衡，才能产生"整合适应选择度"最佳的译文。在翻译的过程中，文化维、语言维、交际维是一个整体而非独立的，对于不同的文本类型，翻译的过程应该侧重于其中某个层面，同时也需要兼顾另外两个层面。

总而言之，在彝族文化外译过程中，译者需从彝族文化这个翻译生态环境出发，不仅从文化维、语言维层面理解原文的文化内涵及字面意思，还要从交际维层面正确领会原作者的主观动机或意图以及对读者产生的客观效果，在此基础上不断地在"选择性适应"与"适应性选择"过程中进行三维转换，分析挖掘出最优的彝族文化外宣翻译策略，以期得到"整合适应选择度"较高的译文。

二　研究启示

生态翻译学以译者为中心，译者在翻译过程中处于中心地位，要先适应"翻译生态环境"，然后再以"翻译生态环境"适应者的身份选择外宣翻译策略。以译者为中心的主要目的是彰显译者在翻译过程中的主导作用，因而对译者个人素质有比较高的要求，需要翻译者对各种翻译方法加以综合运用，以达到更好的翻译效果。同时，外宣翻译的外部环境也对彝族地区外宣环境产生了很重要的影响。

（一）培养彝族文化外宣翻译人才，全面提升翻译和编辑质量

对于彝族文化外宣翻译，当务之急是翻译人才的缺乏。为了更好地实现外宣翻译的目的，除了应当大力培养人才，他们需要了解彝族文化和世界文化，同时还要严格把好翻译关以及编辑关。

1. 关于培养彝族文化外宣翻译人才的相关策略

（1）大力提升人才政治素质

坚定的政治立场和良好的政治修养是彝族文化外宣翻译人才不可或缺的，彝族文化外宣翻译不仅是本民族的事，更代表着中华民族的整体形

象，翻译人才必须时刻敏锐地意识到这一点，并时刻保持清醒头脑，当面对大是大非的情况时，用外宣翻译的方式引导社会舆论的正确方向。

（2）着力增加彝族文化外宣翻译知识储备

不论是广度还是深度，在知识运用方面，彝族文化外宣翻译人才都要体现出来。因为翻译的本质就是一种跨文化、跨学科的综合性研究，外宣材料体现的是一个地区、一个国家的形象，外宣译员本就该是"杂家"。作为优秀的彝族外宣翻译人才，除了应当深度了解国内各方面的知识，如经济、政治、哲学等，还需要广而深地了解国外相关知识，尤其是彝族文化方面的知识。因此，增加彝族外宣翻译的知识储备在引进彝族文化外宣翻译人才的同时就应当行动起来，从筛选环节开始一直到中后期的后续培养都要严格把关。

（3）大力提高翻译人才的能力和业务水平

极强的多语翻译能力，在翻译中熟练地利用互联网和多媒体技术，以及熟悉彝族文化外宣相关业务，这些都是彝族文化外宣翻译人员必须具备的业务能力。因此，为了更好地创造人才培养环境，部门之间应适当进行协调，与相关的涉外服务企业、传媒服务公司和相关民族高校科研院所建立联合团队，共同协作完成丰富的外宣翻译实践。

（4）大力倡导提高团队意识

彝族文化外宣翻译工作是一项需要外经、文化、旅游等各大涉外事务部门共同协作完成的任务，仅凭单人或单个部门显然不能独立完成。面对原文分析、策略设计、翻译编辑、装帧出版等多个环节时，团队协作必不可少。

（5）成立专门的彝族文化外宣翻译机构

彝族自治州政府相关部门应该协同组织各级翻译协会及各类翻译机构，广泛招收高翻人才，聘请翻译界相关权威担当顾问，认真审核外宣译品，以确保译文质量，准确生动形象地宣传和弘扬彝族文化，让彝族文化走向世界。

2. 关于全面提升翻译质量和把好编辑关的相关策略

中国外文局总编辑兼国际译联第一副主席黄友义（2000）先生提出了"把好外宣翻译两道关"，即翻译关和编辑关。就目前彝族外宣翻译的现状而言，首先，在翻译关方面应从理解、表达、校对这三个阶段进行，其中理解和表达阶段要求由合格的外宣翻译人才来担当，当然尽可能是专门从事中译外、做过外文出版业务的人员；在校稿阶段，尽可能要求有写作和编辑经验的外国人来做此工作。对此，笔者认为可通过聘请各地方院校的外籍教师来实现。其次，如何把好编辑关，这要求外宣译者和编辑人员在译品的编写过程中充分考虑到彝族和西方英语民族的意识形态和文化差异，做到"内外有别"。

（二）综合借鉴多种翻译方法

在做跨文化外宣翻译过程中，重要的是要在兼顾如何尊重原语文化的同时着眼于译语文化。当然，在处理两者关系的过程中，文化信息不平衡问题时常发生，解决办法就是寻找到新的合适的翻译方法，这一新方法不仅要将原文中包含的思想精神和主旨意义传递给读者，而且还要尽可能地帮助译语读者去理解和勾勒原作的深层含义。根据生态翻译学理论，翻译策略是进行语言维、文化维、交际维的适应性选择转换，根据外宣翻译材料选择合适的翻译方法进行彝族文化的外宣翻译。

异化法是彝族文化外宣翻译的方法之一，即在接受外语文本的语言以及文化差异的基础上，再现原文语言中含有的彝族文化元素，并引导译语读者理解和体会彝族文化。当然，归化法也是彝族文化外宣翻译的另一种主要方法，它立足于他国文化，使翻译作品符合译语读者的文化价值观。在彝族文化外宣翻译中，常见的方法还有直译和意译等，分别与前两种方法相对应：直译法对应异化法翻译，根据翻译需要，尽可能展现彝族文化特色；意译法对应归化翻译，即在参考译语读者的文化习俗基础上，适度调整译文的表达结构和形式，尽可能保证原语信息基本不变。译者在翻译的实际操作过程中，不可能一直持续使用某一种翻译方法，无论是归化还是异化，直译还是意译，在不同的少数民族文化背景中，在理解原语含义和原作者意图的基础上，以保证忠于原作为前提，可综合借鉴、灵活运用多种翻译方法。

为使读者更容易理解原材料内容，在翻译过程中，译者可以使用补译的方法来使译语变得通俗易懂。由于每个民族都特色鲜明，彝族文化内涵更加深厚，同一个词语有可能表达诸多不同的感情，此时通过补译，用补充说明的方式，让不同语言的人更好地理解原语的内涵。

作为世界了解彼此文化的桥梁，外宣翻译在不同文化之间建立了联系和沟通，实现了人类文化共同发展传承的最终目的。为此，外宣译者首先要将原作的文化内涵理解和吃透，然后才能在译本中更好地再现原语所包涵的精神本质。尤其在做少数民族文化外宣时，译者应以汉语语言文化为中心，并适度参考借鉴其他语言中的异质成分，做到既要保证译本体现原作文化精粹，又能很好地迎合外国读者的兴趣，使其读后能与原语作者产生共鸣。总而言之，少数民族文化外宣译者应尽量使国际读者理解和传播中国少数民族文化，避免由于文化翻译导致的文化误解甚至冲突，通过他们弘扬中国少数民族文化，达到不断提高我国文化软实力的国家战略。

（三）通过互联网建立彝族文化外宣翻译语料库

语料库（Corpus）是随机抽样的语言材料的集合，它构成语言运用的样本。根据翻译的目的，语料库可分为双语平行库，多语库和比较语料库三种，其中尤以平行语料库对彝族文化外宣翻译更具实用性和针对性，所以此处笔者只详细介绍双语平行语料库，该库主要是集中收集某种语言的原创文本和相应的外语文本，比如汉英、汉日、汉法等双语平行文本。在外宣翻译中，相对传统的翻译工具书而言，平行语料库语料真实新颖，语境灵活丰富，检索方便，能够基本反映成对语言之间的翻译行为规律特征，并归纳出其中的一些等值关系特征，以为外宣翻译工作者提供备选参考，有效提高了外宣翻译质量。

建立平行语料库可以更好地服务彝族文化外宣翻译，有以下几个步骤：首先，在"着眼全球，突出本地"建库原则的基础上，选取现有的彝族文化外宣精品文本，交给专门的翻译人员初步校订。其次，通过人工录入，或者电子扫描，或者网络下载等方式，将已初步校订的材料重新编辑整理，同时为确保转换的准确性，由懂外语编辑的人士再次校对处理。再次，让程序员根据外宣翻译人员的要求，编写格式规范的政治、经济、文化等语料子库，在经过软件对齐，人工干预对齐等步骤后将最终确认对齐的语料放到各子库中。最后，开发和运行具有针对性的网络检索软件，该软件既能方便彝族文化外宣翻译人员，同时又能方便外国游客、商人和国外彝族文化研究者查询了解彝族文化，无形中宣传彝族文化，事半功倍。当然，建设彝族外宣语料库不可能一蹴而就，软件库需要不断地更新维护，需要一定成本，但对彝族文化宣传却有重大作用。

（四）加强翻译出版合作，力推彝族文化外宣精品

打造外宣精品就是要让译文内容健康，风格独特，制作精美，内容生动鲜明，语言朴实准确，达到国际水平的印刷、设计和形式。要改变彝族文化外宣翻译现状，需要形成政府和企业的互联互动联盟。而要推出彝族

文化外宣精品，我们要做到以下几点：首先，需要各州县相继建立完善的外宣调控机制，同时为保证作品系列化、规范化，还要拟定中长期外宣计划。各级相关政府还要协调地方高校搞好外宣翻译研究，增加翻译人员储备，打造出符合国外读者思维习惯和审美情趣的外宣译品。其次，充分利用对外交流机会，从国内外的外宣精品中借鉴其优点，如编排方式、表现手段等，最后与传媒公司、翻译公司、外文出版社等合作出版能凸显彝族文化资源优势的多语种外宣译品。接着，针对彝族地区暂时没有翻译协会，现有外宣翻译人才和传媒公司暂时不足等问题，地方政府应采用"请进来，走出去"的方式，合作打造外宣精品，以解决彝族文化外宣翻译中的各种问题。最后，对于那些为彝族文化外宣翻译和宣传作出突出贡献的各界人士，相关政府部门应通过设立奖项等举措来促进彝族文化外宣翻译的良性循环，更好地吸引外宣翻译人才。

除了以上提到的四项措施，在彝族地区要形成全面外宣氛围，让各单位团体和个人从思想上高度重视外宣翻译，真正意识到"外宣就是政治，就是经济，就是形象"也是非常重要的。

第二节　研究的不足

首先，本著作在研究方法多样化、研究的深度和广度、研究资料的全面性等方面都还有待进一步挖掘深究。本研究的整体框架是建立在胡庚申教授的翻译适应选择论之上，是作者在长期思考之后探索性的研究彝族文化外宣翻译，并坚持彝族文化外宣翻译过程是译者的适应和选择的过程这一主张。由于外宣翻译在翻译学科里是一门新兴的学科，传统的研究以翻译实践研究居多，理论研究并不常见，所以，笔者虽然通过各种渠道尽可能搜集和阅读了现有与外宣翻译相关的资料，但难免挂一漏万，所参考的资料依然很有限。同时，鉴于时间及笔者的认知范围、研究能力的局限，文中也可能会有一些漏洞和不足。

其次，翻译质量评估需要在翻译过程中对译者适应及选择的结果进行多维度评估，但由于外宣翻译对象大多居住在国外，范围广且不便于调查，结果反馈需要较长时间，可得性具有局限性，所以对量化评估分析和结果反馈实证调查做得不够。

最后，作为本土首创的生态翻译学理论自身也有一些不完善之处，如过多强调翻译过程中的译者中心地位，终将会导致产生出一些个人色彩比较浓厚的译本。

今后的研究需要不断完善生态翻译学理论，深度挖掘研究样本量的广度，利用现代科学技术，如数据挖掘等，用较多的译例，从具体翻译方法的研究角度入手，分析挖掘出最优的少数民族文化外宣翻译策略。

笔者以非常诚恳的态度希望聆听各位专家学者就本书观点和论据提出的宝贵批评意见，并将在今后的研究中及时改进。

第三节　有待进一步研究的问题

关于彝族外宣翻译的研究尚不多见，需要学者和社会给予更多的关注。根据以上分析，研究应该涵盖范围更广、内容更深的生态翻译学理论来指导彝族文化的外宣翻译。对外宣传翻译的重要性随着我国与世界的联系日益密切而与日俱增，其中少数民族文化的外宣翻译更是重中之重。在接下来的研究中，笔者会根据各位专家学者的意见建议，着重针对该研究中存在的局限性和不足而努力，总结经验，孜孜求进。并进一步尝试创建按照题材与特点的不同而分类的一手资料的外宣翻译语料库，为进一步研究打下良好的基础。

生态翻译学视角下的彝族文化的外宣翻译研究可以为整个中国少数民族文化外宣翻译研究提供很好的参考，截至目前，一些研究人员对生态翻译学这种新理论进行了阐述和说明，但是把彝族文化翻译、彝族文化外宣翻译与生态翻译学相结合起来的研究还付诸阙如，需要深入挖掘。

限于时间精力，书中没有采用大量的实证研究，但学术研究中证明变量之间因果关系的最好方法还是实证研究。所以，作者将花大力气学习新的实证研究方法，在以后的研究中尝试采用通过实证调研收集数据，建立实证模型对外宣翻译质量进行实证评估。

本研究大多以理论演绎和语料案例分析为基础，总结出彝族文化外宣翻译具有的一些特性比如适应性、选择性和文化性等，这些是否具有普适性，能否推广到其他翻译比如文学翻译中，还有待进一步研究和论证。

彝族文化外宣翻译研究作为一种典型的跨学科研究，其他诸学科的发展都会对其产生一定的影响。笔者期待越来越多的研究者从不同的角度对本书观点加以拓展，以便提出更有效的少数民族文化翻译策略和方法，更好地指导实践，建好翻译这一纽带桥梁，为带动我国与世界的文化交流贡献力量。

在翻译中，我们最美好的期盼就是可以让彝族文化走出中国，走向世界，而此时外宣翻译人员就是本土文化的代言人。在这一全面对外开放的时代，我们更应该将翻译工作做好，推动彝族地区的发展和繁荣。

参 考 文 献

Bassnett S.& Levefere.A.*Constructing Cultures*: *Essays on Literary Translation* [C]. Shanghai: Shanghai Foreign Language Education Press, 2001, 2002.

Bassnett S.& Levefere.A.*Translation, History and Culture* [M]. London Printer, 1990.

Beylard Ozerroff.A.& Kralova J.& Moser-Mercer.B.*Translator's Strategies and Creativity* [M]. Amsterdam/Philadelphia: John Benjamins Publishing Company, 1998.

Charles Cooley.*Social Organization*: *A Study of the Larger Mind* [M]. New York: Charles Scribner's Sons, 1929.

Dai Naidie.*Ashima* [M]. Beijing: Foreign language Press, 1981.

Delisle J.*Translation*: *An Interpretive Approach* [M]. Ottawa & London: University of Ottawa Press, 1988.

Gentzler E.*Contemporary Translation Theories* (Revised Second Edition) [M]. Shanghai: Shanghai Foreign Language Education Press, 2004.

Gutt Ernst August.*Translation and Relevance*: *Cognition and Context* [M]. Shanghai: Shanghai Foreign Language Education Press, 2004/2005.

Halliday M.A.K.*Language as a Social Semiotic*: *the Social Interpretation of Language and Meaning* [M]. University Park Press, 1978.

Hugh Holman & William Harrison, *A Handbook To Literature* [M], New York: Macmillan Publishing Company, 1986.

Leech Geoffrey N.*Semantics* [M]. Harmondsworth: Penguin, 1981.

Lefevere A.*Translation, Rewriting and the Manipulation of Literary Fame* [M]. Shanghai: Shanghai Foreign Language Education Press, 2004.

Liang Mingyue.*Music of the Billion*: *An Introduction to Chinese Musical*

Culture [M]. New York, 1985.

Liu Y.P.& L.J.Shrum.*What is Interactivity and is it Always a Good Thing? Implications of Definition, Person, and Situation for the Influence of Interactivity on Advertising Effectiveness* [J]. Journal of Advertising, 2002, 31 (4).

Lu-Hsuan Lucy Chen. *Chinese folk song: Hidden Treasures of An Old Nation* [M]. University of Maryland, USA, 2000.

Munday J.*Introducing Translation Studies: Theories and Applications* [M]. London and New York: Routledge, 2001.

Newmark P.*A Textbook of Translation* [M]. London: Prentice Hall International Ltd., 1988. Shanghai: Shanghai Foreign Language Education Press, 2001.

Newmark P. *Approaches to Translation* [M]. Oxford: Pergamon Press, 1981.Shanghai: Shanghai Foreign Language Education Press, 2001.

Newmark P. *Paragraghs on Translation* [M]. Clevedon: Multilingual Matters Ltd., 1993.

Newmark P.*Translation and Ideology* [A]. In Klaudy K.& Kohn J.eds. Proceedings of the 2nd International Conference on Current Trends in Studies of Translation and Interpreting [C]. Budapest: Scholastica, 1997.

Newmark P.*About Translation* [M]. Beijing: Foreign Language Teaching and Research Press, 2006.

Nida E.A.and Taber, C.R.*The Theory and Practice of Translation* [M]. Leiden: United Bible Societies, 1969.

Nida E.A.*Toward a Science of Translating* [M].Shanghai: Shanghai Foreign Language Education Press, 2004.

NidaE.A.*Language, Culture and Translating* [M]. Shanghai: Shanghai Foreign Language Education Press, 1993.

NidaE.A.*Translating Meaning* [M]. California: English Language Institute, 1984.

Nord C.*Translating as a Purposeful Activity—Functionalist Approaches Explained* [M]. Shanghai: Shanghai Foreign Language Education Press, 1993, 2001, 2004.

Nord C.*Text Analysis in Translation: Theory, Methodology, and Didactic*

Application of a Model for Translation—Oriented Text Analysis［M］. Allsterdam：RodoPi，1991.

Peter Chang.*Contemporary Music Review*：*Bright Sheng's Music*：An Expression of Cross-cultural Experience—Illustrated through the Motivic，Contrapuntal and Tonal Treatment of the Chinese Folk Song The Stream Flows，Vol. 26，Nos.5/6，October/December 2007.

Reiss，K. *Translation Criticism*：*Potentials and Limitations*［M］. Shanghai：Shanghai Foreign Language Education Press，2004.

Snell Hornby M.*Translation Studies*：*An Integrated Approach*［M］. John Benjamins Publishing Company，1988.

Snell Hornby M. *Translation Studies*：*An Integrated Approach*［M］. Shanghai：Shanghai Foreign Language Education Press，1996，2001.

Sperber，D.& Wilson D.*Relevance*：*Communication and Cognition*［M］. Oxford：Basil Blackwell，1995.

Sperber，D.& Wilson D.*Relevance*：*Communication and Cognition*［M］. Beijing：Foreign Language Teaching and Research Press，2006.

Toury Gideon.*Descriptive Translation Studies and Beyond*［M］. Shanghai：Shanghai Foreign Language Education Press，2001.

Venutil.*The Translator's Invisibility*：*a History of Translation*［M］. Shanghai：Shanghai Foreign Language Education Press，2004.

Verschueren J. *Understanding Pragmatics*［M］. Beijing：Foreign Language Teaching and Research Press，2000.

Wehmeier S.*Oxford Advanced Learner's Dictionary*（7th edition）［Z］. 北京：商务印书馆，2007.

William G.Lycan. *Philosophy of Language*：*A Contemporary Introduction*［M］. London and New York，1999.

安海燕：《〈阿诗玛〉的口头程式特征探析》，《剑南文学（经典教苑）》2012 年第 7 期。

毕文成：《浅析对外宣传翻译中译者主体性的凸显》，《出版广角》2012 年第 2 期。

蔡新乐：《"含意本体论"关照下的"译意"与"意译"》，《福建外语》2000 年第 1 期。

蔡新乐：《〈翻译适应选择论〉简评》，《中国科技翻译》2006 年第 1 期。

曹芳：《王佐良翻译思想的生态翻译学诠释》，《牡丹江大学学报》2013 年第 2 期。

曹曦颖：《奈达与格特翻译理论比较研究》，《四川师范大学学报》2007 年。

曹志建：《功能主义视角下软性法律外宣文本的翻译：问题与对策》，博士学位论文，上海外国语大学，2012 年。

曾小珊：《关联理论视角下之外宣翻译的译者主体性》，《陕西理工学院学报》2012 年第 4 期。

查明健、田雨：《论译者主体性——从译者文化地位的边缘化谈起》，《中国翻译》2003 年第 1 期。

朝戈金：《口传史诗诗学：冉皮勒"江格尔"程式句法研究》，广西人民出版社 2000 年版。

陈宏薇：《汉英翻译基础》，外语教育出版社 1998 年版。

陈晶晶：《以〈红楼梦〉译本为例谈文化翻译》，《湖南科技学院学报》2013 年第 6 期。

陈亮、兰杰：《生态翻译学视角下的外宣公示语翻译——以中国亚欧博览会和商博会宣传口号为例》，《乌鲁木齐职业大学学报》2015 年第 12 期。

陈敏：《谈外宣翻译中的译者主体性》，《湖南科技学院学报》2006 年第 8 期。

陈茜：《从文化沟通看不可译性向可译性转化》，《浙江理工大学学报》2009 年第 6 期。

陈圣白：《口译研究的生态学途径》，博士学位论文，上海外国语大学，2012 年。

陈小慰：《翻译功能理论的启示——对某些翻译方法的新思考》，《中国翻译》2000 年第 4 期。

陈小慰：《汉译英中的视点转换》，《中国翻译》1993 年第 6 期。

陈小慰：《外宣翻译中"认同"的建立》，《中国翻译》2007 年第 1 期。

陈小慰：《翻译研究的"新修辞"视角》，博士学位论文，福建师范大学，2011 年。

陈志坚：《生态翻译学视域下的流行语"三维"转换》，《漯河职业技术学院学报》2012 年第 1 期。

仇贤根：《外宣翻译研究——从中国国家形象塑造与传播角度谈起》，博士学位论文，上海外国语大学，2010 年。

创幻财经：《索菲娅·格林（Sofia Kallgren）——〈东方西方〉华语经典歌曲英文版》，2007 年 12 月，创幻财经网（http：//www. chcj. net/thread-948263-1-1. html）。

崔卫、徐莉：《会话含意、语境和语境句》，《外语研究》2004 年第 3 期。

崔晓霞：《民族叙事话语再现——〈阿诗玛〉英译研究》，博士学位论文，南开大学，2012 年。

邓建平：《西南少数民族文化旅游汉英翻译现状调查及思考》，《科技信息》2010 年第 30 期。

邓李肇：《生态翻译学视域下的电影对白翻译》，《电影文学》2011 年第 22 期。

邓向福：《对联翻译的生态翻译学"三维转换"解读》，《重庆工商大学学报》2011 年第 6 期。

邓秀琳《关联理论视角下网络游戏广告语分析》，《科技资讯》2014 年第 26 期。

董爱华、高越：《生态翻译学视角下实用文本翻译的语用等效研究》，《东北师大学报》2011 年第 3 期。

段连城：《呼吁：译界同仁都来关心对外宣传》，《中国翻译》1990 年第 5 期。

段涛：《从语用学角度谈公示语的翻译》，《阜阳师范学院学报》2011 年第 2 期。

樊慧敏：《生态学视域下的金融翻译研究》，《海外英语》2012 年第 2 期。

范祥涛、刘全福：《论翻译选择的目的性》，《中国翻译》2002 年第 6 期。

范祥涛：《翻译层次性目的的多维描写》，《外语教学》2003 年第 2 期。

范勇：《目的论观照下的翻译失误——一些大学网站英文版例析》，《解放军外国语学院学报》2005 年第 1 期。

方梦之：《译论研究的综合性原则——译学方法论思考》，《中国翻译》1996 年第 4 期。

方梦之：《中国译学大辞典》，上海外语教育出版社 2011 年版。

方璞：《再议功能对等理论与文化翻译》，《中国电力教育》2012 年第 16 期。

方仪力：《理解翻译批评：从"何为批评"到"何为翻译批评"》，《当代文坛》2012 年第 4 期。

方忠南：《论翻译的"适应"》，《理论界》2006 年第 12 期。

冯广艺：《语境适应论》，湖北教育出版社 1999 年版。

高永伟：《谈谈汉语新词翻译中的两大问题》，《上海科技翻译》2003 年第 2 期。

郜万伟：《翻译技术在翻译教学中的应用》，《吉林工商学院学报》2011 年第 1 期。

龚颖芬：《修辞视域下的外宣翻译策略研究》，《江西师范大学学报》2015 年第 1 期。

［俄］顾彼得：《被遗忘的王国：丽江 1941—1949》，李茂春译，云南人民出版社 2007 年版。

关孜慧：《文化语境与翻译》，《外语与外语教学》2003 年第 3 期。

郭鹏：《从生态翻译学看电影〈杜拉拉升职记〉的片名翻译》，《电影评介》2010 年第 10 期。

郭旭明、邓楠：《全球化语境下汉语文化负载词的生态翻译》，《湖南科技大学学报》2011 年第 4 期。

郭英珍：《生态翻译学视域下的新闻英语汉译》，《中国科技翻译》2011 年第 4 期。

韩丽、高云：《跨文化背景下功能对等理论对翻译实践的指导》，《社科纵横》2008 年第 4 期。

韩竹林、果笑非等：《生态翻译学指导下的广告翻译》，《边疆经济与文化》2013 年第 11 期。

韩竹林、朱睿：《生态翻译学视角下的诗歌翻译》，《牡丹江师范学院学报》2014 年第 3 期。

韩竹林、陈慧：《关联理论与生态翻译理论的比较研究》，《佳木斯大学社会科学学报》2013 年第 5 期。

韩竹林、种微微、张林影：《功能对等翻译理论与生态翻译理论比较研究》，《鸡西大学学报》2013 年第 12 期。

杭菊：《关于翻译理论和翻译研究若干论题的对话——王宁教授访谈录》，《中国翻译》2002 年第 6 期。

何兆熊：《新编语用学概要》，上海外语教育出版社 2000 年版。

胡庚申：《从术语看译论——翻译适应选择论概观》，《上海翻译》2008 年第 2 期。

胡庚申：《从译文看译论——翻译适应选择论应用例析》，《外语教学》2006 年第 4 期。

胡庚申：《从译者"主体"到译者"中心"》，《中国翻译》2004 年第 3 期。

胡庚申：《对生态翻译学几个问题"商榷"的回应与建议》，《中国翻译》2014 年第 6 期。

胡庚申：《翻译生态 VS 自然生态：关联性、类似性、同构性》，《上海翻译》2010 年第 4 期。

胡庚申：《翻译适应选择论》，湖北教育出版社 2004 年版。

胡庚申：《翻译适应选择论的哲学理据》，《上海科技翻译》2004 年第 4 期。

胡庚申：《关于"译者中心"问题的回应》，《上海翻译》2011 年第 4 期。

胡庚申：《例示"适应选择论"的翻译原则和翻译方法》，《外语与外语教学》2006 年第 3 期。

胡庚申：《生态翻译学：产生的背景与发展的基础》，《外语研究》2010 年第 4 期。

胡庚申：《生态翻译学：生态理性特征及其对翻译研究的启示》，《中国外语》2011 年第 6 期。

胡庚申：《生态翻译学：译学研究的"跨科际整合"》，《上海翻译》2009 年第 2 期。

胡庚申：《生态翻译学的研究焦点与理论视角》，《中国翻译》2011 年第 2 期。

胡庚申：《生态翻译学建构与诠释》，商务印书馆 2013 年版。

胡庚申：《生态翻译学解读》，《中国翻译》2008 年第 6 期。

胡庚申：《适应与选择：翻译过程新解》，《四川外语学院学报》2008 年第 4 期。

胡庚申：《生态翻译学：生态理性特征及其对翻译研究的启示》，《中国外语》2011 年第 6 期。

胡牧：《翻译研究：一个社会学视角》，《外语与外语教学》2006 年第 9 期。

胡淑华：《从目的论的角度看外宣材料的翻译——以安阳中国文字博物馆资料翻译为例》，《文学界》2012 年第 8 期。

胡兴文、张健：《外宣翻译的名与实——张健教授访谈录》，《中国外语》2013 年第 3 期。

［英］华兹华斯：《拜伦柯尔律治华兹华斯诗精编》，长江文艺出版社 2014 年版。

黄朝晖、李燕：《论汉英文化差异对翻译的影响》，《海外英语》2015 年第 8 期。

黄梨：《外宣翻译研究十年综述（2004—2013）》，《重庆科技学院学报》2014 年第 9 期。

黄敏：《功能对等视角下翻译教学中跨文化交际能力的培养》，《内蒙古农业大学学报》2010 年第 12 期。

黄培清：《文化负载词翻译的生态翻译学"三维"转换解读——以林语堂英译〈浮生六计〉为例》，《乐山师范学院学报》2014 年第 4 期。

黄铁、杨智勇等：《阿诗玛》，云南人民出版社 1978 年版。

黄铁等：《阿诗玛》，云南人民出版社 2009 年版。

黄信、颜晓英：《康巴藏区外宣翻译现状与对策研究》，《四川民族学院学报》2011 年第 3 期。

黄艳春：《外宣翻译应以异化为主》，《湖南工业大学学报》2014 年第 1 期。

黄友义：《坚持"外宣三贴近"原则，处理好外宣翻译中的难点问题》，《中国翻译》2004 年第 6 期。

黄志凌：《浅谈对外宣传中的编译工作》，《中国翻译》1999 年第 2 期。

黄忠廉、李亚舒：《科学翻译学》，中国对外翻译出版公司 2004 年版。

黄忠廉、李亚舒：《论翻译策略系统》，《上海科技翻译》2003 年第 4 期。

季拜华：《译书译家译风》，《中国翻译》1990 年第 6 期。

贾文波：《原作意图与翻译策略》，《中国翻译》2002 年第 4 期。

蒋骁华、宋志平、孟凡君：《生态翻译学理论的新探索——首届国际生态翻译学研讨会综述》，《中国翻译》2011 年第 1 期。

蒋晓华：《意识形态对翻译的影响：阐发与新思考》，《中国翻译》2003 年第 5 期。

焦良欣：《全球化视域下的生态翻译学》，《内蒙古农业大学学报》2011 年第 4 期。

柯平：《英汉与汉英翻译教程》，北京大学出版社 1993 年版。

孔德亮：《文化翻译的轴心》，《语言与翻译（汉文）》2005 年第 2 期。

赖文斌、邢明等：《浅谈"动态对等"理论下的城市外宣资料英译》，《太原城市职业技术学院学报》2009 年第 12 期。

兰佩瑾：*China's Ethnic Minorities*（《中国少数民族》），外文出版社 2003 年版。

乐萍：《目的论视角下贵州地区少数民族文化的外宣翻译研究》，博士学位论文，上海外国语大学，2014 年。

李崇月、张健：《试谈"外宣翻译"的翻译》，《江苏大学学报》2009 年第 5 期。

李春光：《论外宣翻译中受众中心化与译者主体性的和谐统一》，《天津外国语大学学报》2012 年第 4 期。

李惠芳：《中国民间文学》，武汉大学出版社 1999 年版。

李慧芳、林夏：《译者主体性研究的回顾与反思》，《安徽工业大学学报》2015 年第 1 期。

李敬科：《传播语境下的旅游外宣文本翻译研究》，《吉林省教育学院学报（中旬）》2012 年第 1 期。

李磊：《生态翻译学视域下的胡适诗歌翻译研究》，《赤峰学院学报》2012 年第 6 期。

李美涵、段成：《"政治等效"框架下的中国政治语言翻译策略研究——以习近平海洋外交系列演讲为例》，《太平洋学报》2015 年第 3 期。

李明：《论少数民族典籍外译的伦理原则》，《青海民族研究》2015 年第 3 期。

李萍：《地域文化产品英译的译者跨文化传播力解析》，《成都大学学报》2015 年第 4 期。

李书仓：《略谈归化、异化之与世界性文化》，《语言与翻译（汉文）》2004 年第 4 期。

李帅：《生态翻译学指导下的〈饮冰室文集点校〉（节选）翻译报告》，硕士学位论文，北京交通大学，2015 年。

李素霞、于海燕：《哈贝马斯交往行为理论述评》，《河北师范大学学报》2003 年第 4 期。

李巍：《翻译创造为谁——论翻译中读者意识的培养》，《北京第二外国语学院学报》2001 年第 6 期。

李显文：《"以人为本"英译辨析》，《四川文理学院学报》2007 年第 1 期。

李晓红、张玉丹：《关联理论视角下的外宣翻译策略》，《河北联合大学学报》2015 年第 2 期。

李欣：《外宣翻译中的"译前处理"：天津电视台国际部〈中国·天津〉的个案分析》，《上海科技翻译》2001 年第 1 期。

李亚舒、黄忠廉：《别开生面的理论建构——读胡庚申〈翻译适应选择论〉》，《外语教学》2005 年第 6 期。

李园生：《长篇叙事诗阿诗玛的艺术特色》，《徐州师范学院学报》1987 年第 2 期。

李占喜：《从关联翻译理论视角管窥翻译过程的特点》，《西安外国语大学学报》2007 年第 1 期。

李长栓：《非文学翻译理论与实践》，中国对外翻译出版公司 2008 年版。

李执桃：《对意识形态操控下的归化与异化的文化思考》，《南昌大学学报》2006 年第 4 期。

连淑能：《英汉对比研究》，高等教育出版社 1993 年版。

林文艺：《主流意识形态语境中的中国对外文化交流》，博士学位论文，福建师范大学，2014 年。

　　刘爱华：《生态翻译学之"生态环境"探析》，《东疆学刊》2011 年第 4 期。

　　刘季春：《为什么对外宣传中常有翻译谬误》，《上海翻译》2005 年第 2 期。

　　刘江伟：《功能对等视角下企业网站资料翻译研究》，《三峡大学学报》2015 年第 6 期。

　　刘世力：《功能对等理论视角下企业外宣文本的英译》，硕士学位论文，湖南师范大学，2014 年。

　　刘祥清：《论形式意义及其翻译》，《湖南社会科学》2004 年第 4 期。

　　刘雅峰：《译有所为，译者何为？——文化全球化背景下外宣翻译及其译者研究》，《山西师大学报》2008 年第 3 期。

　　刘雅峰：《译者的适应与选择：外宣翻译过程研究》，人民出版社 2010 年版。

　　刘雅峰：《译者的适应与选择：外宣翻译过程研究》，博士学位论文，上海外国语大学，2009 年。

　　刘艳芳：《鲁迅翻译思想的生态翻译学诠释》，《湖北大学学报》2010 年第 6 期。

　　刘艳明、王晨：《霍克思英译〈红楼梦〉的生态翻译学诠释》，《语文学刊（外语教育教学）》2012 年第 6 期。

　　刘莹：《成语英汉互译中文化的缺失与补偿》，《学理论》2010 年第 5 期。

　　刘正琰、高名凯等：《汉语外来词词典》，上海辞书出版社 1984 年版。

　　刘重德：《英汉语比较与翻译》，青岛出版社 1998 年版。

　　柳菁：《目的论指导下的茶名外宣翻译问题与对策研究》，《语文学刊》2014 年第 4 期。

　　陆道恩：《谈如何避免少数民族文化翻译中的文化误读》，《长春理工大学学报》2013 年第 11 期。

　　陆秀英：《从生态学视角看全球化下中国翻译文学的发展》，《时代文学》2010 年第 11 期。

　　罗丽莉：《浙江省旅游外宣翻译"文化流失"及其对应策略》，《宁波工程学院学报》2015 年第 4 期。

吕俊：《翻译学——传播学的一个特殊领域》，《外国语》1997 年第 2 期。

马红军：《翻译批评散论》，中国对外翻译出版公司 2000 年版。

马霞、莫如愚：《关于中国东盟特色词汇英汉互译研究的设想》，《时代文学》2010 年第 1 期。

麦新转、王玉芬：《文化视角下的大学校训翻译管窥》，《楚雄师范学院学报》2009 年第 7 期。

苗菊：《翻译准则——图瑞翻译理论的核心》，《外语与外语教学》2001 年第 11 期。

穆雷、李文静：《〈理论对译者有用吗？象牙塔与语言工作面之间的对话〉评介》，《外语与外语教学》2007 年第 3 期。

穆雷、诗怡：《翻译主体的"发现"与研究》，《中国翻译》2003 年第 1 期。

庞宝坤、杨茜：《目的论视角下中国特色词汇英译研究——以 China Daily 为例》，《长江大学学报》2015 年第 2 期。

庞宝坤：《外宣翻译中人名的顺应处理》，《牡丹江师范学院学报》2011 年第 1 期。

彭杰：《从翻译的目的性看待云南少数民族文化外宣翻译的意义与研究思路》，《宿州教育学院学报》2013 年第 5 期。

彭小燕：《功能目的论观照下的政论文翻译》，《大学教育》2013 年第 22 期。

彭雪梅：《关联理论视角下对学伴用随原则的应用》，《六盘水师范高等专科学校学报》2011 年第 1 期。

乔曾锐：《译论》，中华工商联合出版社 2000 年版。

任丽：《生态学视角下大学英语教学研究》，博士学位论文，上海外国语大学，2013 年。

沙马拉毅：《论彝族当代文学创作的传统继承、借鉴与发展》，《西南民族学院学报》2002 年第 3 期。

沙马拉毅：《彝族文化研究综述》，《西南民族学院学报》1996 年第 S1 期。

沙马拉毅：《原生态彝族民歌·前言》，四川民族出版社 2009 年版。

邵志洪：《翻译理论实践与评析》，华东理工大学出版社 2003 年版。

申月：《论翻译中的形式对等》，《外语教学语研究》1997 年第 2 期。

盛俐：《生态翻译学视域下莫言作品英译的三维转换——以〈生死疲劳〉为例》，《绥化学院学报》2013 年第 11 期。

石淑芳：《意图性原则——在语篇水平上翻译的一个重要原则》，《上海科技翻译》1999 年第 3 期。

时园园：《〈妈妈咪呀！〉中文版歌词生态翻译学视角的多维透视》，《疯狂英语》2013 年第 2 期。

史建华：《歌曲〈小河淌水〉赏析教学中的美学探究》，《成才之路》2011 年第 12 期。

史凯、吕竞男：《文学出版走向世界：谁来译？——谈中国文学图书翻译的译者主体》，《中国出版》2013 年第 16 期。

宋平锋：《旅游外宣翻译中的修辞劝说策略》，《江西教育学院学报》2013 年第 5 期。

孙洁菡：《翻译生态环境与少数民族文化特色词的翻译》，《贵州民族研究》2014 年第 10 期。

孙雪瑛、冯庆华：《目的论视域中的企业外宣翻译》，《外语学刊》2014 年第 4 期。

孙杨森：《外事翻译中的解释性翻译》，《山东教育学院学报》2005 年第 4 期。

孙艺风：《翻译规范与主体意识》，《中国翻译》2003 年第 3 期。

孙迎春：《张谷若与"适应""选择"》，《上海翻译》2009 年第 4 期。

孙致礼：《文化与翻译》，《外语与外语教学》1999 年第 11 期。

索菲娅·格林：《民歌新语》，华声论坛网（［OL］．［2016-4-22］．http：//bbs. voc. com. cn/topic1584225-1-1. html）。

覃海晶：《生态翻译视域下非物质文化遗产外宣翻译》，《重庆文理学院学报》2015 年第 3 期。

谭碧华：《生态翻译学视域下的公示语翻译新探》，《芜湖职业技术学院学报》2011 年第 2 期。

谭福民、向红：《从功能对等理论看法律英语术语的跨文化翻译》，《当代外语研究》2012 年第 10 期。

谭载喜：《新编奈达论翻译》，中国对外翻译出版公司 2002 年版。

田庆芳：《语言的不可译性与文化的不可译性比较》，《上海翻译》2007 年第 2 期。

童婧：《生态翻译学文献综述》，《当代教育理论与实践》2013 年第 7 期。

涂中庆、董园园：《生态翻译学视角下（春晓）的几种译本》，《湖北经济学院学报》2011 年第 9 期。

屠国元、朱献珑：《译者主体性：阐释学的阐释》，《中国翻译》2003 年第 6 期。

万涛、徐燕珍：《生态翻译学视域下的钱钟书翻译思想》，《海外英语》2012 年第 3 期。

汪晓莉、邓英、庄德林：《言外之意的对等翻译》，《合肥工业大学学报》2003 年第 6 期。

王丹、王晓红：《关联理论及其应用》，《齐齐哈尔大学学报》2005 年第 1 期。

王东风：《一只看不见的手——论意识形态对翻译实践的操纵》，《中国翻译》2003 年第 5 期。

王宏：《生态翻译学核心理念考辨》，《上海翻译》2011 年第 4 期。

王宏印、崔晓霞：《论戴乃迭英译〈阿诗玛〉的可贵探索》，《西南民族大学学报》2011 年第 12 期。

王继慧：《当前外宣翻译存在的问题——基于目的论视角》，《郑州航空工业管理学院学报》2010 年第 2 期。

王建华：《汉英跨文化语用学研究》，博士学位论文，复旦大学，2003 年。

王克友：《翻译过程与译文的衍生——翻译的认识、语言、交际和意义观》，中国社会科学出版社 2008 年版。

王立松、张静敏：《关联理论重构外宣翻译中的文化缺省》，《天津大学学报》2015 年第 1 期。

王敏玲：《周瘦鹃翻译研究新阐释》，博士学位论文，苏州大学，2015 年。

王宁：《文化翻译与经典阐释》，中华书局 2006 年版。

王青：《关联理论视角下外宣翻译中译者的主体性》，《河北科技师范学院学报》2013 年第 3 期。

　　王守宏：《跨文化语用学视角下的外宣翻译策略研究》，博士学位论文，上海外国语大学，2012 年。

　　王甜丽：《生态翻译理论指导下外宣翻译的标准》，《商业文化》2012年第 1 期。

　　王维平：《"三维"转换视角下的企业外介翻译》，《浙江工商职业技术学院学报》2015 年第 1 期。

　　王文铃、楚瑛：《生态翻译视角下的中国传统民俗器物英译》，《合肥工业大学学报》2011 年第 5 期。

　　王武兴：《汉译英中不同社会文化信息的转换》，《中国翻译》2004年第 6 期。

　　王晓元：《意识形态与文学翻译的互动关系》，《中国翻译》1999 年第 2 期。

　　王雪玲：《外宣翻译中的功能对等重要性研究》，《长春工业大学学报》2009 年第 6 期。

　　王银泉：《"福娃"英译之争与文化负载词的汉英翻译策略》，《中国翻译》2006 年第 3 期。

　　王莹：《从英汉对比看翻译中的误译现象》，《重庆科技学院学报》2010 年第 8 期。

　　王祖友：《"生态翻译学"和"翻译生态学"之辩》，《翻译论坛》2004 年第 1 期。

　　王佐良：《翻译：思考与试笔》，外语教学语研究出版社 1997 年版。

　　韦正翔：《国际政治的全球化与国际道德危机》，中国社会科学出版社 2006 年版。

　　韦忠生：《主体间性视域下译者的主体性与翻译策略》，《重庆理工大学学报》2012 年第 10 期。

　　魏海波、刘全福：《公示语英译中的语用关联分析》，《绍兴文理学院学报》2007 年第 2 期。

　　魏少敏：《谈关联理论与翻译》，《河南教育学院学报》2009 年第 4 期。

　　文军、陈梅：《从企业翻译的接受者看企业翻译策略》，《上海科技翻译》2003 年第 2 期。

吴聪聪、张华东：《博弈论视角下外宣翻译主体性当议》，《山东农业工程学院学报》2016 年第 2 期。

吴建林：《翻译文化走向的必然》，《考试周刊》2005 年第 29 期。

吴竞：《生态翻译学发展评述》，《科技信息》2012 年第 9 期。

吴素萍、陈永国：《英汉翻译误译成因例析及对策》，《科教文汇》2006 年第 12 期。

吴婷：《从功能对等理论看外宣中的汉语习语英译》，硕士学位论文，上海外国语大学，2012 年。

武宁、白延平：《少数民族文化翻译的生态功能》，《贵州民族研究》2014 年第 7 期。

席慧、吉乐等：《从奈达翻译理论谈中医典籍名称的翻译》，《陕西中医药大学学报》2016 年第 2 期。

向程：《旅游文本中文化负载词的翻译及其补偿策略研究——以巴中市旅游文本为例》，《民族翻译》2015 年第 2 期。

肖妹：《译者主体性与对外传播中标语、口号翻译》，《外国语文》2011 年第 S1 期。

谢天振：《翻译的理论建构与文化透视》，上海外语教育出版社 2003 年版。

谢天振：《译介学》，上海外语教育出版社 1999 年版。

新浪博客：《索菲娅·格林·泰莱莎》，新浪网（［OL］.［2016-4-22］http：//blog. sina. com. cn/s/blog_ 486324080100714. html）。

新浪乐库：*Sofia Kallgren*，新浪网（［OL］.［2016-4-22］http：//music. sina. com. cn）。

熊丽君、何小燕：《"认知语境"与"翻译表达"——关于"翻译标准与原则"的探讨》，《长沙理工大学学报》2006 年第 1 期。

徐建国：《外宣翻译译者主体性的限度研究》，《现代语文（语言研究版）》2014 年第 11 期。

许建忠：《翻译生态学》，中国三峡出版社 2009 年版。

许钧：《翻译价值简论》，《外语与外语教学》2004 年第 1 期。

许钧：《论翻译之选择》，《外国语》2002 年第 1 期。

许钧：《"创造性叛逆"和译者主体性的建立》，《中国翻译》2003 年第 1 期。

薛范:《歌曲翻译的历程》,《音乐研究》2001 年第 3 期。

薛范:《歌曲翻译探索与实践》,湖北教育出版社 2002 年版。

薛景:《21 世纪彝族文化研究综述》,《贵州民族研究》2010 年第 3 期。

杨伯淑:《因特网与社会:论网络对当代西方社会及国际传播的影响》,华中科技大学出版社 2002 年版。

杨春丽:《翻译生态系统下翻译硕士学生能力培养研究》,《吉林省教育学院学报(上旬)》2013 年第 3 期。

杨大霑:《对贵州非物质文化遗产外宣翻译的一些思考》,《贵州民族研究》2009 年第 6 期。

杨国华:《生态翻译学发展现状与展望》,《湖北第二师范学院学报》201 年第 5 期。

杨乐:《生态翻译学视域下多文本中(伤寒论)英译探讨》,博士学位论文,南京中医药大学,2014 年。

杨司桂、冉隆森:《从顺应理论看旅游景点翻译的变通性》,《安徽工业大学学报》2007 年第 6 期。

杨武能:《阐释,接受与创造的循环》,《中国翻译》1987 年第 6 期。

杨雪莲:《传播学视角下的外宣翻译——以〈今日中国〉的英译为个案》,博士学位论文,上海外国语大学,2010 年。

杨亚东:《英国民谣研究》,《辽宁行政学院学报》2007 年第 1 期。

杨阳:《政府门户网站外宣翻译的传播学探究——以"中国政府网"为例》,《鸡西大学学报》2012 年第 1 期。

姚光金:《顺应论视角下红色旅游外宣资料的英译》,《信阳师范学院学报》2014 年第 3 期。

姚嘉盈:《功能对等理论观照下的少数民族特色词汇翻译研究——以广西少数民族特色词汇为例》,《海外英语》2014 年第 1 期。

叶岚:《从传播学角度探讨外宣翻译——以上海世博会材料英译得失为例》,《赤峰学院学报》2011 年第 4 期。

叶颖、张传彪:《论对外新闻翻译中译者的主体性》,《山西大同大学学报》2008 年第 6 期。

于芳:《目的论指导下的外事翻译策略与失误探讨》,《华东交通大学学报》2008 年第 2 期。

袁素平：《生态翻译学视域下的严复翻译》，《时代文学》2011 年第 10 期。

袁卓喜：《英语语言文学，修辞劝说视角下的外宣翻译研究》，博士学位论文，上海外国语大学，2014 年。

翟燕玲：《论汉英旅游文本翻译中的重写》，《苏州大学学报》2013 年第 5 期。

翟云超、王显志：《目的论下的外宣翻译策略——以政府工作报告为例》，《河北联合大学学报》2015 年第 1 期。

张柏兰：《文化图式视域下贵州少数民族饮食文化翻译》，《作家》2013 年第 18 期。

张德让：《伽达默尔哲学解释学与翻译研究》，《中国翻译》2001 年第 4 期。

张冬梅：《翻译的二元标准：忠实+目的》，《邵阳学院学报》（社会科学版）2002 年第 1 期。

张健：《报刊新词英译纵横》，上海科技教育出版社 2001 年版。

张健：《报刊英语研究》，上海外语教育出版社 2007 年版。

张健：《新闻英语文体与范文评析》，上海外语教育出版社 2006 年版。

张健：《外宣翻译导论》，国防工业出版社 2014 年版。

张捷：《试论汉英文化差异对翻译的影响》，《吉林师范大学学报》2011 年第 3 期。

张晶、聂海燕：《意识形态对女性主义翻译观的影响》，《佳木斯大学社会科学学报》2006 年第 2 期。

张钧伟：《文化翻译看动态对等翻译理论的指导性》，《新西部》2012 年第 8 期。

张丽红、刘祥清：《生态翻译论对外宣翻译的启示》，《中国科技翻译》2014 年第 2 期。

张丽丽：《生态翻译学视域中的歇后语翻译》，《外语学刊》2014 年第 3 期。

张善富、黄玉雪：《生态翻译学的"新"与"旧"》，《河北广播电视大学学报》2015 年第 4 期。

张淑文：《文化差异与外语教学》，《中国高教研究》2002 年第 8 期。

张顺生：《信：译者主体性的底线——也从 Times Square 的译法谈起》，《上海翻译》2008 年第 2 期。

张晓静、王治江：《企业外宣翻译中的译者主体性》，《河北理工大学学报》2011 年第 4 期。

张雅萍：《从"你是哪国人？"谈跨文化交流中的多元文化意识》，《成人高教学刊》2003 年第 3 期。

张艳、陈姝：《日常话语中的模糊语翻译探讨》，《广州大学学报》2010 年第 11 期。

张艳、朱晓玲、金艳：《原语与译语的生态和谐——从生态翻译学视角比较分析〈我不是潘金莲〉》，《广州大学学报》2015 年第 12 期。

张艳：《基于功能派翻译理论看外宣翻译策略的应用》，硕士学位论文，上海外国语大学，2007 年。

张艳艳：《生态翻译学视域下的公示语英译研究》，《开封教育学院学报》2012 年第 2 期。

张媛：《生态翻译学视域下的李白诗作英译研究》，《南昌教育学院学报》2012 年第 6 期。

张枝新、陈光明：《传播学视角下辜鸿铭的儒家文化外宣翻译解析》，《安徽工业大学学报》2012 年第 2 期。

赵德光：《阿诗玛文献汇编》，云南民族出版社 2002 年版。

赵德光：《阿诗玛研究论文集》，云南民族出版社 2002 年版。

赵德光：《阿诗玛原始资料汇编》，云南民族出版社 2002 年版。

赵璐：《生态翻译学视角下的戏剧翻译研究》，《才智》2013 年第 22 期。

赵攀：《从功能派理论视角看太极拳武术文化的外宣翻译》，《新乡学院学报》2013 年第 2 期。

赵石楠：《从功能对等角度浅析外宣翻译策略：以中国特色词汇翻译为例》，硕士学位论文，天津理工大学，2014 年。

郑茹雪、刘宏泉：《论中国民歌的翻译》，《商业文化》2008 年第 10 期。

郑亚琴、张健等：《目的论视角下公共标识语的英译研究——以黄石城市标识语为例》，《湖北理工学院学报》2012 年第 5 期。

周标、张瑾：《行动者网络理论与西南少数民族旅游文化翻译》，《贵州民族研究》2013 年第 3 期。

周弘:《旅游外宣品汉英翻译语用功能对等及翻译策略探析》,《新余学院学报》2012 年第 2 期。

周小珊:《试论语言对翻译的干扰》,《外语研究》2002 年第 2 期。

朱浩彤:《"目的论"与"功能对等论"比较》,《江西师范大学学报》2006 年第 4 期。

朱献珑、谢宝霞:《译者主体性:从幕后到前台》,《华南理工大学学报》2006 年第 1 期。

朱义华:《外宣翻译研究体系建构探索》,博士学位论文,上海外国语大学,2013 年。

朱元富:《误解、误译与误导—文化空缺与"毕摩"翻译》,《北京大学学报(国内访问学者、进修教师论文专刊)》2003 年第 A1 期。

朱元富:《彝族民歌英译中社会文化信息的处理——以彝族敬酒歌之英译为例》,《外国语文研究》2012 年第 2 期。

邹建玲:《试析外宣翻译中的译者主体性作用》,《安徽文学》2015 年第 9 期。

祖洁、李睿:《基于生态翻译视角下的葛浩文〈生死疲劳〉英译本研究》,《时代文学》2015 年第 12 期。

后　记

本书是在我博士论文基础上修改而成的。回想读博期间从论文选题到资料搜集，从开始写作到反复修改，我经历了喜悦、痛苦、彷徨、疲惫等复杂的心情。至此，伴随着本书的最终成稿并交付出版，我复杂的心情也烟消云散，心中充满着无限感激之情。非常感谢上海外国语大学，能够两度进入这所外语学者梦寐以求、蜚声中外的学术殿堂求学，我感到无上光荣！

在这里我首先要特别感谢我的恩师张健教授，是他给了我难得的机会让我得以完成读博的梦想。张老师博学识广、温文尔雅、谦逊随和，是我一生学习的榜样。他深入浅出、幽默风趣的授课方式让我受益匪浅，此生难忘。

我要感谢冯庆华教授，"译者风格研究"这门课程让我领略到了翻译大家的风采！我还要感谢上外给我们授课的陈坚林教授、李维屏教授、梅德明教授、俞东明教授、邹申教授、虞建华教授和柴明颎教授等，是他们高水平、高质量的授课激起了我的科研热情，让我在科研道路上不断前行！

本著作参考了很多与外宣翻译、生态翻译学和彝族文化有关的专家、学者的研究成果，在此一并表示诚挚的谢意！

我要感谢同门师哥姐弟妹们，是他们的热情和宽容使我能够很快融入"外宣工作坊"这个大家庭中，让我在这里学到了知识，得到了历练，也感受到了如家般的温暖！

我要特别感谢我的家人！感谢我的先生柴正猛博士，是他给予我精神上的巨大鼓励，在论文选题、写作和成文的过程中经常与我探讨到深夜，对我的论文提出了诸多宝贵的意见和建议！我要感谢我的母亲李金华女士，她不仅含辛茹苦把我养大成人，现在还一直帮我分担着大部分家务并帮助照顾我的孩子，养育之恩难以为报，我只想说：妈妈，我爱您！祝愿您幸福快乐，健康长寿！我还要感谢我的儿子柴广源，他是那么的懂事和优秀，每当看到他的一步步成长，我心中充满了骄傲和安慰，常常会感受到生命迸发的美好和当母亲的幸福，这也是我进一步追求上进的动力！

　　本书参考借鉴了多位专家和学者的研究成果，在此，向所有被引文章的作者表示衷心的感谢。

　　感谢云南省哲学社会科规划办的学术著作专项经费出版资助，感谢中国社会科学出版社对本书出版所作出的努力和大力支持，也感谢昆明理工大学的领导和同事们对本书出版的关怀和帮助。

　　限于本人的水平和能力不足，书中疏漏之处在所难免，恳请各位专家学者和广大读者批评指正！

张杏玲

2018 年 8 月